Simon Mihailović, Arzt in Berlin, verheiratet mit einer Journalistin, die er 1968 auf einer Demonstration kennengelernt hat, kehrt nach einem Vierteljahrhundert in seine Heimatstadt Foča zurück. Es ist Ende August 1991, Gewalt, Angst, Fanatismus, nationalistischer Wahn vergiften die Atmosphäre. Kurz nach seiner Ankunft wird eine frühere Mitschülerin, in die er verliebt war, bestialisch ermordet: Zuhra Čengić, Mitglied einer alten bosnischen Familie. Drei weitere Menschen, die ihm nahestanden, werden auf ungeklärte Weise umgebracht. Der Verdacht fällt auf Simon, den Fremden aus dem Westen.
Eines Abends steht Enver Pilav vor der Tür, sein seit langem verschollener bester Freund, ein Sufi-Mönch. Etwas stimmt nicht mit ihm. In den Tagen und Nächten, die sie träumend und diskutierend miteinander verbringen, geschieht eine Verwandlung: Je tiefer Simon in sich selbst vordringt, desto mehr vermag er sich einer anderen Welt zu öffnen. Bis er mit Enver in den Barzakh, das unterirdische Zwischenreich, wo sich die Seelen der seit Jahrhunderten Ermordeten versammeln, hinabsteigt, um die große Kette der Gewalt zu durchtrennen.
Vor dem Hintergrund der jüngsten Zeitgeschichte erzählt Dževad Karahasan die Geschichte eines Mannes, der sich seiner Herkunft vergewissern will und mit dem heraufziehenden Krieg konfrontiert wird. Der nächtliche Rat ist ein eindringlicher Roman, in dem Kriminalhandlung und theologische Spekulation, Liebesgeschichte und radikale Zeitkritik kunstvoll ineinandergewoben sind.

Dževad Karahasan
Der nächtliche Rat

Roman

Aus dem Bosnischen von
Katharina Wolf-Grießhaber

Insel

Die Originalausgabe erschien 2005
unter dem Titel *Nocno vijeće*
im Verlag Profil, Zagreb.

Erste Auflage 2021

Printed in Germany
Umschlag: hißmann, heilmann, hamburg
ISBN 978-3-458-24333-5

Der nächtliche Rat

I

Die Welt ist wie eine Pflaume

»Die Welt ist wie eine Pflaume, wie eine schöne reife Pflaume«, sprach Simon Mihailović laut aus, als er den Berg Tabija hinunterging, auf die Stadt zu, die vor ihm im Tal lag. Im Grunde äußerte sich seine Freude ganz von selbst, ohne seine Absicht und seinen Willen sprach sich das Gefühl aus, daß die Welt bis in ihr letztes Teilchen gut und erfüllt sei, fruchtbar und vollendet, saftig und gerundet, fast vollkommen rund und sich an ihrer Rundheit freuend. Dieses Gefühl mußte sich schon am Morgen, als er mit dem Rundgang durch sein Geburtshaus begann, das er fünfundzwanzig Jahre nicht gesehen hatte, in ihm geregt haben, wenn auch noch unbemerkt, so daß ihn erst jetzt eine anbrandende Welle der Freude zum Stehen brachte und ihm den Atem benahm. Absichtslos hatte er ausgesprochen, daß die Welt wie eine Pflaume sei, »Leben! Leben!« rief alles in ihm, und mit diesem Jauchzer gab er seiner unbändigen, ihn bis ins letzte Äderchen erfüllenden Lebensgier eine Form. Als riefe auch sein Herz mit jedem Schlag »Leben! Leben!«, überflutete ihn der Glaube, daß es sich lohnte zu leben, daß er eine Zukunft hatte, eine Zukunft, die gut und schön sein würde, ja sein müsse. Wie eine Pflaume – reif, voll und rund.

Im Tal zu seinen Füßen lag Foča. An die beiden Flüsse geschmiegt, die Mündung der Ćehotina in die Drina umfangend wie eine Pflaume ihren Stein, lagert sich die Stadt in wachsenden Ringen um die Mündung, ihren geometrischen Mittelpunkt, bis sie den ganzen Talkessel ausfüllt und mit ihren Randgebieten auch die umliegenden Berge einnimmt. Wie fast alle bosnischen Städte wurde Foča in einem Talkessel erbaut, der, von runden sanften Bergen umgeben, wie ein Nest aussieht. Wahrscheinlich wegen dieser Talkessel, deren Beschaffenheit sie sich anpassen, haben die bosnischen Städte entweder die Form einer schmalen, länglichen Ellipse oder die eines Kreises, je nachdem, ob sich das Tal, in dem sie erbaut wurden, einen Fluß entlangzieht und sich an ihn schmiegt oder ob der Kessel breiter ist als der enge Gürtel am Fluß. Der Talkessel von Foča ist ein großes Becken, ein fast gleichmäßig runder Kreis, sein Mittelpunkt die Mündung der Ćehotina in die Drina, die die Bewohner Sastavci nannten. Das ganze Leben der Stadt, wie Simon es in Erinnerung hatte, war mit den Sastavci verbunden oder auf sie ausgerichtet: Auf der rechten Seite erstreckte sich Pijesak, die Badeanstalt und der Zirkusplatz, ein Ort, wo es jedes Jahr einen Lunapark gab mit Buden und Karussells, wo man statt des mitgebrachten Proviants Ćevapčići essen durfte, zum erstenmal Frauen beobachtete, ausländisch aussehende, mit gefärbtem Haar, ein Ort, an dem man faulenzen und träumen oder sich vergnügen konnte; auf der linken Seite der Sastavci lag Međuriječje mit seinen Schulen und Geschäftshäusern, der Stadtteil also, in dem die Ordnung und die Gesetze des Alltags aufgestellt und befestigt wurden, ein von nüchterner Arbeit und Pflichten geprägter Ort. Und um Međuriječje, Sastavci und Pijesak reihen sich in immer weiteren Kreisen die folgenden Viertel: Centar, Šukovac, Budimlje und Musluk, dann Prijeka Čaršija, Donje Polje, Štovići und Gradac, dann Ćerezluk, Livade, Gornje Polje und Tabaci, dann ... Den äußersten Kreis bilden die Viertel am Stadtrand, die bereits an den Hängen der umliegenden Berge, wie der Ćelovina, der Gradačka stijena, des Dub und der Tabija, des Berges, auf dem Simons Viertel liegt, erbaut wurden.

Als er noch in Foča lebte, hielt Simon seine Stadt für ein einziges Durcheinander von Straßen und Häusern, hier und da ein paar leere Stellen, die nur ein liebender Blick als Plätze bezeichnen konnte, planlos, unordentlich, unklar, ohne ersichtlichen Grund für all die Entscheidungen, die irgendwann einmal das Aussehen der Stadt bestimmt hatten. Hätte er sich in all den Jahren einmal auf seine Stadt besonnen, wäre ihm aufgefallen, daß Foča an ein Netz von Falten erinnert, die das Gesicht eines Greises überziehen. Jetzt aber, da er die Stadt nach langer Abwesenheit, nach allem, was er inzwischen gelernt und erfahren hatte, betrachtete, würde er sagen, daß er einen Plan, nach dem sie erbaut und angeordnet worden sein muß, durchaus erkenne, zumindest erahne. Es ist kein menschlicher Plan, soviel sieht man auf den ersten Blick, der menschliche Beitrag beschränkt sich hier wie bei den anderen bosnischen Städten auf die Entscheidung, das Bauen dem Gelände anzupassen und seiner Logik unterzuordnen, so daß man zunächst denken könnte, die Stadt sei nicht von Menschen errichtet, vielmehr hätten die Berge, an denen sie sich festhält, sie ausgestoßen. Aber es gibt einen Plan, verborgen vielleicht wie jener, nach dem die Berge und das in sie eingeschnittene Flußbett angeordnet sind, einem tieferen Sinn gehorchend, aber doch versteckt genug, daß ihn das menschliche Auge nicht sieht, solange er sich ihm nicht selbst offenbart. Anscheinend hat dieser Plan beschlossen, sich heute, am 28. August, dem orthodoxen Feiertag Mariä Himmelfahrt des Jahres 1991, zu offenbaren, sich Simon zu offenbaren, der ihn zweifellos ahnt, erkennt und schon fast versteht, jetzt, in diesem Moment, da er die Stadt von oben betrachtet, keine zehn Schritte von seinem Haus entfernt.

»Auch Foča ist ja wie eine Pflaume«, rief Simon und lachte, ganz erfüllt von seiner Freude über die dunkelgrüne Farbe der Stadt und ihrer Berge, durch die hier und da die ebenso dunkle blaue Farbe reifer Pflaumen schimmerte. Und er setzte seinen Weg fort, zur Stadt hinunter, strahlend und voll guter Vorgefühle, mit der Welt verbunden wie lange nicht mehr, frei von jenem Gefühl der Einsamkeit, das er seit fast zwei Jahren nicht los wurde.

Einsamkeit war es eigentlich nicht, eher etwas wie Entrücktheit, das Gefühl, nicht zu dieser Welt zu gehören und keinen wirklichen Kontakt zu ihr zu haben. Kurz nachdem ihr Sohn Sascha eine Arbeit gefunden hatte und bei ihnen ausgezogen war, machte es sich zum erstenmal bemerkbar. Das gewisse Übermaß an Zeit, Emotionen und Energie, das plötzlich herrschte, als sich die Familie auf seine Frau Barbara und ihn reduziert hatte, irritierte ihn. Er hatte gehofft, er werde diese Zeit Barbara widmen, ihr all das gleichsam zurückerstatten können, was er bis dahin auf Sascha konzentriert hatte und was längst wieder ihr hätte gehören sollen, weil doch sie in ihm die Gefühle entfesselt hatte. Er hatte gehofft, mit der Fülle von Gefühl und Zeit werde sich die Intensität und Vielschichtigkeit ihrer Bindung, deren sie sich seit langem nicht mehr bewußt zu sein schienen, erneuern und mit ihr vielleicht auch jene Leidenschaft, die sie durch die Jahre getragen und von allen Fragen befreit hatte.

Alles, was sich zwischen ihnen abspielte, war eigenartig und voller Wunder gewesen, zumindest am Anfang. Simon war erst ein gutes Jahr in Berlin, er hatte gerade die Formalitäten hinter sich gebracht, um sich für das Medizinstudium immatrikulieren zu können, und schloß sich einer Gruppe von Kommilitonen an, die demonstrieren ging, obwohl er nicht wußte, wofür sie eigentlich demonstrierten. Es war gut, sich als Student zu fühlen, es war gut, für etwas zu kämpfen oder wenigstens zu glauben, daß man für etwas kämpft; nach der großen Einsamkeit, die ihn seit seinem Weggang von zu Hause bedrückt hatte, war es ein angenehmes Gefühl, endlich irgendwohin zu gehören, und zwar zu denen, mit denen man auf die Straße geht und brüllt. Er ging auf die Straße, ohne zu wissen, warum, und hob zeitweise den Arm, ohne zu wissen, wofür er ihn hob, überzeugt, daß er dazugehöre und alles richtig sei, was er tue. Und dann registrierte er plötzlich eine Gegenwart, der er sich nicht verschließen konnte, spürte jemanden, der ihn wortlos ansprach, mit seiner bloßen Existenz, jemanden, den er, so schien es, unausweichlich hatte treffen müssen. Sein Körper spürte die Nähe des Körpers, der für ihn bestimmt war. Er drehte sich um, und seine Augen sahen Barbara und erkannten sie. Buchstäblich. Sein Hinterkopf, seine Nieren, Schultern, Kniekehlen, sein ganzer Körper nahm Barbaras Gegenwart zur Kenntnis. Er drehte sich zu ihr um, und die Augen und der Geist erkannten sie als diejenige, die für ihn bestimmt war. Er hatte gar nicht bemerkt, wann und wie er die paar Schritte gemacht hatte, die ihn noch von ihr trennten, er hatte sich einfach an ihrer Seite, drei Reihen hinter jener, in der er bis dahin gegangen war, wiedergefunden.

»Bist du verheiratet?« fragte er Barbara, als er seinen Schritt dem ihren angeglichen hatte.

»Keine Ahnung«, lachte Barbara, die zu dieser Zeit eine feste Beziehung hatte und stolz darauf war, daß sie gar nicht daran dachte zu heiraten.

»Glücklich?« fragte Simon weiter.

»Ich denke schon«, antwortete sie. »Warum fragst du?«

»Weil mich deine Nähe wie ein Blitzschlag getroffen hat.«

Sie sahen sich an, und es war klar, was er nicht aussprechen konnte, daß nämlich das, was Barbaras Nähe in ihm ausgelöst hatte, keinen Aufschub duldete, nicht erlaubte, ihr den Hof zu machen, daß es blitzte und donnerte, daß es brannte und ihn versengen würde, lange bevor es ihm gelänge zu erfahren, welche Blumen die begehrte Frau mochte und wie er sie ihr schenken mußte.

So hatte es begonnen, und so war es jahrelang weitergegangen. Ihre Berührungen vertieften und verstärkten sein Bedürfnis nach ihrem Körper nur noch mehr und beseitigten zugleich jeden Zweifel, daß seine Anwesenheit auf der Welt nicht begründet und gerechtfertigt sein könnte – jedenfalls solange er in ihrer Nähe war. Dutzende von Dingen, die er nur ihr sagen konnte und mußte, das wunderbare Gefühl, das ihn in diesen Jahren ständig begleitete, jenes Gefühl, daß die Sätze, die sie einander sagten, anderswo nicht möglich waren, weder zwischen anderen Menschen noch sonst irgendwo außerhalb ihrer Liebe. Der rasende Hunger auf ihren Körper und ihre Berührungen, der seinem Körper, d. h. seinem ganzen Wesen, die vollkommen sichere Erkenntnis der Unwiederholbarkeit aller Dinge unter dem Himmel gab – wenn er sie jetzt nicht umarmte, in diesem Moment, in dem er es so sehr wollte, hatte er etwas Wundervolles und Unersetzliches verloren, weil er sie nie wieder, bis ans Ende aller Zeiten, bis in alle Ewigkeit, und auch wenn sie in allen Leben, die ihnen auf dieser und auf jener Welt noch bevorstünden, füreinander bestimmt wären – weil er sie gewiß nie wieder genauso begehren und berühren würde, ihr Körper sicher nie wieder genauso sein würde wie jetzt und auf seine Berührungen nicht genauso reagieren würde, wie er das jetzt tat ... Morgen wäre ihr Verlangen nach ihm ein wenig stärker oder ein wenig schwächer als heute, gestern war er ein wenig zärtlicher und ein wenig verliebter als heute, übermorgen wäre sie ein wenig müder oder ein wenig schläfriger … Er wußte natürlich, daß sie einander nicht verlieren konnten, sein Arm wußte, daß sie sich auch morgen umarmen würden, aber er wußte auch, daß es eine Umarmung wäre, die nur morgen möglich wäre, wie dies eine Umarmung war, die nur jetzt möglich war, sein Arm wußte, nein, alles an ihm wußte, daß diese beiden Umarmungen nicht austauschbar und ersetzbar waren, er wußte, daß er seine Barbara umarmen mußte, wenn er das wünschte, weil er sonst etwas Wundervolles und Unersetzliches verlieren würde, er wußte, daß es schmerzhaft war und gut, daß es so war.

Seiner Liebe zu Barbara war es zu verdanken, daß er seinen Patienten oder Arztkollegen gegenüber unzählige Male wiederholen konnte, der liebe Gott kenne weder Serien noch austauschbare Teile, »weil Er Schöpfer ist und nicht Produzent«, ohne daß es ihm jemals peinlich gewesen wäre, eine solche Phrase von sich zu geben. Die Wahrheit ist gut und schön, egal, wie oft sie wiederholt wird, wenn man nur ihre Wahrhaftigkeit wirklich fühlt. Und er fühlte die Wahrhaftigkeit dieses Satzes dank Barbara, er glaubte daran, daß Liebe nichts anderes war als Erkennen, als die geliebte Person zu erkennen, in ihrer absoluten Einmaligkeit. Eine Frau zu lieben, so wie er Barbara liebte, bedeutete, alle Nuancen zu kennen, durch die sie sich von jedem anderen Menschen auf dieser Welt abhob, jenes Mehr zu erkennen, das sie von allen anderen schönen Frauen, Journalistinnen, Blondinen unterschied, von allen anderen nervösen Menschen mit Blutgruppe A, die gern Käse essen, von allen anderen Frauen, die Topfpflanzen verabscheuen (ohne schlecht über Leute zu denken, die welche ziehen), die Vögel und trockenes, windiges Wetter mögen, nicht gern spazierengehen, mit Karte bezahlen, selten über ihre Eltern reden, sich krankhaft vor Insekten fürchten, bei Lavendelduft in Schlaf sinken, sich gern mit Verkäufern unterhalten ... Wenn man eine Liste all ihrer Eigenschaften aufstellen würde, wenn man irgendwo all ihre genetischen und sonstigen Codes notieren, alles aufschreiben würde, was man überhaupt über sie sagen könnte, würde ungeschrieben und ungesagt bleiben, was man nicht sagen, aber durch die Liebe wissen konnte, das, was allein er über sie wußte, das, was sie zu seiner Barbara machte.

Man hätte nicht sagen können, wann es ihnen verlorengegangen war. Es war in Wirklichkeit auch nicht verlorengegangen, sondern hatte sich abgenutzt, war in Gewohnheit, Sorge, Wissen, Mühsal übergegangen, in all das, woraus der Alltag anständiger Menschen besteht. Sie hatten nicht einmal bemerkt, daß ihnen etwas fehlte, ihr Wunder sich nicht mehr offenbarte. Bis nach Saschas Auszug die viele überschüssige Zeit aufgetreten war, die sie einander hätten widmen können, und damit auch die überschüssigen Gelegenheiten, das zu versäumen, was am Anfang zwischen ihnen geschehen war. Und erst Monate später fiel ihnen auf, daß in ihrer Berührung weit mehr Sanftheit als Notwendigkeit, mehr Absicht als Schicksal war, und sie mußten sich eingestehen, daß sie mit dem Überschuß an Zeit und Gefühlen nichts anzufangen wußten. Sie bemühten sich um sich selbst und um einander, wollten die alte Intensität wiederherstellen oder sich wenigstens auf den Weg besinnen, der zu ihr führt, völlig vergebens, denn selbst mit der größten menschlichen Anstrengung läßt sich nicht zurückgewinnen, was sie als Geschenk bekommen und jahrelang besessen hatten. Einem Gespräch darüber, was zwischen ihnen geschah bzw. nicht geschah, wichen sie aus, wahrscheinlich aus Angst, alles unwiderruflich zu verderben, wenn sie aussprächen, daß etwas nicht stimmte, doch die nicht ausgesprochenen Sätze, unterbrochenen Bewegungen und andere unwillkürliche Gesten verrieten ihre Sorge.

Etwa ein Jahr nach Saschas Weggang sprachen sie dann doch darüber. »Ich weiß, die Liebe hat heutzutage kein Schicksal, sondern ein Verfallsdatum, genau wie die Menschen«, sagte Barbara, gekränkt durch sein verlegenes Schweigen, »aber ich war sicher, daß es bei uns nicht so sein würde, unsere Liebe gehört doch in eine andere Zeit.«

Damals begannen ihn Bilder aus seiner Kindheit zu bedrängen, Erinnerungen, die aus irgendwelchen Tiefen des Geistes oder des Körpers aufstiegen, Dinge, die er gar nicht wahrgenommen, aber offensichtlich gespeichert hatte. An dem Tag zum Beispiel, als Barbara das Gespräch über ihre Beziehung anfing, verfolgte ihn seit dem Morgen die Erinnerung an eine Linie mitten durch seine rechte Hand, die er ganz konkret und stark spürte, fast wie eine Schnittwunde. Als er losgehen wollte zur Arbeit, hatte er an der Tür mit der rechten Hand ausgeholt, als wollte er gegen den oberen Türrahmen schlagen, obwohl es offensichtlich war, daß er den oberen Türstock an den hohen Eingangstüren der Berliner Wohnungen gar nicht erreichen konnte. Er erreichte ihn auch nicht, aber von dem Moment an, als seine Hand gegen die Tür prallte, blieb ihm ein Gefühl, wie er es gehabt hätte, wenn er gegen den Türstock geschlagen und die obere Kante einen Abdruck in der Mitte seiner Hand hinterlassen hätte. Dieses Gefühl blieb ihm auf der Straße und im Bus, er untersuchte es, indem er seine Handfläche betrachtete und sie gegen die Tischkante preßte, aber es gelang ihm nicht zu enträtseln, woher er es hatte und was es bedeutete. Minuten bevor Barbara ihn ansprach, hatte er sich plötzlich an dieses Gefühl erinnert, Gott allein weiß, warum es ausgerechnet jetzt in ihm aufstieg. Er ging in die siebte Klasse, und schon im ersten Halbjahr merkte er, daß er mit der Hand den oberen Rahmen der Eingangstür erreichte, was er als Beweis seines Erwachsenseins nahm, und so hatte er jeden Tag, wenn er zur Schule ging, gegen die Wand über der Eingangstür geschlagen, und zwar immer so, daß der obere Teil der Handfläche und die Finger gegen die Wand, der untere Teil gegen den Rahmen knallten. Die Kante des Türstocks schnitt sich tiefer in die Hand ein als bei einer Schnittverletzung, sie drückte sich ihm ins Fleisch und in den Knochen wie ein Geheimzeichen, das sein Geburtshaus ihm in die Hand kerbte, oder wie ein Erkennungsmal, von dem er sich nie mehr würde befreien können, wie weit er auch immer ginge.

An jenem Nachmittag mit Barbara hatte er in seine Handfläche gestarrt, als müßte das Geheimzeichen jeden Augenblick erscheinen und ihm offenbaren, was sein Geburtshaus ihm sagen wollte. Und es wollte ihm etwas sagen, Erinnerungen wie diese stellten sich nicht grundlos und nach jahrelangem Vergessen ein – wenn man hier überhaupt von Erinnerungen sprechen wollte. Dann fing Barbara, gekränkt, weil er schwieg und sie abwesend anstarrte, das Gespräch an, in dem sie sich schließlich eingestanden, daß es mehr Gewohnheit als Leidenschaft war, was sich zwischen ihnen noch abspielte.

Doch nein, es gab auch hin und wieder Momente der Leidenschaft, schön und reif, nur daß sich auch hier etwas Fremdes einschlich, flüchtige Bilder, Fragmente aus seiner Kindheit, irgendwelche Einzelheiten, die der Körper sich gemerkt und in einer Tiefe aufbewahrt hatte, von der er, Simon, nichts ahnte. Einige Monate nach jenem Gespräch liebten sie sich, besser als in ihren besten Zeiten, mit einer Tiefe des Fühlens und Erlebens, zu der wir in der Jugend noch gar nicht fähig sind, und sie gaben einander das, was sie in der Jugend noch gar nicht haben konnten. Barbara schmiegte sich an ihn, wie immer nach der Liebe, legte ihren Kopf auf seine Schulter und versank in einen Zustand, der gleichzeitig Traum, Versonnenheit und Fortsetzung der zärtlichen Berührungen war, in jenen wundervollen Zustand, in dem sie sich austauschten wie beim Liebesakt, nur anders – ruhiger, stiller, vielleicht noch vollkommener und tiefer. Ohne diese Augenblicke des Versunkenseins, ihr feuchtes Gesicht an seiner Schulter, wäre die Liebe nicht vollendet gewesen, denn es hätte nicht ausströmen können, was durch die Liebe besiegt wird: vermutlich der Tod, das Grauen und die Kälte, die wir von Geburt an in uns tragen, weil wir sie beim Auf-die-Welt-Kommen kennengelernt haben. Als sich Barbara an ihn kuschelte und ihren Kopf auf seine Schulter legte, fühlte Simon, wie ihn das frische Wasser eines Flusses umspülte und überströmte. In einem schnellen Wirbel der Empfindungen tauchte ein heißer Spätsommertag in Foča empor, ein von der Sonne ermatteter, vom Schweiß feuchter Körper, ein kurzer Flug durch die warme Luft, die keine Erfrischung bringt, und dann das wohltuende Wasser der Ćehotina, die ihn aufnimmt und umfängt und ihn tief innen mit einer Freude überflutet, wie sie einem Menschen nur das Gefühl geben kann, daß er ganz angenommen ist.

Keine Stimmen von anderen Badenden, kein Ćevapčići-Geruch, der an Sommernachmittagen von Pijesak herüberwehte, auch nicht das Gesicht von Enver Pilav, Simons bestem Freund, ohne den man einfach nicht zum Baden gehen konnte, nicht einmal das Platschen, wenn der Körper im Wasser aufkommt, nichts außer der Erinnerung seines

Körpers an das Wasser der Ćehotina, warm und frisch, das ihn aufnimmt, und der Freude, die dieses Annehmen in ihm auslöst. Keine Weiden, nicht einmal der Baumstumpf, von dem sie immer gesprungen waren – nur das, was sein Körper erlebt und behalten hat.

»Unsinn, die Weiden haben sich ja gar nicht im Wasser gespiegelt«, sagte Simon, woraufhin Barbara sich aufsetzte und mit dem Rücken an die Wand lehnte.

»Wie bitte?« fragte sie. »Erklär mir das bitte.«

Er kam sich ziemlich dumm vor. Gerade hatten sie die vollkommenste Verschmelzung erlebt, die zwei Menschen erfahren können, ihre Seelen waren immer noch in enger Umarmung miteinander verflochten, obwohl sich ihre Körper voneinander gelöst hatten, und jetzt sollte er davon faseln, wie grün das Wasser in der Mündung war, so daß sich schon wegen der Farbe die Weiden gar nicht darin spiegeln konnten oder vielleicht auch, weil dauernd jemand schwamm und das Wasser zu unruhig war, um ein Spiegelbild zurückzuwerfen, denn wo Leben ist, gibt es keinen Spiegel. Wie sollte er all das in diesem Moment aussprechen? Aber der Unsinn mit den Weiden war ihm herausgerutscht, die Erinnerung an die Ćehotina war emporgestiegen und floß irgendwo in ihm mit Barbara zusammen, er hatte die Außenwelt zwischen sie gestellt.

»Komm, laß den Unsinn«, wiegelte Simon ab und versuchte Barbara zurück auf seine Schulter zu ziehen.

»Das ist kein Unsinn, kein Unsinn kann sich zwischen uns stellen, schon gar nicht, wenn wir nackt aneinandergeschmiegt im Bett liegen«, sagte Barbara störrisch.

Schließlich schlug sie ihm vor, doch in sein Foča zu gehen, weil sie »keine verdammte Stadt« zwischen ihnen dulde. Er solle so lange bleiben, wie es ihm nötig erscheine, er könne sie jederzeit rufen, wenn er sie brauche, er brauche sich bei ihr aber auch überhaupt nicht zu melden, wenn ihm das eher zusage, eine vorübergehende Trennung und Einsamkeit könnten ihnen beiden nur nützen. Und dann solle er sie abholen kommen, damit sie gemeinsam nach Foča gingen, wie sie es sich ja schon lange wünschten, denn am Ende werde natürlich die Liebe alle ihre Ermüdungserscheinungen und Gewohnheiten besiegen und sie beide aus dieser Krise erneuert und gestärkt herausführen. Sie werde ihm bei den Reisevorbereitungen helfen.

Wie sich herausstellte, gab es keinen Grund zu befürchten, daß ihm bei der Einreise Unannehmlichkeiten entstünden, weil er sich seinerzeit dem Militärdienst entzogen hatte. Jugoslawien war im Zerfall begriffen, das halbe Land erkannte diese Armee schon nicht mehr als die eigene an. Wie sich herausstellte, war auch mit seinem Haus alles in Ordnung, obwohl seit dem Tod seiner Mutter vor drei Jahren niemand mehr darin wohnte. Ihr Nachbar Ibrahim Pleh kümmerte sich darum. Ibrahim war es auch, der ihn davon überzeugt hatte, daß er keinerlei negative Einstellung der Leute ihm gegenüber zu befürchten habe, denn die wenigen Menschen in Foča, die sich noch an ihn erinnerten, redeten nicht schlecht von ihm. Er ließ sich für einige Zeit im Krankenhaus beurlauben und bat um die Zusicherung, gegebenenfalls länger bleiben zu können. Am Montag, dem 26. August 1991, verstaute er seine Reisetasche im Kofferraum und fuhr los. Von Budapest aus meldete er sich bei Ibrahim Pleh, um sich über den Schlüssel zu verständigen, dann fiel er ein paar Stunden in einen unruhigen Schlaf, am Dienstag morgen setzte er seine Reise Richtung Foča fort. An der jugoslawischen Grenze sah ein Polizist abwechselnd ihn und seinen deutschen Paß an und fragte schließlich unsicher:

»Sie sind ... Sie sprechen ...?«

»Natürlich spreche ich, wieso denn auch nicht«, unterbrach ihn Simon zuvorkommend, er konnte seine Vorfreude kaum verbergen.

»Seltsame Touristen kommen auf einmal ins Land, gebe Gott, daß das gut ausgeht«, bemerkte der Polizist und gab ihm den Paß zurück.

Simon setzte seine Reise ohne Komplikationen fort. In der Nähe von Šid mußte er anhalten, um eine Kolonne von Armeelastern und Panzerwagen vorbeizulassen, aber er fuhr auch von sich aus langsamer, je mehr er sich seinem Ziel näherte. Wahrscheinlich wollte er bei seinem Wiedersehen mit der Stadt und dem Haus jegliche Zeugen meiden. Es war schon nach Mitternacht, als er in Foča ankam. Ohne zu halten, ohne irgend etwas wahrzunehmen, fuhr er die gewundene Straße zum Tabija-Viertel hinauf, im Oleandertopf neben Ibrahims Haustür fand er den Schlüssel, in einen Lappen gewickelt, und ohne das Licht anzumachen, brachte er das Gepäck ins Haus, und daß er sich in der Dunkelheit mühelos zurechtfand, nahm er als ein gutes Vorzeichen. Er wollte weder auspacken noch sich waschen, er wußte, er würde sich gut vorbereiten müssen auf die Begegnung mit der alten Welt, die ihn vor mehr als einem Jahr aufgespürt hatte und ihn nicht mehr losließ, und eine bessere Vorbereitung als erst einmal Ausruhen fiel ihm nicht ein. Als er ins Bett sank, dachte er, es sei bestimmt schon nach eins, verzichtete aber darauf, sich zu vergewissern.

Schneller, als er zu hoffen gewagt hatte, überwältigte ihn der Schlaf, doch noch auf der Grenze zwischen Wachen und Einschlafen hörte er das Geheul eines großen Rudels von Hunden. Etwas äußerst Merkwürdiges, Unbekanntes und Unerhörtes, als heulte ein gut eingeübter riesiger Hundechor, der sich auf ein verabredetes Zeichen hin durch einen langen Schrei kundtat. »Seltsam, dabei scheint doch überhaupt kein Mond«, dachte Simon und sank in Schlaf wie seine Stadt nach jenem Schrei in die Stille.

Er wurde früh wach und machte sich gleich an die Hausbesichtigung, als hätten ihn ein paar Stunden Schlaf hinlänglich für die Prüfung gestärkt, vor der er sich seit dem Tag fürchtete, an dem er sich entschieden hatte herzukommen. Er trat auf den gepflasterten Hof mit den Kletterrosen links vom Tor und dem Beet an der rechten Hofmauer, wo die Mutter Samtblumen, türkische Nelken und Trichterwinden gesetzt hatte. Der Eingang zur Veranda lag dem Hoftor direkt gegenüber, und zwei, drei Schritte weiter rechts war die Tür zum ebenerdigen Teil des Hauses, wo sie die Sommer über gewohnt hatten, das Magazin, wie sie es nannten, vermutlich wegen der Vorräte, die sie dort kühl lagern konnten. Der Schlüssel zum Magazin hing immer noch an einem kleinen Nagel im Türrahmen der Veranda, durch die man das Wohnhaus betrat. Die Sommerküche, das einzige große Zimmer im ebenerdigen Teil des Hauses, mit einer Sećija, der Sitzbank an der Fensterwand, voller Kissen und alter Kelims, und einer schönen Aussicht den Berg Tabija hinab auf die Stadt; links davon ein kleiner gekachelter Raum mit Dusche, das sogenannte Kämmerlein, in dem sie sich gewaschen hatten, bevor sie ein modernes Badezimmer einbauten – alles genauso, wie er es in Erinnerung hatte. Simon schloß das Magazin ab, hängte den Schlüssel an seinen Platz zurück und ging ins Haus. Links von der Verandatür führte eine steile Treppe an der Hauswand hinauf in den oberen Teil der Veranda, der ebenfalls mit einer Sećija und Kelims ausgestattet war. Von der Veranda ging man also in den ersten Stock, den sie immer »das Haus« nannten und offensichtlich als das eigentliche Haus betrachtet hatten. Zwei

Schritte vom Fuß der Treppe befand sich die Tür zum Keller. Er wußte, daß hinter der Tür drei Stufen aus Stein nach unten führten in einen Keller voller Kisten und Gerümpel, mit seinem schweren, modrigen Geruch und dem grauen Licht, das die Dinge abrundet, indem es ihre Formen unscharf macht und die Konturen auflöst. Er versuchte die Kellertür zu öffnen, wahrscheinlich dachte er, ein Gang durch den Keller gehöre zu dem Ritual, durch das er in seine frühere Welt und in sein früheres Leben zurückkehren werde, wie ja ein Keller zu jedem anständigen und gepflegten Haus gehört. Erst als er die Klinke ergriff, bemerkte er, daß durch die massive Holztür eine beißende, trockene Kälte drang, wie er sie in ihrem Keller nie gespürt hatte, wie sie in einem Keller eigentlich gar nicht möglich war. Er wurde unsicher und hielt inne. War er hier nicht schon zweimal vorbeigegangen? Wie war es möglich, daß er eine derart durchdringende und ungewöhnliche Kälte nicht registriert hatte? Gestern abend mochte er zu müde und abgespannt gewesen sein, ein Zustand, in dem einem noch viel seltsamere und auffälligere Dinge entgingen. Aber war er nicht vor fünf Minuten hier vorbei- und in den Hof gegangen, ohne daß ihm die Tür, geschweige denn die Kälte, die herausdrang, aufgefallen wäre?

Er versuchte sich mit dem Gedanken zu beruhigen, es sei durchaus möglich, daß diese Kälte immer schon dort unten geherrscht habe, er sich nur anders oder gar nicht mehr daran erinnere. Denkbar auch, daß eine starke Feuchtigkeit in den Keller des unbewohnten Hauses eingedrungen und irgendwann wieder verschwunden war und nur die Kälte zurückgelassen hatte, vielleicht war es auch etwas anderes, das würde sich gleich klären lassen. Man mußte nur in den Keller gehen und nachsehen. Aber er kam gar nicht hinein; die Tür ließ sich nicht öffnen, nicht einmal die Klinke konnte er bewegen. Irritiert ließ Simon von der Tür ab und überlegte. Sie konnte nicht verschlossen sein; falls man das uralte, riesige Schloß jemals hatte abschließen können, mußte das lange vor Simons Zeit gewesen sein, weil er nie einen Schlüssel gesehen und niemand etwas von einem Schlüssel gewußt hatte. Einen anderen Zugang zum Keller gab es nicht, also war es auch nicht möglich, daß jemand die Tür von innen mit einem Balken oder Ähnlichem verkeilt hatte. Wäre eine Wand oder etwas anderes eingestürzt, hätte man es dem Haus angesehen. Nachdem er sich davon überzeugt hatte, daß das, was hier geschah, schlechterdings nicht sein konnte, versuchte er es erneut, abermals vergebens. Nicht nur, daß sie nicht aufging, nicht nur, daß sich die Klinke nicht bewegen ließ, er konnte nicht einmal jenes vermutlich eingebildete Biegen, das leichte Nachgeben der Tür spüren, gegen die er sich mit seinem ganzen Körper stemmte. Buchstäblich nichts, als ob er gegen eine Betonwand rannte.

Simon verzichtete also zunächst auf den Keller und stieg in einiger Verwirrung die Treppen in den oberen Teil des Hauses hinauf. Er versuchte sich damit zu beruhigen, daß sich das Mysterium der Kellertür bereits heute enthüllen lassen würde, Ibrahim Pleh hätte bestimmt eine Erklärung. Wahrscheinlich hatte er die Tür vernagelt oder ähnliches, um sie zu blockieren, und selbst wenn nicht – zu zweit würde es schon gelingen, sie aufzubrechen und beide Geheimnisse, die trockene Kälte und die Unnachgiebigkeit der Tür, zu lüften. Die Treppen führten zur Veranda hinauf, wo man vom späten Frühling bis tief in den Herbst sitzen konnte; rechts ging es in ein Vorzimmer, von dem lauter Türen abgingen: ganz links die Speisekammer, aus der man in das neue Bad kam, dann sein Zimmer, dann das Zimmer seiner Eltern und schließlich auf der rechten Seite die Küche. Alles, wie er es in Erinnerung hatte, alles, wie es damals gewesen war, nur ohne Gerüche. Aber sonst genauso, ganz vertraut und ganz seines. In der Küche auf dem Herd fand er eine kupferne Kaffeekanne mit Wasser vor, im Kühlschrank etwas zu essen, und im Bad war der Boiler geheizt. Das Haus hatte ihn wiedererkannt und aufgenommen, soviel war sicher. Es war klar, daß er das Kaffeekännchen, das Essen und das warme Wasser Ibrahim und seiner Familie zu verdanken hatte; aber all das wäre ihm nicht so selbstverständlich vorgekommen, wenn nicht das Haus das alte geblieben wäre, seines. Er duschte, frühstückte und trank Kaffee, erfüllt von einer schönen, stillen Freude. »Es ist gut«, dachte er, »der Mensch ist wirklich und lebendig, solange sich ein paar Dinge und Leute an ihn erinnern können und ihn wiedererkennen, sagen wir, wenigstens ein Mensch und wenigstens ein Ort unter dem Himmel. Und das ist bei mir der Fall, jetzt kann ich sicher sein, daß das bei mir der Fall ist.«

Nach dem Kaffee brach er in die Stadt auf, unfähig zu ernsten Gesprächen und Arbeiten, die er nicht hätte vermeiden können, wenn er zuerst Ibrahim Pleh besucht hätte, andererseits ermutigt durch seine Wiederbegegnung mit dem Haus, die ihn überzeugt hatte, daß sich auch Foča an ihn erinnern und ihn aufnehmen würde. Schon der erste Blick auf die Stadt und die ersten Schritte auf sie zu versicherten ihn, daß es so sein würde. Der dünne Morgennebel hatte sich unter der frühen Sonne schon verzogen, aber unten im Tal hatte alles noch die sanften morgendlichen Rundungen, ohne scharfe und klare Konturen. Wie ein Ei und sein Inneres. Wie eine Pflaume. Voller Selbstvertrauen und Freude ging er den Berg Tabija hinab, in der Gewißheit, daß ihn die Stadt wiedererkennen und aufnehmen würde, denn es liegt in der Natur des Eis, alles aufzunehmen und zu umfangen. Das war der Augenblick, in dem er gelacht und ausgerufen hatte, daß auch Foča wie eine Pflaume sei.

Nicht ganz hundert Schritte vom Haus entfernt begegnete er zwei Hunden, die, kaum daß sie an ihm vorbei waren, vom Weg abwichen und den Berg hinauf auf die Baumschule mit den jungen Bäumen zuliefen. Er erinnerte sich an jenes seltsame, allzu einträchtige Geheul, das er heute nacht gehört hatte. Was konnte das wohl gewesen sein? Normal war das gewiß nicht. Aber er hatte keine Lust, sich damit zu beschäftigen, überhaupt mit nichts, was seine Freude beeinträchtigen könnte.

In der Nähe der Granovski-Gasse kam ihm eine Gruppe von Frauen entgegen, beladen mit Bündeln, Körben und Säcken. Sie waren verschwitzt und außer Atem von der Last, die sie den Berg hochschleppten, sie wirkten konfus, wenn nicht verängstigt. So gehen Frauen sonst nicht, so ohne nach rechts und links zu sehen, ohne zu reden und zu kommunizieren, den Blick auf den Weg vor sich gerichtet, ohne Atempause bergauf hetzend, als triebe sie jemand oder etwas dazu an. Auch kehren die Frauen aus den Dörfern nicht so früh aus der Stadt zurück, bis zu dieser frühen Stunde können sie weder die Arbeit erledigt haben, derentwegen sie hinuntergegangen sind, noch können sie die andere, die städtische Welt und das Leben dort ausreichend genossen haben, um es in der eigenen bis zum nächsten Abstieg auszuhalten. Er grüßte sie, aber nicht eine erwiderte seinen Gruß, vielmehr gingen sie an ihm vorüber, als sähen sie ihn nicht, obwohl es unter bosnischen Dörflern üblich war, auch Unbekannte, denen man begegnete, zu grüßen. Simon schaute ihnen verwirrt nach, zuckte die Achseln und ging weiter die Granovski-Gasse hinunter, wo er fast mit einem dicken, kahlköpfigen Mann zusammengestoßen wäre, der sich mit der linken Hand den Schweiß von der Stirn wischte und mit der rechten eine Kuh an einem Strick hinter sich herzog.

»Wohin so früh«, warf ihm Simon freundschaftlich zu.

»Komm, hör bloß auf«, stöhnte der Dicke, ohne stehenzubleiben, dann rief er ihm nach: »Gott steh uns bei!«

Oder kam es Simon nur so vor, daß er ihm hinterherrief? Immer mehr Leute mit Vieh, Wagen und verschiedenen Lasten kamen ihm entgegen, und in der Nähe der Prijeka Čaršija geriet er in einen wahren Strom von Menschen, die offensichtlich auf der Flucht waren, völlig verängstigte Leute, die sich in Sicherheit zu bringen versuchten.

Simon ging auf einen riesigen Mann mit Haarkranz und Bart zu, der Zigarettenspitzen, Tschibuks, Vasen und Untersetzer, verzierte Teller und Kästchen aus dunklem, schön geschnitztem Holz in Kartons stopfte, die zur Hälfte mit ausländischen Zigaretten gefüllt waren.

»Was ist denn passiert? Wohin gehen die alle?«

»Laß mich bloß in Ruhe!« brüllte der Riese. Die Angst stand ihm ins Gesicht geschrieben.

»Ich frage doch nur, was passiert ist«, schrie Simon beleidigt zurück.

»Ein Mord, Mensch, das ist passiert! Ein Mord und danach eine Schändung«, erklärte der Bärtige und hantierte noch hastiger mit seinen Waren, als wollte er kaschieren oder rechtfertigen, daß er den Vorfall, von dem alle wußten und über den alle schwiegen, ausgeplaudert und vielleicht als erster beim Namen genannt hatte.

Jemand klopfte Simon auf die Schulter.

»Ihren Ausweis, bitte«, sagte ein Polizist, den der Bärtige offensichtlich durch sein Geschrei angelockt hatte.

Simon reichte ihm den Paß.

»Sind Sie von hier, oder sind Sie Deutscher?« fragte

etwas konfus und ohne den Paß zu öffnen der Polizist, der gehört haben mußte, wie Simon mit dem Bärtigen gesprochen hatte.

»Ja, bin ich«, antwortete Simon entgegenkommend.

»Was machen Sie hier, mit diesem Paß?«

»Ich habe den Mann gefragt, was passiert ist.«

»Sind Sie dafür zuständig?«

»Ja, Mann. Auch wenn es nicht meine Aufgabe wäre, meine Sache ist es allemal, es betrifft mich und hat sehr wohl mit mir zu tun«, protestierte Simon, ohne es zu wollen, wahrscheinlich, um seine Zugehörigkeit zu dieser Stadt und diesen Menschen zu verteidigen.

»Was machen Sie überhaupt in Foča? Wann sind Sie denn gekommen?«

»Ich bin heimgekommen.«

»Wann?«

»Spät in der Nacht, ich bin noch nicht dazu gekommen, mich bei der Polizei zu melden.«

Der Polizist öffnete schließlich den Paß.

»Simon Mihailović?« las er laut und sah seinen Gesprächspartner fragend an, der mit einem kurzen Nicken bestätigte. »Herzlich willkommen zu Hause, Bruder«, klopfte ihm der Polizist auf die Schulter und gab ihm den Paß zurück.

2

Der Tag der harten Drogen

Es wäre einfach dumm, sich widerstandslos die Freude verderben zu lassen, dachte Simon, der sich von seiner Stadt noch immer willkommen geheißen fühlte. Alles wußte von ihm, jeder wußte, daß er hier zu Hause und an seinem Platz war, er durfte nicht zulassen, daß es zunichte gemacht würde. Deshalb verzichtete er darauf, in Međuriječje in seinem früheren Gymnasium vorbeizuschauen, und ging statt dessen in die Kneipe von Sulejmanaga Kukavica, überzeugt, daß er dort Bekannte treffen und erfahren würde, was passiert war.

In dieser Kneipe waren sie als Gymnasiasten täglich eingekehrt, denn hier bestand keine Gefahr, Lehrern zu begegnen. Die Gesellschaft in der Provinz ist streng hierarchisch gegliedert, genauer gesagt, in klar voneinander getrennte Gruppen eingeteilt, die sich nur ausnahmsweise miteinander vermischen; vielleicht beruht ja das Wesen der Provinz, wenn nicht der Gesellschaft überhaupt, auf dieser klaren und von allen anerkannten Trennung. Zu Sulejmanaga Kukavica, in die älteste Kneipe der Stadt, kamen Handwerker und Arbeiter, Spediteure, Schwarzhändler, Gelegenheitsarbeiter, aber auch Aufseher und Insassen der benachbarten Besserungsanstalt. Hier fanden sich regelmäßig Leute ein, die von einer Karriere als Volkssänger träumten und auf die Begegnung mit dem richtigen Manager warteten (so taten, als ob sie darauf warteten), der ihre stockenden Versuche in Schwung bringen würde, aber auch Leute, die als Gastarbeiter ihr Glück versucht und dann aufgegeben hatten, als sie einsehen mußten, daß der Preis für den erworbenen Reichtum zu hoch war. Hier versammelten sich auch Leute, die mal irgendwo jemanden kennengelernt hatten, der mit Fußball zu tun hatte, und die von da an den Wechsel von Spielern verfolgten, sie ernst und sachkundig kommentierten und auf die Gelegenheit warteten, selbst einmal in dieser Richtung tätig zu werden. Manchmal kamen auch Leute, die keine Dauergäste waren, aber über genug Geld verfügten, um die Legitimation zu haben, sich als private Gastwirte oder Bauunternehmer auszugeben. Und unter den Stammgästen gab es hinreichend viele, die vorhatten, Bauunternehmer zu werden, wie auch solche, die unentwegt Pläne schmiedeten und eine günstige Gelegenheit abpassen wollten.

Die Kneipe war so, wie er sie in Erinnerung hatte, als wäre er gestern und nicht vor fünfundzwanzig Jahren zum letzten Mal hiergewesen. Die gleichen karierten Tischtücher, die Fenster mit den zurückgezogenen Vorhängen, die mit einem Teppich bedeckte Sećija entlang den Wänden, die wackligen Holzstühle und der dunkle, mit Maschinenöl oder dergleichen gewienerte Boden. Links von der Eingangstür die Theke, dahinter das Regal mit den Getränken, rechts daneben an derselben Wand der uralte Elektroherd »EKA – System AEG« und der Kohlenherd »Plamen«. Das gleiche gemütliche Halbdunkel trotz der zurückgezogenen Vorhänge, der gleiche Rauchschleier, der über den Köpfen der Gäste unter der Decke hängt, auch die Gäste, könnte man sagen, sind die gleichen, wie sie mit der gleichen Haltung, dem gleichen abwesenden Gesichtsausdruck an ihren Plätzen sitzen. Wahrscheinlich sprechen sie die gleichen Sätze aus und schweigen genau wie damals, füllen ihre Totoscheine mit den gleichen Paaren und den gleichen Stiften aus, mit den gleichen

Kommentaren und Hoffnungen, und genau wie damals tun sie immer noch so, als warteten sie auf den großen Gewinn, der ihrem Leben die Wende bringen würde.

Schon in der Tür erkannte Simon Salih Avdić, den Kneipenbesitzer, der wie damals allein am Tisch neben der Theke saß, den ganzen Tag an einem Kaffee nippte und schweigend auf Bestellungen wartete. Er erkannte auch Milan Veljović, den beliebtesten Briefträger von Foča, am Tisch neben dem linken Fenster. Den anderen schenkte er keine Beachtung, zwei waren genug, um sich zu Hause zu fühlen.

»Hast du mich vergessen?« fragte er Salih, als er an dessen Tisch trat.

»Bist du mir denn so wichtig, daß ich dich vergessen sollte?« antwortete Salih mürrisch, drückte Simon aber herzlich die Hand. »Möchtest du was?«

»Zwei, einen für mich und einen für Milan«, sagte Simon, der genau wußte, daß Salih noch nie ein Getränk von einem Gast angenommen hatte. »Falls nicht auch du etwas willst, wenigstens heute?«

»Ich hab schon«, antwortete Salih und erhob sich mühsam, und erst daran konnte man sehen, wieviel Zeit seit ihrer letzten Begegnung vergangen war.

Simon ging zu Milans Tisch, er spürte, daß die Blicke der anderen Gäste auf ihn gerichtet waren, und fragte sich, ob er jemanden wiedererkennen würde, wenn er den Blick heben und ihn über die Gesichter der Anwesenden schweifen lassen würde.

»Wieso sind denn die ganzen Leute in der Stadt?« fragte er Milan, nachdem er ihn begrüßt hatte. »Eine richtige Überschwemmung.«

»Das ist immer so bei Kirmes. Wir haben Mariä Himmelfahrt.«

»Aber sie gehen alle stadtauswärts, als wären sie auf der Flucht.«

»Sind sie ja auch«, antwortete Milan Veljović knapp.

»Wovor fliehen sie denn? Und warum?«

»Vor dem Guten natürlich, wovor sonst, man weiß doch, wovor man flieht«, spottete Milan, aber dann fiel ihm wohl ein, daß Simon hier neu war, und er fuhr fort: »Oder weißt du es wirklich nicht? Man hat sie ermordet! Zuhra wurde ermordet und geschändet.«

Aus Milans langatmiger, verworrener, von Ausrufen, Seufzern und Flüchen unterbrochenen Erzählung ging hervor, daß am Morgen jemand die Leiche von Zuhra Čengić an einer Pappel hängend gefunden hatte, in der Nähe des Stadions, auf der Seite des Čohodar-Viertels. Man hatte sie an den Füßen aufgehängt, und an ihrem Kopf, an den Haaren, baumelten zwei Katzen. Unter dem Kleid, das ihr fast bis auf die Schultern gerutscht war und ihren mageren Körper enthüllte, war sie nackt, weiße Flecken am Unterleib deuteten darauf hin, daß sie unmittelbar vor oder nach dem Mord vergewaltigt worden war.

Als er seinen Bericht beendet hatte, atmete Milan eine Weile schwer und bestellte dann einen doppelten Weinbrand.

»Eigentlich darf ich nicht, denn falls die Renten da sind, habe ich den ganzen Tag mit Geld zu tun«, erklärte er, nachdem er sein Glas mit einem Schluck ausgetrunken hatte. »Aber ich muß, Alter, das ist ohne Gift nicht auszuhalten. Man kann seine Seele nicht aussprechen, nur aushauchen«, schloß er und bestellte noch einen.

»Aber wer sollte das gewesen sein?« fragte Simon nach längerer Pause, »wer könnte etwas gegen Zuhra gehabt haben?«

»Niemand, Alter, das ist es ja! Wahrscheinlich fliehen die

Leute auch deshalb. Vielleicht hat es ja deshalb gerade sie getroffen.«

Zuhra entstammte der weitverzweigten, angesehenen und einst sehr reichen Beg-Familie Čengić. Wie alle Muslime auf dem Balkan wurden die Čengićs nach der Gründung des Ersten Jugoslawiens zum »Relikt der türkischen Okkupation« erklärt, und wie alle Begs wurden sie durch die bald darauf erfolgende Bodenreform wirtschaftlich ruiniert. So fanden sie sich kurz nach der Entstehung Jugoslawiens, des ersten Staates, den sie als den ihren betrachten konnten, als bettelarme Leute ohne jegliches Einkommen in ihren prachtvollen Häusern wieder, mit der Last der Erinnerung an den Luxus und an die kostspieligen Lebensgewohnheiten und dem Stigma eines »Relikts der Okkupation«. Sie hatten also die Gelegenheit, den alten Fluch »du sollst haben und alles verlieren« am eigenen Leib zu erfahren. Mit der ersten und der zweiten Last, den Erinnerungen an den Luxus und die früheren Lebensgewohnheiten, kämpften fast all diese Familien auf die gleiche Art: Indem sie übriggebliebene Wertsachen verkauften, in der Regel ein kostbares Schmuckstück, trieben sie vorübergehend genügend Geld auf, um Ereignisse, an welchen dem Familienoberhaupt besonders viel lag, wie die Geburt eines Sohnes oder der Aufbruch zu einer Pilgerfahrt, in Würde begehen zu können. Vom Rest des Geldes und der Erinnerung an dieses Fest zehrte man dann einige Zeit, satt genug, um nicht zu sterben, und hungrig genug, um sich nicht auf den neuen Tag zu freuen. Mit der dritten Last, dem Stigma eines Relikts der Okkupation, konnten sie nicht kämpfen, denn weder ging es auf sie zurück, noch traf es auf sie zu. Viele flüchteten sich in den Alkohol, in die Depression und den frühen Tod, der sie von den Erinnerungen befreite und von der unlösbaren Frage, ob sie irgendwo hinziehen sollten, wo es vielleicht ein Leben für sie gab, oder nicht doch besser hierblieben, in ihrem Haus, ihrem Land, wo es vielleicht auch für sie irgendwann wieder ein Leben geben würde.

Während des Zweiten Weltkriegs und dem Zerfall des Ersten Jugoslawiens lebte Zuhras vielköpfige Familie in einem großen Haus an der Prijeka Čaršija, dem sicherlich schönsten Gebäude der ganzen Stadt, nur mit ein paar übriggebliebenen Dukaten und etwas Schmuck, den die Frauen vor sich selbst so gut versteckt hatten, daß sie ihn nicht wiederfanden, um ihn damit vor den Männern und vor dem Verkauf zu retten. Ende 1941 fanden sie bei ein paar entfernten Verwandten in Sarajevo Unterschlupf und entgingen so dem Massenmord an den Muslimen 1942 in Foča. Nach dem Krieg kehrten von der ganzen Familie nur Zuhras Eltern in das Haus an der Prijeka Čaršija zurück, um wie vor dem Krieg weiterzuleben, verarmt und ohne Einkommen, mit dem Unterschied, daß sie jetzt nicht mehr ein »Relikt der türkischen Okkupation«, sondern ein »Relikt der Feudalzeit« darstellten. Und mit einer weiteren Last: dem Wissen, den Geschichten und den Ängsten, die mit dem mehrtägigen Massaker an den Muslimen auf der Drinabrücke verbunden waren, das man nicht vergessen konnte, obwohl man »um des Friedens unter unseren Völkern willen« nicht darüber sprechen durfte, weil es nicht die Okkupatoren, sondern die Četniks begangen hatten.

War es die Armut, die sich an den Reichtum erinnert, das abgeschiedene Leben, das sie von Geburt an umgab (weil sie in ihrem Haus geboren wurde, nach dem Krieg), womit sich Zuhras Besonderheit erklären ließe, oder lag sie nicht doch in ihrer Natur? Man weiß es nicht, sicher ist nur, daß Zuhra anders war. Schon ihre Kleidung verstieß gegen alle

Moden, widersprach allem, was die Jugend von Foča im Kino oder in der Realität zu Gesicht bekam, sie war aus Stoffen genäht, die weder zu ihrem Alter noch zu ihrer Umgebung paßten; mit ihren Gewändern aus Samt und Tuch, mit den seidenen Volants und Schals fiel Zuhra schon auf den ersten Blick aus der Gesellschaft und dem Ambiente, in dem sie sich bewegte, heraus. Die Natürlichkeit, mit der sie ihre komplizierte, schwere Kleidung trug, schien diese Andersartigkeit nur zu verstärken, gleichzeitig machte sie Zuhra sympathisch. Sie trug ihre langen Kleider, als hätte es für sie nie etwas anderes gegeben, Kleider, die wahrscheinlich aus dem gefertigt waren, was sie und ihre Mutter als Überbleibsel aus vergangenen Jahrzehnten im Haus vorgefunden hatten. Als sei es das Selbstverständlichste von der Welt, sich in solch phantastischer Gewandung neben ihre Klassenkameradin zu setzen, die mit Hose und Pullover aus dem Laden bekleidet war. Gewiß war es diese ruhige Natürlichkeit, mit der Zuhra ihre Andersartigkeit annahm und trug, die es ihren Freunden leichtmachte, sie zu akzeptieren und damit zu verhindern, daß Andersartigkeit und Besonderheit zum Stigma wurden.

Jede Andersartigkeit ist in irgendeiner Weise auch ein Stigma, das wird in einem kleinen, geschlossenen Umfeld wie einer bosnischen Stadt und unter jungen Leuten besonders evident. Wahrscheinlich war es auch bei Zuhra so gewesen, nur konnte Simon sich an nichts erinnern, wodurch Zuhras Gegenwart ihm irgendwie peinlich geworden wäre, an keinen beleidigenden oder aggressiven Zwischenfall, nicht einmal an einen spöttischen Kommentar oder Blick, der ihrer spektakulären Kleidung oder ihrem ungebändigten, üppigen Haar gegolten hätte, das mit der Turnstunde und dem Alltag einer Gymnasiastin schwerlich zu vereinbaren war. Sie war nicht beliebt in der Schule; wer dermaßen anders ist, kann nicht beliebt sein; aber sie wurde auch nicht ausgestoßen oder gebrandmarkt. Sie war einfach da, vielleicht nicht wie jemand, den man wirklich akzeptierte, aber gewiß wie jemand, den man ohne Vorbehalt gelten ließ.

Vielleicht gelang es Simon nicht, sich an etwas Unerfreuliches zu erinnern, was sie Zuhra angetan haben könnten, weil er dergleichen damals, in der Zeit, als es möglich gewesen wäre, gar nicht hatte sehen können und wollen, denn wie alle anderen Jungen aus dem Gymnasium war auch Simon in Zuhra verliebt gewesen. In den Jahren des Heranwachsens gleicht die Liebe eher einer Flucht vor der realen Welt und dem Leben als einer Vorbereitung, einem Sich-Einlassen darauf. In dieser quälenden Lebensphase, wenn uns der eigene Körper verwirrt und ängstigt, weil sich völlig unverständliche und schreckliche Dinge in ihm abspielen, die wir gerade wegen der quälend starken Bedürfnisse, mit denen er uns verwirrt, nur ahnen, in dieser Phase, in der uns mehrmals täglich das Verlangen nach unbekannten, beängstigenden Dingen überkommt – ferne Gegenden, das andere Geschlecht –, verlieben wir uns meistens in etwas, das uns in eine andere Welt versetzen, uns von allem Unbegreiflichen und Bedrohlichen, das in und um uns herum passiert, von allem, wovor wir uns fürchten und wonach wir uns zugleich mit derselben Intensität sehnen, befreien könnte. Wir können uns in diesen Jahren nicht in jemanden verlieben, bei dem wir schon auf den ersten Blick sehen, daß er in unserer Welt lebt und unsere Probleme hat; wir können es nicht, weil er uns ähnlich ist, und uns selbst lieben wir in diesen Jahren überhaupt nicht; in diesen Jahren ist die Liebe im Gegenteil eine Flucht vor sich selbst, weshalb wir uns vor allem in jene verlieben, die uns am wenigsten ähneln. Und Zuhra hatte damals mit niemandem von uns auch nur die geringste Ähnlichkeit. Mit ihrem wilden, pechschwarzen Haar, den großen hellen Augen, die das halbe Gesicht schluckten und auch den Rest zu schlucken schienen, mit ihren Kleidern, die aus einem Film stammen mußten, und mit ihrem zerbrechlichen, spindelförmigen Körper wirkte Zuhra wie nicht von dieser Welt, kein Wunder, daß sie die verwirrte junge Seele zu den wildesten Träumereien hinriß. Es konnte gar kein geeigneteres Objekt geben, alle waren in sie verliebt, ohne Unterschied, das war so natürlich, daß man es voreinander auch nicht verheimlichen mußte.

Simons nachhaltigste Erinnerung, sein stärkster Eindruck von ihr, das, was auch jetzt, nach so vielen Jahren, wieder in ihm auflebte, war das in sich widersprüchliche Bild ihrer Zerbrechlichkeit, die keines Schutzes bedurfte. Sowenig er sich an eine einzige Beleidigung erinnerte, sowenig erinnerte er sich an eine Situation, in der jemand schützend den Arm um sie gelegt oder ihr geholfen hätte. Nicht einmal im Turn- oder Technikunterricht, wo Zuhra keine Glanzfigur abgab, war es vorgekommen, daß ihr jemand beigesprungen und geholfen, ihr gezeigt hätte, wie es geht, sie gestützt oder ermutigt hätte. Kaum zu glauben, daß ihr während der vier Jahre kein einziger ihrer Klassenkameraden auch nur einmal geholfen hat, aber Simon konnte sich an keinen einzigen Fall erinnern – gewiß deshalb, weil Zuhra für ihn jemand war, der Hilfe und Schutz schlicht nicht brauchte; jeder Versuch, sie zu beschützen, fiel von ihr ab wie ein unnötiger Knopf. Zerbrechlich wie eine Porzellanfigur, aber irgendwie vollkommen, eine Schwäche, die keines Schutzes bedurfte – das war Zuhra, wie sie Simon erlebt und dann all die Jahre in Erinnerung gehabt hatte.

Unlängst in Berlin war ihm ein Gespräch wieder eingefallen und ein Gefühl in ihm aufgestiegen, das er nicht einordnen konnte, vielleicht weil es stärker war als alle anderen Gefühle, Gedanken und Empfindungen, die mit ihr verknüpft waren. Einmal, in der dritten Klasse des Gymnasiums, hatte er Zuhra erklärt, daß er sie beneide, weil sie mit allem um sich herum »per du« sei, weil sie sich zumindest so benehme, als ob jeder Baum, an dem sie vorbeigehe, und jeder Vogel, der über ihr fliege, mit ihr »per du« sei; als wären sie ihre Bekannten, als könnte sie den Baum und den Vogel mit Namen anreden und als wüßten der Baum und der Vogel ihren Namen und kennten sie. Als er mit Barbara darüber sprach, wunderte er sich aufs neue, daß Zuhra ihn damals angehört hatte und weggegangen war, ohne erkennen zu lassen, ob sie ihn verstand und was sie davon hielt. Barbara hatte ihm daraufhin von einer orientalischen Glaubensvorstellung erzählt, über die viel herauszufinden ihr nicht gelungen war, aber das wenige, das sie erfahren hatte, hatte sie sich gut gemerkt. Nach dieser Vorstellung ist ein Mensch verflucht, für den kein Baum wächst, von dem kein Vogel weiß, um dessentwillen kein Wind bläst und kein Bach fließt ... Er sieht die Bäume und die Vögel, er spürt den Wind und trinkt Wasser, er bricht Zweige und läßt sich das Fleisch schmecken, aber er weiß genau, spürt es die ganze Zeit, daß all das einfach objektiv, um eines anderen willen da ist, nicht um seinetwillen und für ihn. Als lebte er von fremden Segnungen, als brächte er fremde Tage hin. »Bedürftig sein und nicht zu haben ist eine Strafe«, schloß Barbara damals. »Zu haben, aber zu fühlen, daß das, was du hast, nicht dein ist, weil es nicht um deinetwillen da ist – das ist Verdammnis.« In der eingetretenen Stille sah Simon seine Frau an, froh und zugleich verblüfft. Wieder einmal vermochte Barbara besser als er zu erklären, was er fühlte, und hatte besser als er verstanden, worin seine Probleme mit anderen Menschen bestanden, obwohl sie diese Menschen nicht kannte. Man fühlt sich gut und ein bißchen idiotisch, wenn man sich so vollkommen mit jemandem versteht wie er mit Barbara.

Sie mußten in der vierten Klasse gewesen sein, als Zuhra nach der Veranstaltung zum Tag der Republik mit Mustafa Tiro, genannt Feslija, wegging. Keiner von ihnen ließ sich Eifersucht anmerken, anscheinend kam niemandem der Gedanke, jetzt, wo Zuhra einen Freund hatte, könnte sich etwas verändern; als hätten sie alle nur darauf gewartet, daß Zuhra mit Feslija ging. Doch in der Stadt, unter den Erwachsenen, herrschte Aufregung. Feslija war ein ausgezeichneter Schüler, von dem man Großes erwartete; man ging ganz selbstverständlich davon aus, daß er studieren und sich danach womöglich weiterqualifizieren würde, man nahm an, daß er gar nicht mehr nach Foča zurückkehren würde, wenn er erst alle Schulen abgeschlossen hätte, die man abschließen konnte. Vermutlich fragten sich jetzt alle, wie er Frau und Ausbildung miteinander vereinbaren wolle, denn es verstand sich von selbst, daß er Zuhra nicht kompromittieren und betrügen, aber auch nicht die großen Hoffnungen in den Wind schlagen würde, die man auf ihn setzte. Über all diese Fragen wurde in der ganzen Stadt, wo immer Leute sich trafen, lebhaft, ja leidenschaftlich diskutiert, denn das Problem mußte beizeiten gelöst werden. Zuhra und Feslija standen kurz vor dem Abitur, Zeit blieb also nur wenig.

Von der Aufregung ihrer Mitbürger schienen die Verliebten nichts mitzubekommen. Sie lebten weiter wie damals, vor jenem Tag der Republik. Der einzige Unterschied bestand darin, daß man sie jetzt jeden Tag zusammen sah, denn nach der Schule begleitete er sie, ihre Büchertasche in der Hand, bis an ihr Hoftor, unterhielt sich dort ein paar Minuten leise mit ihr, bevor er ihr die Tasche zurückgab und nach Hause oder in die Kneipe von Sulejmanaga Kukavica ging. Nur der seltsame Glanz in ihren Augen verriet, daß ihnen etwas Ungewöhnliches geschah, jenes Leuchten, das in den Augen sehr junger Leute aufstrahlt, wenn sie glücklich lieben. Sonst war alles wie immer: Zuhra lebte ihr stilles, hinter dem Hofzaun verborgenes Leben, Feslija das Leben eines jungen Mannes aus der Provinz, der zur Schule geht, mit Freunden in der Kneipe von Sulejmanaga Kukavica philosophiert, bei schönem Wetter über den Korso in der Prijeka Čaršija spaziert und am Sonntag als Fußballfan ins Stadion zieht. Aber dann, Mitte März, brach die Katastrophe herein, eine Katastrophe, die niemand vorausahnen konnte, weil sie sich durch nichts angekündigt hatte.

Feslija kam am späten Vormittag, zu einer Zeit, als er in der Schule hätte sein sollen, nach Sastavci, ins Café Bor, setzte sich an einen der hinteren Tische und bestellte sehr laut, so daß ihn garantiert jeder der vier, fünf Gäste im Raum hören konnte, einen doppelten Eierlikör, ein ekliges Getränk, das damals gerade bei uns aufkam; die Gymnasiasten in Foča glaubten – und teilten es einander im Vertrauen mit –, es hebe die Potenz. Er trank das große Glas in einem Zug aus und bestellte noch zweimal nach.

»Was willst du mit dem vielen Eierlikör? Als müßtest du drei Eselinnen reiten«, sagte Strajo, der Kellner, als er ihm das dritte Glas brachte.

»Denkst du, mit Zuhra ist es besser?« gab Feslija zurück.

Da kippte ihm Strajo das Glas in den Schoß, packte ihn an den Schultern und warf ihn mit der Bemerkung, daß so nicht rede, wer ein Getränk verdiene, aus dem Café. Aber es war nichts mehr zu retten. Zuhra erfuhr von dem Vorfall im Café Bor und ging nicht mehr zur Schule und nicht mal mehr aus dem Haus, Feslija ging nach kurzer Zeit auch nicht mehr zur Schule und begann sich zu betrinken, wann immer er Geld hatte, und erzählte jedem, der es hören wollte, er sei ein Verdammter, der seine Liebe und mit ihr sein Leben zerstört habe. So bekamen die Bürger von Foča die Antwort auf ihre Frage, wie Feslija Frau und Ausbildung zu vereinbaren gedenke, und hörten auf, sich mit ihm und Zuhra zu beschäftigen, als hätten sie sie schon vergessen; die beiden aber blieben jenem Moment verhaftet, da Feslija ausfällig geworden war, als wäre ihr Leben damals stehengeblieben und erfroren, als wären sie für immer in die Gedanken und die Wirklichkeit jenes Tages eingesperrt, an dem Feslija unseligerweise im Café Bor eingekehrt war. Die reale Zeit verging und hinterließ ihre Spuren, aber sie lebten nicht wirklich in dieser Zeit, darin vegetierten sie nur und verzehrten sich; in Wirklichkeit lebten sie noch immer an jenem Tag, wahrscheinlich entsetzt über das unsinnige und unbegreifliche Verhalten, das sie ihres Lebens beraubt hatte, bevor sie es zu leben begonnen hatten.

Ob es Feslija jemals gelungen ist, zu Zuhra vorzudringen und wenigstens zu versuchen, sich wegen jener Dummheit, die er selbst nicht begreifen und erklären konnte, zu rechtfertigen? Ob sie überhaupt noch einmal miteinander gesprochen haben? Ein knappes Jahr nach dem abgebrochenen Besäufnis im Café Bor bekam er Arbeit bei den Stadtwerken und war auf dem besten Weg, Alkoholiker zu werden, und zwar einer von der widerlichen Sorte, die aus ihrem Niedergang einen narzißtischen Genuß ziehen und ihre gesamte Umgebung mit der Geschichte von »ihrer Verdammnis« belästigen, zugleich aber mit jedem Wort und jeder Geste ihre Überzeugung kundtun, daß sie auserwählt seien, weil nur wenige Auserwählte ein so schreckliches Schicksal treffen könne. Schon damals, noch vor Simons Weggang, konnte man ihn zu jeder erdenklichen Tages- und Nachtzeit in den Lokalen der Stadt antreffen und zum Opfer seines egozentrischen Gejammers werden, außer im Café Bor, das er als Ort seines Verderbens bezeichnete und nie mehr betrat.

Zuhra erging es irgendwie ähnlich. Es ist nicht bekannt, ob sie bis zum Tod ihres Vaters, fast zwei Jahre nachdem sie aufgehört hatte auszugehen, jemals außerhalb des Hauses gesehen wurde. Kurz nachdem ihr Vater gestorben war, sorgten ein paar gute Menschen dafür, daß sie bei der Post unterkam; sie sortierte die Sendungen nach Vierteln und Vororten und teilte sie den zuständigen Postboten zu. Das Haus verließ sie nur, um zur Arbeit zu gehen, die übrige Zeit schloß sie sich in dem heruntergekommenen Gebäude ein und trauerte still vor sich hin. Irgendwann fing sie an, sich um streunende Hunde zu kümmern, von denen es in den bosnischen Städten immer zu viele gab, aber auch das tat sie irgendwie unsichtbar und unhörbar, wie es ihre Art war. Sie hatte die Plätze entdeckt, an denen sie sich versammelten, oder ihnen geeignete Plätze am Stadtrand ausgesucht und den Hunden beigebracht, sich dort zu versammeln, und dann war sie regelmäßig zu diesen Plätzen gegangen, hatte ihnen Fressen mitgebracht und diejenigen, die verletzt waren, gepflegt. Wie sie zu diesen Versammlungsorten gelangte, ohne gesehen und gehört zu werden, wie sie nach Hause zurückkehrte und wo sie das Fressen und alles andere, was sie für ihre Lieblinge brauchte, auftrieb, wußte niemand. Vielleicht wäre ihre Fürsorge für die obdachlosen Hunde sogar unentdeckt geblieben, wenn nicht manchmal ein verspieltes Hündchen sie zur Arbeit oder durch die Stadt nach Hause begleitet hätte und

Passanten nicht aufgefallen wäre, wie sie in den Wäldchen am Stadtrand Hundemeuten fütterte. Es ist nicht bekannt, ob sie in all den Jahren bei jemandem zu Hause war oder länger mit jemandem geredet hat. Einmal besuchte sie die Frau des Hodžas Karović, eine liebe, feine Person, die von allen Kindern in Foča, unabhängig von ihrem Glauben, Mutter genannt wurde, und versuchte sie zu überreden, wieder unter Menschen zu gehen, vielleicht auch zu heiraten, denn »für ein gutes Mädchen findet sich immer ein guter Mann«, sie solle sich nicht eines Tages selbst verfluchen müssen, daß sie ihr ganzes Frauenleben herrenlosen Hunden gewidmet habe. – »Ich weiß nicht, liebe Mutter«, soll ihr Zuhra geantwortet haben, »vielleicht bin ich zu ängstlich, aber ich brauche, um mit jemandem zusammensein zu können, einen etwas zuverlässigeren Charakter, als ihn ein Mensch haben kann.« Und dabei ist es, soviel man weiß, geblieben.

Die Tür zur Kneipe von Sulejmana Kukavica ging plötzlich auf, um einen hünenhaften Mann durchzulassen, der sich tief bücken mußte, um unter dem Türrahmen durchzukommen. Simon erkannte Idriz, den Müllkutscher bei den Stadtwerken, damals ein dunkelhäutiger, schöner Bursche und jetzt ein vollständig ergrauter Mann. Mit drei Schritten war er an der Theke und begann ungeduldig auf die Platte zu klopfen, als könnte er dadurch Salih, der, sobald Idriz in der Tür erschienen war, von seinem Tisch aufgestanden war, zur Eile antreiben.

»Einen Weinbrand, einen doppelten«, sagte Idriz, als Salih an ihm vorbeiging.

»Gegen den Gestank?« fragte Simon.

»Gegen die Seelenqualen«, antwortete Idriz und maß ihn nicht gerade freundschaftlich.

Simon war diese Frage ganz zufällig entfahren, wahrscheinlich weil er Idriz wiedererkannt hatte und weil etwas in ihm gehofft hatte, daß sich jenes Gefühl des Angenommenseins vom Morgen wieder einstellen könnte, wenn auch Idriz ihn wiedererkennen würde. Deshalb war ihm die Frage herausgerutscht, ob Idriz so früh einen doppelten Weinbrand bestellte, um den Gestank, den ein Müllauto einhüllte, leichter ertragen zu können, deshalb hatte er diese Frage in jenem vertrauten und belanglosen Tonfall ausgesprochen, als hätten er und Idriz noch gestern zusammengesessen.

»Mußt du denn nicht arbeiten?« fragte Salih, als er Idriz einschenkte, aber dieser schüttelte nur den Kopf und ächzte, als kämpfte er mit einer starken Beklemmung, die herausmußte.

»Bist du immer noch bei den Stadtwerken?« versuchte es Simon noch einmal, mehr wegen seines morgendlichen Glücksgefühls als aus Interesse an einem Gespräch, doch Idriz winkte ab und ließ wieder nicht erkennen, ob er wußte, wer er war. Er trank aus und bedeutete Salih, ihm noch einmal einzuschenken.

»Was zum Teufel ist los mit dir?« fragte ihn Salih ungeduldig und zögerte mit dem Eingießen.

»Der Idiot beballert sich mal wieder«, antwortete Idriz.

»Etwa zum ersten Mal?« spottete Salih.

»Diesmal ist es harter Stoff«, beharrte Idriz.

»Auch nicht zum ersten Mal.«

»Aber jetzt im Café Bor.«

»Uh, verdammt!« rief Salih und stellte die Flasche auf den Tresen.

Simon hatte das Gespräch vollkommen verstanden, obwohl er sich selbst nicht erklären konnte, wie. Alles hatte er verstanden, und das empfand er als Zeichen, als

Aufforderung und Verpflichtung. Er legte einen Zehnmarkschein auf den Tisch und rannte nach Sastavci, und eine Stimme in ihm sagte ganz deutlich, daß er dasein müsse, endlich dasein müsse, wenn auch nur dieses eine Mal. Er beeilte sich und fragte sich nicht, was für eine Stimme das war, woher sie kam und was sie wollte.

3

Spiel, Sam!

Schon in der Zeit vor Simons Weggang hatte Feslija seine Besäufnisse gelegentlich in kleine Spektakel verwandelt, indem er nach dem fünften, sechsten Bier die zuletzt geleerte Flasche an seinem Schädel zerschlug oder im Zustand fortgeschrittener Betrunkenheit gleich zwei Flaschen Bier auf einmal bestellte, die eine leerte und die andere ungeöffnet an seinem Schädel zerschlug. Schon damals nannten die Leute Feslijas Besäufnisse Drogensucht, das Zerschlagen leerer Flaschen am Kopf entsprach den leichten, das Zerschlagen der vollen Flaschen den harten Drogen. Auch Simon hatte natürlich davon gewußt oder hätte es zumindest wissen können, dennoch war es nicht selbstverständlich, daß er bei der Bemerkung von Idriz sofort wußte, worum es sich handelte. Immerhin war es fünfundzwanzig Jahre her, seit er Feslija zuletzt gesehen und gehört hatte, nach sehr langer Zeit war er heute den ersten Tag wieder hier, verwirrt durch die Begegnung mit der Stadt und dem, was in ihr vorging. Trotzdem hatte er sofort verstanden, vermutlich sogar schneller als viele andere in der Kneipe bei Sulejmanaga Kukavica. Hatte ihm zu diesem Verständnis die Stimme verholfen, die er in sich hörte, die ihn zur Eile gemahnte, damit er wenigstens jetzt, wenigstens dieses eine Mal zur Stelle wäre? Das fragte er sich nicht, er eilte an der Ćehotina entlang nach Sastavci, ohne die fremde Stimme in sich wahrzunehmen.

Im Garten des Café Bor qualmte der Rost, ein Lamm drehte sich am Spieß, die weißen Metalltische und -stühle waren ordentlich auf einer mit Sand bedeckten Fläche aufgestellt und bereit für die Gäste, aus dem Hahn floß Wasser in einen großen Trog, hier wurde das Bier für die wahren Kenner gekühlt, denen Bier aus dem Eisschrank zu kalt war. Doch Gäste schienen keine dazusein. Nicht einmal Katzen und Hunde, die sonst am Rand des Gartens herumlungerten und darauf warteten, daß ihnen jemand etwas zuwarf. Nur beim Rost, im Schatten eines Baumes, saß neben den Haufen vorbereiteter Ćevapčići und Ražnjići der berühmte Gojko, ein weithin bekannter Meister des Röstens und Spießbratens, und starrte verloren vor sich hin. Er hatte offenbar weder Lust noch Energie, den Blick zu heben und den Vorübergehenden wiederzuerkennen, und fragte sich wahrscheinlich, was das für eine Welt war, in der man sich nicht mehr für seine Spezialitäten interessierte.

Drinnen war es nicht viel besser, jedenfalls gab es zu wenig Gäste für die drei Kellner, die neben der Theke standen. Nur zwei Tische waren besetzt. Rechts vom Eingang saßen zwei Männer mittleren Alters, völlig abgekapselt von der Welt um sie herum. Der eine warf den Kopf zurück und wiegte ihn hin und her, offensichtlich im Rhythmus eines Liedes, das ganz von seiner Seele Besitz ergriffen hatte. Sein Lied war unhörbar, wie man auch seine Worte nicht gehört hätte; ein Stück weißer Gaze an seinem Hals, das dem Betrachter buchstäblich ins Auge sprang, verriet den an Kehlkopfkrebs Operierten. Sein Freund, der sich durch die Hingerissenheit des nur mit dem inneren Ohr Hörenden nicht beirren ließ, erzählte in ruhigem Ton, als richtete er sich an den aufmerksamsten Zuhörer. Er redete, wie viele Betrunkene in unseren Kneipen reden, er lieh sich das aufmerksamste Ohr, das er finden konnte – sein eigenes, er redete, um sich in seiner Existenz zu bestätigen, und der scheinbare Gesprächspartner, der Freund am Tisch, war nur ein ähnlich Verzweifelter, den er als Vorwand benutzte, sich von sich selbst erzählen zu können.

»Und warum bist du nicht vor drei Jahren gekommen, verdammt noch mal, sagt der Doktor zu mir, da hätte man noch was machen können. Da war es vermutlich noch klein genug, oder? Von wegen vor drei Jahren, du armer Irrer, denk ich mir, ich bin doch kein Bonze, sondern einfacher Arbeiter, wer hätte mich vor drei Jahren schon ins Militärkrankenhaus geschickt, die würden mich auch jetzt nicht schicken, wenn es noch klein genug wäre. Aber jetzt, wo es wuchert, schicken sie mich her, damit du dir meine Leber anschaust und mich heimschickst, damit mein Tod den Staat nichts kostet.«

Sein singender Freund fuhr fort, den Kopf zu wiegen und mit der Hand den Takt zu schlagen, er selbst setzte seine Bekenntnisse fort, und Simon ging weiter zu dem zweiten besetzten Tisch, ganz hinten im Saal, direkt an der Wand, wo Feslija saß. Unterwegs besann sich Simon anders und beschloß, nicht gleich an Feslijas Tisch Platz zu nehmen, sondern am Nachbartisch, um Zeit zu gewinnen, sich zu sammeln und auf die Begegnung vorzubereiten. Lauter Scherben von Bierflaschen lagen um Feslija herum, das Tischtuch war feucht vom verschütteten Bier, sein Gesicht bereits mit Blut beschmiert. Der erste Blick in dieses Gesicht hatte Simon überzeugt, daß er gut daran tat, sich an den Nachbartisch zu setzen. Das war kein menschliches Gesicht mehr, aber auch kein Totenantlitz, es war etwas jenseits von Leben und Tod, dem Auge und vor allem dem Magen ganz und gar Unerträgliches. So könnten die Gesichter der Untoten aus den Legenden des Grauens ausgesehen haben, so sahen die Gesichter alter Menschen nach Schönheitsoperationen aus, die Simon mitbekommen hatte, so sahen die Gesichter der Unglücklichen aus, die aus dem Leben flohen, um sich vor dem Tod zu verstecken, und in einem Zwischenraum und einer Zwischenzeit verweilten, weder lebendig noch tot, weder real noch fiktiv, weder Mensch noch etwas anderes. Unbewegt und starr, mit fast durchsichtiger Haut, die in ihrer unnatürlichen Farbe und Starrheit eher wie gut gemachtes, direkt über den Schädel gezogenes künstliches Leder wirkte, hatte dieses Gesicht etwas von einem Automaten und zugleich von einem Toten und legte den Gedanken nahe, daß die Blutspur an der Stirn in Wirklichkeit Farbe war, die Blut imitieren sollte. Es war nicht schwer, jenen Feslija wiederzuerkennen, mit dem er zur Schule gegangen war, alle Grundzüge waren so gut wie unverändert, aber gerade die ins Auge springenden Reste des Jungengesichts an diesem heruntergekommenen Fünfzigjährigen machten den Eindruck so unerträglich.

Als er sich setzte, nahm Simon mit Erstaunen wahr, daß von Feslija ein starker, durchdringender Walnußgeruch ausging, so stark, daß er ihm fast den Atem raubte. Nicht der Geruch von verschüttetem Bier, nicht die Mischung aus Schweiß und Alkohol, an der man Betrunkene auf zwei Meter Entfernung erkennt, nicht einer der Gerüche, die zu erwarten gewesen wären, sondern ausgerechnet der betäubende und schwere Geruch von Walnüssen. Aber noch ehe er sich nach dem Grund fragen konnte, kam einer der drei Kellner, die neben der Theke standen, auf ihn zu. Simon erkannte Strajo, der schon damals im Café Bor bedient und immer in derselben Schicht wie der Barmann Ibro gearbeitet hatte, mit dem er befreundet war.

»Wo ist Ibro?« fragte Simon und deutete mit dem Kopf Richtung Theke.

»Da«, antwortete Strajo und holte einen Block aus der Tasche, als erwartete er weiß Gott was für eine Bestellung.

»Wo denn?« fragte Simon und zeigte erneut auf die Theke, neben der ein ihm unbekannter Kellner und eine Barfrau standen.

»Mal hier, mal da«, antwortete Strajo und stellte sich förmlich neben den Tisch, den Block in der erhobenen linken und einen Stift in der rechten Hand. »Was darf ich bringen?«

»Einen Tee bitte«, sagte Simon gekränkt, weil Strajo sich weigerte, ihn zu erkennen.

»Ein Aspirin dazu?« fragte Strajo wie nebenbei und schrieb eifrig in seinen Block, als würde er wirklich eine Bestellung notieren, und dann machte er, ohne die Antwort abzuwarten, auf dem Absatz kehrt und ging an seinen Platz neben der Theke zurück.

Simon wunderte sich zuerst, daß ihn Strajos demonstrative Weigerung, ihn wiederzuerkennen, so gekränkt hatte, aber nach kurzem Überlegen mußte er sich eingestehen, daß Strajos Weigerung, ihn wiederzuerkennen, nicht halb so kränkend war wie die Pein, sich selbst zu erkennen. Strajo hatte ihn nicht gekränkt, sondern darauf verwiesen, was er, Simon, hier eigentlich tat und wie er sich verhielt. Er wandte sich an die hiesigen Menschen und Dinge mit den Emotionen von damals und in einem Ton, der in jene Zeit gehörte, ohne zu berücksichtigen, daß ein Vierteljahrhundert vergangen war, ohne zu bedenken, daß auch ihm diese Jahre ins Gesicht geschrieben waren, auf den Leib, ins Gedächtnis derer, an die er sich wandte. Die Emotionen, der Tonfall, in dem er sprach, gehörten dem jungen Mann von damals, die Worte, die Stimme, das Gesicht waren für seine Gesprächspartner die eines Fremden an der Schwelle zum Alter. Und auch der andere war bereits alt und mußte sich dumm vorkommen, wenn sich jemand an ihn wandte, wie Simon es tat, weil es ihn, an den Simon sich wandte, schon lange nicht mehr gab, es gab ihn nur in Simons Erinnerung, die fünfundzwanzig Jahre geruht hatte, als wäre sie in Formalin eingelegt. Hatte ihn Feslijas Anblick deshalb dermaßen niedergeschmettert? In diesem Moment waren sie einander auffallend ähnlich: Wenn er Feslija betrachtete, schien er sich selbst in einem speziellen Spiegel zu betrachten; Feslija war ein Untoter mit dem Gesicht, der Erfahrung und der Seele eines Gymnasiasten, und Simon ein müder Fremder mit den Erinnerungen und Gefühlen eines jungen Mannes. Beide leugneten sie die Vergangenheit, d. h. schienen sie zu leugnen, er und Feslija schienen den Menschen unfreiwillig zu sagen, daß sie die Zeit, von der sie gezeichnet waren und die man in ihren Gesichtern lesen konnte, gar nicht durchlebt hatten. Wahrscheinlich hatten Idriz und Strajo darauf so widerwillig reagiert, sie reagierten auf ihn, wie er auf Feslijas Gesicht reagierte, das sich in eine Maske verwandelt hatte.

Strajo hatte gerade mit einem ungewohnten »Bitte schön« den Tee vor Simon abgestellt, als Feslija sich aus seiner Erstarrung löste. Er hob die rechte Hand über den Kopf, rief »Spiel, Sam!« und schlug mit der flachen Hand auf den Tisch, eigentlich ließ er sie nur laut auf die Tischplatte fallen. Danach drehte er sich um, schaute Strajo an und wiederholte: »Spiel, Sam! Spiel, Sam!« Durch seine Bewegung verstärkte sich der Walnußgeruch derart, daß es Simon vorkam, als tränten seine Augen.

»Wo kommt dieser Walnußgeruch her, doch wohl nicht von ihm?« fragte Simon Strajo, um einen förmlichen Ton bemüht.

»Was für ein Walnußgeruch?« fragte Strajo zurück, ganz ernst, ohne Simon zu parodieren.

»Riechen Sie nichts?«

»Nein.«

»Vielleicht kommt es mir auch nur so vor.«

»So wird es sein«, stimmte Strajo zu und machte wieder auf dem Absatz kehrt.

»Spiel, Sam!« rief Feslija ihm nach und schlug wieder mit der flachen Hand auf den Tisch, und Walnußgeruch durchströmte den Saal. Die Kellnerin ging zur Theke, nahm zwei Bier und stellte sie auf ein Backblech, das Strajo als Tablett benutzte.

»Einen Moment noch«, hielt Strajo sie zurück, als sie nach dem Öffner griff.

»Wenn er doch darum bittet.«

»Er wird auch ein zweites Mal bitten«, winkte Strajo ab und setzte sein unhörbares Gespräch mit dem anderen Kellner fort.

Den Saal betrat ein großer unrasierter Typ, der mit einem Blick den ganzen Raum erfaßte, alle Anwesenden einzeln musterte und sich dann zwei Tische von Simon entfernt niederließ. Mit einer knappen Geste gab er Strajo zu verstehen, daß er nicht beabsichtige, etwas zu bestellen; er starrte an die Decke, richtete den Blick hin und wieder auf Simon und Feslija und ließ ihn dann lange auf ihnen ruhen, als würde er sie überwachen oder wolle sie provozieren.

»Schau mir in die Augen, Kleines!« rief ihm Feslija zu und murmelte dann vor sich hin, als hätte er jedes Interesse an dem unrasierten Riesen verloren. »Schau mir in die Augen, Kleines! So ein Blödsinn, so eine Ungerechtigkeit. Was willst du mir in die Augen schauen, was gibt es denn in toten Augen schon zu sehen?! Und wenn's lebendige wären, man soll den Leuten nicht in die Augen schauen. Das ist ein verkehrter Satz, mit dem wir aufgewachsen sind. Schau mir in die Augen, Kleines. Wir sind eine verkehrte Generation, weil wir mit einem verkehrten Satz aufgewachsen sind. Spiel, Sam!, das ist das einzig Richtige, das einzig Wichtige. Damit hätten wir aufwachsen müssen. Spiel, Sam! Spiel mir mein Lied.«

Feslija stierte vor sich hin, völlig versunken, sein Gemurmel wurde immer leiser und verstummte schließlich ganz. Ob sich wohl schon damals entschieden hat, wer wir heute sein würden? fragte sich Simon, als er Feslija die Sätze, mit denen sie aufgewachsen waren, murmeln hörte, in genau dem gleichen Tonfall, so schien es, wie sie sie damals ausgesprochen hatten, hier, in Sastavci und Umgebung. Hier waren sie aufgewachsen, hier hatten sie gelernt, sich Kollektiven einzugliedern, die nicht ihre Familie waren. Hier hatten sie die Welt entdeckt. Noch als Kinder wurden sie hier mit der ersten Teilung innerhalb eines Kollektivs konfrontiert: man teilte sie in Jungen und Mädchen ein, Umgangsformen und Verhaltensweisen gegenüber den Mitgliedern der anderen Gruppe wurden jedem von ihnen vorgegeben. Danach lernten sie die erste hierarchische Einteilung ihres Lebens kennen, jene, die sich auf die Technik des Spottens und Kränkens gründet. Sie wurden eingeteilt in diejenigen, die den Kopfsprung vom Dreimeterbrett geschafft, und in diejenigen, die ihn nicht geschafft hatten, sie begannen diejenigen, die sich nicht zu springen trauten, Mädchen zu nennen und lernten das angenehme Überlegenheitsgefühl kennen, den anderen absichtlich bei einem falschen Namen zu nennen, dem Namen, den man selbst ihm gegeben hat. In jener lang zurückliegenden Kindheit hatten sie begriffen, daß der Fluch der menschlichen Existenz mit Zeugenschaft verbunden ist: Irgendwie hättest du es schon ertragen, nicht springen zu können, wären nur keine Zeugen zugegen gewesen, die dich durch ihre bloße Existenz daran erinnern, daß du es nicht getan hast, aber leider muß es immer

Zeugen geben, denn ohne sie gäbe es kein Bewußtsein von deinem Springen, wenn du gesprungen bist, und das wäre, als ob du nicht gesprungen wärst, selbst wenn du jeden Tag hundertmal springst. Ohne Zeugen geht der Unterschied zwischen denen, die gesprungen, und denen, die nicht gesprungen sind, verloren, denn ohne sie, d. h. ohne das von ihnen begründete Bewußtsein, ist es nicht möglich, das Geschehene vom Ungeschehenen zu unterscheiden. Hier hatten sie den angenehmen Schauder vor Frauen mit gebleichtem Haar und seltsamem Akzent verspürt, die ihr Bild von allem Fremden und Fernen prägten, das so verwirrend wie anziehend ist. Hier, in diesem Café Bor, hatten sie vermutlich alle zum ersten Mal Ćevapčići gegessen, das erste, was sie überhaupt außerhalb von Mutters Küche gegessen hatten, und hier, in Sastavci, hatten sie einander versichert, daß sie am liebsten als Mechaniker auf dem Jahrmarkt arbeiten würden, weil man dann durch die ganze Welt reisen und immerfort den Geruch von verbranntem Benzin würde einatmen können, den schönsten und aufregendsten Geruch, den es gab.

Wo war jetzt all das geblieben, was sie hier geträumt, geredet und getan hatten? Wo waren die Schwärmereien und Worte, die Blendungen und Schläge, die Flüche und Wünsche, die Wut, die Freundschaft und der Haß, wo war all das Gute und Böse geblieben, das sie einander angetan hatten, all das, was jeder von ihnen in sich getragen oder im anderen zurückgelassen hatte? Steckte es noch in jedem von ihnen, hatte es ihren Lebensweg bestimmt, und wenn ja, in welchem Ausmaß? Hatte etwas von dem, was damals in diesem Stadtviertel geschehen war, bewirkt, daß er und Feslija heute hier saßen und einander wie in einem Zerrspiegel betrachteten? Hier hatte Simon, kurz bevor er ins Gymnasium kam, begriffen, daß er wie Isak Samokovlija werden wollte, Arzt und Schriftsteller, hier hatte er begonnen, sich als Isak Samokovlija zu imaginieren und zu fühlen. Was hatte Feslija zu dieser Zeit begriffen und wovon hatte er geträumt? Hätte man schon damals all das ahnen können, was sie heute voneinander unterschied? Hatte damals alles angefangen? Hatte das, was sie hier und in jener Zeit von sich begriffen hatten, ihre Wege bestimmt, auf denen sie heute bis ins Café Bor gekommen waren?

Wenn die Kreationisten recht haben, dachte Simon, kann etwas aus nichts entstehen, zum Beispiel durch Gottes Beschluß. Aber unmöglich kann etwas, das einmal gewesen ist, verschwinden, es ist ganz unmöglich, daß etwas einfach spurlos verschwindet. Darum stimmt es nicht, daß wir heute nichts mehr mit jenen zu tun haben, die wir hier einmal gewesen sind, mit all den Bildern und Träumen, denen wir uns hingegeben, all dem, was wir einander gesagt und angetan haben. – Und während er so grübelte, ging ihm auf, daß womöglich das der geheime Grund für seinen Aufenthalt hier war. Immer kann man in seine Vergangenheit geraten wie in ein Fangeisen, das uns die Zeit aufgestellt hat; erinnert oder vergessen, sichtbar oder unsichtbar, die Vergangenheit ist immer da, unvermeidlich und unerbittlich, wie eine Falle, der wir sowenig entgehen können wie den Himmelsrichtungen. Wohin du dich auch wendest, stets verhältst du dich irgendwie zu Nord und Süd, und was immer du tust, wie immer du auch lebst, du kannst deiner Vergangenheit nicht entfliehen. Einen Teil trägst du in dir, der andere wartet irgendwo auf dich, beide Teile rufen einander, korrespondieren miteinander und beschließen, dich dorthin zu führen, wo sie sich vereinigen können. Vielleicht war ihm genau das passiert. Vielleicht hatte er herkommen müssen, damit sich verwirklichen kann, was geschehen muß, aber ohne ihn nicht möglich wäre. Es läßt sich wissenschaftlich beweisen, daß wir mit jeder Handlung, mit jeder Bewegung zum Beispiel, ein Ereignis hervorrufen, das ohne uns nicht eingetreten wäre. Die Erschütterung, die du beim Gehen auf der Straße verursacht hast, hat den Blumentopf umgeworfen, der dir auf den Kopf gefallen ist. Wenn ihn nicht die Erschütterung umgeworfen hat, die ein anderer beim Gehen in einer angrenzenden Straße verursacht hat. Was nur war denn in einer der unzähligen Vergangenheiten, in der sie hier festhingen, in Gang gesetzt worden, das ohne seine Anwesenheit nicht ans Ziel kommen konnte? Was war es nur, um dessentwillen er seine Frau und seine Klinik hinter sich gelassen hatte und hierher gekommen war?

»Spiel, Sam! So hätte man leben sollen«, meldete sich Feslija wieder und hob die rechte Hand über den Kopf, um sie auf den Tisch fallen zu lassen. Daraufhin breitete die Frau hinter der Theke entschuldigend die Hände aus, griff nach dem Backblech mit den zwei Flaschen Bier, das vor ihr auf der Theke stand, aber Strajo legte einen Finger auf den Rand des Blechs.

»Laß nur«, sagte er beschwichtigend, »egal, wann er sich umbringt, es ist immer noch früh genug.«

»Darauf bin ich auch schon gekommen«, bemerkte die Frau und sah zu dem unrasierten Hünen hinüber, der als letzter hereingekommen war. Dieser rezitierte feierlich und wie zu ihrer Unterstützung: »Er küßt sie, ihr gefällt es sehr – küß, Lieber, küsse mich noch mehr«, doch sein Blick, der von der Theke zu Feslija wanderte, forderte sie und Strajo dazu auf, das bestellte Getränk zu servieren. Strajo nahm die Hand vom Backblech und wandte sich dem Kollegen zu, mit dem er ein Gespräch angefangen hatte, während die Frau die Achseln zuckte und mit dem Backblech zu

Feslijas Tisch ging. Sie räumte erst die leeren Flaschen ab, bevor sie ihm sein Bier hinstellte und die erste Flasche öffnete. »Schau mir in die Augen, Kleines!« stotterte Feslija und versuchte, die Hand zu fassen, mit der sie die Flasche öffnete, aber sie entzog sich mühelos und kehrte zur Theke zurück.

Eine Weile herrschte Stille, die durch das monotone Raunen, hervorgerufen durch die Bekenntnisse des Mannes, der im Militärkrankenhaus gewesen und von dort zum Sterben nach Hause geschickt worden war, nur noch verstärkt wurde. Auf einmal rief Feslija wieder »Spiel, Sam!«, aber anscheinend hatte er nicht mehr die Kraft, die Hand zu heben und auf den Tisch fallen zu lassen, woraufhin ihm die Kellnerin zurief: »Vor dir steht's doch, der Teufel soll dich holen mitsamt deinem Bier«, dann trat wieder Ruhe ein. Kurz danach streckte Feslija, als hätte er Kraft gesammelt, die Hand aus und griff nach der Flasche, offenbar in der Absicht, sie sich gegen den Kopf zu schlagen, aber das Bier lief aus, als er sie hochhob, weil er irrtümlich die geöffnete genommen hatte. Verwundert hielt er in halber Bewegung inne, so daß auch der Bierstrahl, der an ihm herunterrann, versiegte, als genug aus der Flasche geflossen war. Strajo, der alles von der Theke aus verfolgt hatte, kam laut fluchend durch den Saal gerannt und riß ihm die Flasche aus der Hand.

»Das läßt du bleiben, verdammter Idiot, bei mir läßt du das bleiben, egal, was wird«, brüllte Strajo und knallte die Flasche auf den Tisch. Dann drehte er sich verstohlen zu dem Unrasierten um und sah ihn kurz an, woraufhin dieser nur den Kopf schüttelte und »ts, ts, ts« sagte.

»Richtig so, Strajo, gut gemacht«, sprang auch Simon wie auf ein verabredetes Zeichen hin auf, ging an den Nachbartisch und setzte sich Feslija gegenüber. »Feslija, alter Freund! Hör doch auf damit, alles wird … Wir wissen doch alle, was mit Zuhra passiert ist, aber laß es doch.«

Feslija, noch bleicher als zuvor, starrte Simon mit weit aufgerissenen Augen ins Gesicht, als sähe er ein Gespenst. Nach einer halben Ewigkeit, in der er ihn, nach Atem ringend, angestarrt hatte, rief er mit einer unnatürlich tiefen Stimme: »Du!« und begann den Kopf zu schütteln, als könnte er nicht glauben, was er sah; mit einem lauten, röchelnden Geräusch sog er die Luft ein.

»Na, komm schon, faß dich«, redete Strajo ihm sanft zu, er hielt ihn noch immer an der Schulter gepackt.

»Hast du … Hast du Zuhra … Du Azrail?« stotterte Feslija, als sich sein Atem wieder ein wenig normalisierte.

»Beruhige dich, bitte, beruhige dich doch«, redete Simon auf ihn ein, aber Feslija schüttelte nur den Kopf und sprach seine Fragen aus, als würde er ausatmen.

»Ich bin Arzt«, sagte Simon kurz zu Strajo, aber seinem Tonfall war nicht zu entnehmen, ob er sich rechtfertigte oder ihn und sich beruhigen wollte. Als hätte er sich wegen dieser Bemerkung über sich selbst geärgert, winkte er ab und redete weiter in ruhigem Tonfall beschwichtigend auf Feslija ein.

»Du hast … ! Du … !« schrie Feslija und schickte sich an aufzustehen, wobei er sich an Strajos Arm festhielt und die beiden Flaschen, die noch auf dem Tisch standen, umwarf.

»Besoffener Idiot!« fuhr ihn Simon an, von Bier übergossen; sein durchschlagender Mißerfolg war ihm peinlich.

»Ein Tollhaus«, seufzte Strajo und schob die beiden zu ihren Stühlen, mit der einen Hand Feslija, mit der anderen Simon.

Der Unrasierte näherte sich Strajo von hinten und legte ihm die Hand in die Seite, als wollte er ihn umarmen oder beruhigen, und mit der anderen zog er etwas aus der

Tasche, zeigte es Simon mit einer raschen Bewegung und steckte es wieder ein.

»Kommen Sie bitte mit«, sagte der Unrasierte zu Simon.

»Warum? Es ist doch nichts passiert?«

»Und selbst wenn ...«, winkte der Unrasierte verächtlich ab, als leugnete er die Bedeutung von allem, was hier passieren könnte. »Kneipenschlägereien sind nicht mein Ressort.«

»Worum geht es denn?«

»Dazu bin ich nicht befugt«, erklärte ihm der unrasierte Hüne ruhig und zuckte wie zur Bekräftigung mit den Schultern.

»Das muß ein Mißverständnis sein«, verteidigte sich Simon hartnäckig.

»Wir sind dazu da, Mißverständnisse zu beseitigen«, sagte der Unrasierte und forderte Simon mit einer Handbewegung zum Gehen auf.

»Was für ein Blödsinn!« rief Simon Strajo zu, als er an ihm vorbeiging.

»Entschuldige, Alter!« rief ihm Strajo hinterher. »Ich habe gedacht, du bist auch einer von diesen neuen Helden.«

An der Tür wich der Unrasierte zur Seite, um Simon den Vortritt zu lassen, aber dann hielt er ihn, bevor er herauskam, mit der ausgestreckten Hand an.

»Die Papiere bitte.«

»Was für Papiere?« fragte Simon erstaunt.

»Ihre, meine eigenen hab ich schon«, erklärte ihm der Unrasierte freundlich.

Simon reichte ihm den Paß, und der Hüne steckte ihn in die Tasche und bedeutete Simon, vorauszugehen. Als er an ihm vorbeikam, nahm Simon einen milden Tabakgeruch wahr. »Er hat sich irgendwo gut eingeräuchert«, dachte Simon und trat vor das Café Bor, vor dem immer noch

Gojko saß und jedem seine Verlorenheit zeigte, und nahm dann den wohlbekannten Weg zur Polizei, ein paar Schritte vor dem unrasierten Hünen, ganz im Einklang mit den Vorschriften.

4

Seinem Volk zur Freude

Der unrasierte Hüne gab Simon ein Zeichen, im Gang zu warten, und verschwand in einem der Büros. Simon war nur einmal in diesem Gebäude gewesen, gegen Ende des Schuljahrs in der vierten Gymnasialklasse, als er seinen Reisepaß abgeholt hatte, und zwar im Erdgeschoß, so daß ihm hier, im ersten Stock, alles unbekannt war. Er wußte nicht, was sich hinter welcher Tür verbarg, und konnte es auch jetzt nicht herausfinden, weil man die Schildchen mit den Namen der Angestellten und den Bezeichnungen der Dienststellen an den Türen entfernt hatte, offensichtlich erst vor kurzem. Rechts von der Treppe, die sie heraufgekommen waren, befanden sich drei, linker Hand zwei Türen. Simon ging ein paarmal den kurzen Flur auf und ab, der auf der rechten Seite mit einem Fenster, auf der linken mit einer Wand endete, und bedauerte aufrichtig, daß seine in dem engen Raum anwachsende Nervosität beim Gehen nicht nachließ oder wenigstens erträglicher wurde. In einer Falle aus weißen Wänden und anonymen Türen, in einer Stadt, einem Land, wo offensichtlich gerade alles aus dem Gleis geriet, ohne Papiere, mit einer unklaren Anklage am Hals, spürte er, wie ihm die Sicherheit abhanden kam; er verstand, daß in seiner Situation buchstäblich alles möglich war.

Hinter der zweiten Tür links hörte er Wasser rinnen. Die Tür hatte kein Schloß, sondern war nur angelehnt. Die Entdeckung des Klos und das Rauschen des Wassers machten ihm seinen Harndrang bewußt, der sofort beinah unerträglich wurde, ihn demnach schon länger gequält haben mußte, ohne daß er es bemerkt hatte. Doch er besann sich anders und lehnte die Tür, die er bereits aufgestoßen hatte, wieder an den Türstock, denn es wäre dumm und unangenehm, wenn sie ihn aufriefen und nicht im Flur anträfen, und noch dümmer und unangenehmer wäre es, wenn er direkt aus dem Klo, am Hosenschlitz fingernd, in das zuständige Büro gestürmt käme. »Ich muß ihnen nicht auch noch die Arbeit erleichtern, indem ich mich lächerlich mache«, dachte er und ging von der Klotür auf die gegenüberliegende Wand zu, aber noch bevor er zehn Schritte durch den kurzen Flur gemacht hatte, kehrte er um und ging, die Tür heftig aufstoßend, hinein.

Denn er merkte, wie sehr er bereits dem unsichtbaren und ungreifbaren Druck der Polizeilogik zu erliegen drohte, und etwas in ihm lehnte sich dagegen auf. Sein ganzes Vertrauen war bereits aus ihm herausgeronnen wie aus einem durchlöcherten Gefäß, er war längst dabei, sein Verhalten, seine elementaren Bedürfnisse ihnen, besser gesagt, dem, was sie seiner Meinung nach von ihm erwarteten, unterzuordnen, er war verunsichert und bereit, sich unterzuordnen, er war innerlich gebrochen und gedemütigt, wie wenig ihm die Gründe dafür auch bewußt waren. Dabei ließen sie ihn nur etwas länger warten, als es höflich gewesen wäre, nachdem sie ihm zu verstehen gegeben hatten, daß sie ihn verdächtigten, und ihm die Papiere abgenommen hatten. Die Polizei kennt offensichtlich den Menschen, wie die alten Mythenschöpfer und Religionsstifter ihn kennen, und nutzt die Erbsünde meisterhaft aus, um den lebendigen Menschen zu tyrannisieren. Irgendeine Erbsünde existiert zweifellos, sie ist eine unbestreitbare Tatsache und die Realität des Menschen, wie sehr wir uns auch dagegen auflehnen und glauben mögen, es sei nicht so.

Woher sonst die Bereitschaft des Menschen, Schuld auf sich zu nehmen, sobald ihn eine Autorität anklagt. Kirche und Polizei, Führer und Prediger, alle, die lange über Menschen geherrscht haben, gründeten ihre Macht auf die Bereitschaft und Fähigkeit des Menschen, Schuld zu akzeptieren, sich sogleich schuldig zu fühlen, wenn man ihn wegen etwas anklagt. Der Mensch weiß, daß er immer und unbestreitbar schuldig ist, ganz gleich woran. Selbst wenn er sicher weiß, daß er nicht schuld ist an dem, dessen man ihn anklagt, selbst wenn er vor der Polizei unschuldig ist wie ein neugeborenes Kind, wird er unsicher und schwach, wenn man ihn nur raffiniert genug anklagt. Der Polizeiverstand weiß das und rechnet damit, darauf gründet seine Macht; daraus leiten sich die Prinzipien seines Handelns ab, seit es die Polizei und die Menschen gibt.

Er war froh, aufs Klo gegangen zu sein, darin sah er einen kleinen Triumph seiner Freiheit, eine gewisse Verteidigung seiner Ehre, den Versuch zumindest, seine Menschenwürde zu wahren. Wenn jemand Würde und Ruhe braucht, dann der, der verdächtigt wird und gezwungen ist, sich zu rechtfertigen; wenn sie jemandem völlig genommen werden können, dann ihm. Aber dieser Triumph besiegte seine Unruhe nicht und befreite ihn nicht von der Angst, im Gegenteil – er machte ihm erst bewußt, wie beunruhigt er war und wie groß seine Bereitschaft, sich schuldig zu fühlen. Die ganze Zeit hatte er angespannt nach draußen gelauscht, damit ihm nur kein Laut entginge, etwa wenn sich eine Tür öffnen und sein Namen aufgerufen werden würde, einmal hatte er sogar mit einiger Mühe seinen Strahl angehalten, weil ihm so war, als hätte er etwas gehört, und die Unruhe packte ihn derart, daß er sich die Hose hochzog, bevor er fertig war, so daß der letzte Strahl ihm in die Unterhose und über die Hand lief. Er versuchte erst gar nicht, sich die Hände über dem Waschbecken, ohne Seife und Handtuch zu waschen, sondern verließ den Raum und ging zum Fenster am entgegengesetzten Ende des Korridors, noch weniger als vorher in der Lage, seine Würde zu verteidigen. Er starrte in einen Hof mit einem großen Baum, ohne den Baum zu erkennen, denn völlig davon absorbiert, das Gefühlschaos zu bändigen, das ihn nach seiner unrühmlich gescheiterten Auflehnung heimsuchte, sah er buchstäblich nichts. Er hörte auch nicht, wie die Tür aufging und sein Name aufgerufen wurde; die angegraute Frau, die in der Tür stand, mußte auf den Flur treten, um ihn herbeizurufen.

»He, Sie da!« schrie sie. »Kommen Sie, der Polizeichef erwartet Sie.«

Simon löste sich vom Fenster, fast wäre er auf die geöffnete Tür zugerannt, doch so große Eile kam ihm willfährig vor, und er zwang sich mit einiger Anstrengung, ein wenig langsamer zu gehen. Hinter der Tür, an der die Frau stand, befand sich ein ziemlich kleines Zimmer mit Schreibtisch und Schreibmaschinentisch, einem großen Schrank und zwei Türen. Eine der Türen stand halb offen, was Simon als Aufforderung verstand, darauf zuzugehen. Mitten im Zimmer jedoch, auf halbem Weg zwischen dem Schreibtisch und der Tür, stand ein ziemlich großer Mann mit nach hinten gekämmtem Haar. Irritiert blieb Simon in der Tür stehen, weil ihm der Mann bekannt, nur allzu bekannt vorkam, sein Name wollte ihm aber nicht einfallen. Bevor sein starrer Blick unbehaglich werden konnte, schoß er ihm in den Sinn.

»Herr Lehrer!«

»Wie bitte?« fragte der Mann mit dem zurückgekämmten Haar und ging mit ein paar Schritten zu seinem Tisch zurück.

»Entschuldigen Sie bitte, ich dachte ... Haben Sie nicht am Gymnasium Sport unterrichtet?« stotterte Simon, sich an die Hoffnung klammernd, daß dieser Mann tatsächlich einmal sein Lehrer am Gymnasium gewesen war, was seine Sache zweifellos beschleunigen und vereinfachen würde.

»Ich gestehe, ich habe.«

»Herr Landeka, Mirko Landeka?«

»Dann bist du also dieser Mihailović«, lachte der Hausherr. »Dein Name kam mir gleich bekannt vor, aber das Gesicht im Paß ... Nie gesehen. Nicht die geringste Ähnlichkeit. Aber du bist es! Unser Mihailović.«

»Ja. Unser Mihailović«, stimmte Simon zu, ehrlich erfreut über den glücklichen Verlauf, den die Dinge nahmen.

»Dann herzlich willkommen zu Hause, Mihailović«, der Hausherr breitete die Arme aus. »Herzlich willkommen bei deinen Volksbrüdern.«

Da Simon nur dastand und »Danke. Danke« stammelte, wurde der Hausherr verlegen, ließ die Arme sinken, ging um den Tisch herum, setzte sich an seinen Platz und wies Simon den Stuhl ihm gegenüber zu.

»Setz dich, Bruder, setz dich«, forderte er ihn auf. »Du hast mich sehr erfreut, Mihailović. Überrascht hast du mich auch, damit du es weißt, überrascht und erfreut, sehr erfreut. Also das hätte ich wirklich nicht von dir erwartet, nicht im Traum hätte ich so was von dir erwartet.«

»Warum nicht?« fragte Simon, der gern gewußt hätte, was Landeka denn nicht erwartet hatte. Er wurde das unbehagliche Gefühl nicht los, daß Landekas Herzlichkeit, dieses Gespräch, seine Anwesenheit hier, daß all das auf einem gewaltigen Mißverständnis beruhte, das ihm, Simon, am Ende Ungelegenheiten bereiten könnte.

»Du bist nicht der Typ dafür, um es direkt zu sagen, du bist eher ein Weichei, ein Westler. Du mochtest ja auch keinen Sport, wenn ich mich recht erinnere. Jedenfalls war ich kein bißchen überrascht, als du unserer Heimat den Rücken gekehrt hast. Während die anderen Lehrer ein großes Trara veranstaltet haben, hatte ich das Gefühl, nie etwas anderes von dir erwartet zu haben. Deshalb bin ich, als ich eben deinen Paß angeschaut habe, auch nicht auf die Idee gekommen, daß du es sein könntest, alles hätte ich für möglich gehalten, nur nicht, daß du ausgerechnet in diesem Moment hier auftauchen würdest.«

»Weil ich Sport nicht mochte?« fragte Simon, um das Gespräch in Gang zu halten, während er in Wirklichkeit panisch zu begreifen versuchte, worin das Mißverständnis lag.

»Ich weiß, es ist gemein, reg dich nicht auf. Die Fremde macht den Menschen zum treuen Patrioten, warum sollte es bei dir anders sein? Aber in deinem Fall geht es nicht nur um Sport, sondern um etwas Komplexeres. Ihr überlaßt alles den Experten, ihr seid unfähig zu Begeisterung und Aufopferung, ihr seid bei euch selber nur zu Gast. Bei euch laufen die Läufer, kochen die Köche, schneidern die Schneider, singen die Sänger, die Pornodarsteller machen die Liebe, aber ihr seid bei euch zu Gast, schaut euch alles im Fernsehen an und tut so, als sei das das Leben. Tja, so bist du mir schon damals vorgekommen, auf dem Gymnasium – wie ein Westler.«

»Weil ich nicht Fußball spielen wollte?!«

»Stell dich nicht dumm, du hast überhaupt keinen Sport gemocht, sogar deine Passivität hast du damit entschuldigt, daß jeder tun müsse, was er am besten kann.«

Simon mußte zugeben, daß das der Wahrheit entsprach. Landeka hatte ihn in der dritten und vierten Gymnasialklasse unterrichtet, als junger begeisterter Lehrer, der gerade sein Diplom gemacht hatte und die hehren Ideale der

Pädagogik todernst nahm. Er bestrafte die Schüler nicht, sondern überzeugte sie; mit Simon hatte er stundenlang über sein mangelndes Interesse am Unterricht diskutiert und sich bemüht, sein Argument, jeder müsse das tun, was er am besten könne, zu widerlegen. Du hast völlig recht, hatte Landeka damals gesagt, natürlich sollte jeder das tun, was er am besten kann, aber nicht ausschließlich, weil er sonst zum Sklaven einer einzigen Begabung wird. Was wir machen, ist Leibeserziehung, Körpertraining, eine Disziplin, die euch helfen soll, alle eure körperlichen Fähigkeiten in zuträglichem Maße zu entwickeln. Ich denke nicht im Traum daran, Sportler aus euch zu machen, Sklaven einer einzigen Begabung. Aber du, Mihailović, bist auch nur eine Art Sportler, wenn du dich ganz der Mathematik oder Biologie widmest und deinen Körper und seine Fähigkeiten verachtest.

»Darf ich Ihnen eine persönliche Frage stellen, Herr Landeka?« warf Simon, aus seiner Gymnasialzeit in das Polizeirevier zurückkehrend, ein.

»Frag ruhig, Junge, also frag nur, wozu du Lust hast.«

»Wie kommen Sie hierher? Was hat Sie veranlaßt, den Schuldienst zu quittieren und zur Miliz zu gehen?«

»Zur Polizei! Zur Polizei! Polizei heißt das jetzt«, lachte Landeka. »Obwohl du recht hast, ich bin zur Miliz gewechselt.«

»Warum?«

»Wegen der Philosophie«, wieder lachte Landeka. »Du denkst bestimmt, ich nehme dich auf den Arm, nicht wahr, Mihailović? Ein Sportlehrer wechselt zur Polizei, und alles wegen der Philosophie! Aber es ist so! Okay, es gab natürlich auch normale Gründe – besseres Gehalt, weniger Arbeit –, aber entscheidend war wirklich die Philosophie.«

Es folgte ein langer Monolog, gespickt mit dem Wörtchen »also«, ohne das Landekas Sätze offenbar nicht auskamen, über die philosophischen Gründe, die ihn vom Gymnasium zur Polizei geführt hatten – Gründe, die sich hauptsächlich von einer Erneuerung der Moral herleiteten, d. h. von der Unvermeidlichkeit ihrer Erneuerung, wollte man das Menschengeschlecht retten. Der moralische Verfall hatte, nach Mirko Landeka, mit dem Christentum und seiner »Kellnerphilosophie der Liebe und Sanftmut« begonnen, die die Menschen nicht zu Disziplin und Freiheit erziehe, sondern zu Unterwürfigkeit und Sich-unwohl-Fühlen in der eigenen Haut. Das Christentum stelle unterwürfige und unfreie Menschen als Vorbild hin, erkläre sie zum Ideal, dem sich die Starken und Freien anpassen müßten, so daß am Ende alle Menschen Kellner würden und die Menschheit das, zu dem sie die Kirche erkläre: eine Herde. »Denk nur an die Forderung, daß du dem, der dich auf eine Backe schlägt, auch die andere darbieten sollst«, sagte Landeka. »Was bleibt dir übrig, wenn du das wirklich tust? Bitte ihn, dich noch anzuspucken und dir einen Arschtritt zu geben – das bleibt dir übrig. Und dann wirst du sehen, was aus dir, der du früher vielleicht mal ein Mensch warst, geworden ist.« Die Ursachen für all das sah Landeka in einer Umkehrung der Grundvoraussetzung jeder Moral, wonach der Mensch Forderungen an sich selbst und nicht an andere stellen soll. Du opferst dich, wenn du Mensch bist und eine Moral hast. Gott kann seinen Sohn opfern, wenn Er es so beschlossen hat, aber der Mensch kann nur sich selbst opfern.

Aber der eigentliche Verfall kam später, mit der modernen Ideologie des Glückes und Genusses, die uns alle in Pubertierende verwandelt, so Landekas Gedanke. Das Christentum mag den Menschen in eine langweilige Barmherzige Schwester verwandelt haben, aber es hat ihn dazu gebracht, erwachsen zu werden, auf die anderen Menschen zu achten, seine Verantwortung ihnen und der Welt gegenüber wahrzunehmen, es hat ihm geholfen, etwas mehr zu werden als nur er selbst. Aber das hier ist der reine Verfall, das hier läßt uns nicht einmal erwachsen werden. »Der Pubertierende hat das Recht zu denken, die Welt sei in Ordnung, wenn seine Hormone nicht verrückt spielen, denn der Pubertierende ist ein Narr und erst zwölf Jahre alt«, schrie Landeka. »Aber es ist schrecklich, wenn Fünfzig- oder Siebzigjährige so denken, wenn Metzger und Lehrer, Mütter und Töchter, Chauffeure und Staatsmänner so denken. Aber genau das ist passiert, wir sind alle Pubertierende, auf unseren Körper reduziert, von der Welt sind uns nur noch wir geblieben und von unserem inneren Wesen nur noch der Bauch. Das kann nicht gutgehen, ohne grundlegende moralische Erneuerung gibt es keinen Ausweg, das dürfte jetzt wohl auch dir klar sein.« Landeka stand auf, holte eine Flasche und zwei Gläser aus dem Schrank, schenkte ein und stellte die Gläser an die beiden Enden des Tisches.

»Komm, Mihailović«, lud er ihn ein, indem er mit einer knappen Geste auf das Gläschen vor ihm zeigte. »Ich philosophiere und vergesse darüber das Wichtigste: mit einem Kampfgefährten zur Begrüßung anzustoßen.«

»Danke, im Moment nicht«, wehrte Simon ab.

»Selbstgebrannter, so was kann man doch nicht ablehnen, es sei denn, du willst mich beleidigen«, erklärte Landeka, hob sein Glas und stieß damit gegen das von Simon. »Na komm schon, auf ex, wie Brüder.«

»Machen Sie bitte weiter«, unterbrach Simon das lange Schweigen, das eingetreten war, nachdem sie ausgetrunken hatten. Seine Stimme war unsicher. Der starke Schnaps raubte ihm den Atem.

»Womit?«

»Erklären Sie mir Ihre komplette Philosophie.«

»Habe ich das nicht? Was erwartest du denn, einen Vortrag? Gibt's nicht bei mir, Mihailović, für einen langen Vortrag bin ich zu faul, bei mir ist alles kurz und bündig, so war es auch in meinem Unterricht, wenn du dich erinnerst. Klar, ein anderer hätte aus dem, was ich dir in ein paar Minuten darlege, einen dicken Wälzer gemacht. Aber ich schreibe nichts auf, keine Zeile. Einfach keine Lust dazu. Ich denke, das ist auch für uns als Volk das Hauptproblem, daß die begabten Leute faul sind und die fleißigen unbegabt.«

»Das waren Ihre Gründe, vom Gymnasium zur Polizei überzuwechseln?« fragte Simon unsicher.

»Richtig. Das Leben ist ein Mannschaftssport, Mihailović, wir müssen unseren Sinn für den Mannschaftssport erneuern, wenn wir nicht wollen, daß alles zum Teufel geht. Es ist klar, daß jeder genügend Raum haben muß, um sich auch in der Mannschaft als einzelner auszuzeichnen, aber jedem muß klar sein, daß die Mannschaft wichtiger ist als er. Du kannst zehnmal Pelé sein, aber du kannst nicht auftreten, wenn du nicht zehn Mitspieler hast. Verstehst du? Es gibt kein Spiel ohne Team, du bist eine Null ohne Team, weil du weder auftreten noch spielen kannst.

»Es gibt auch Einzeldisziplinen«, merkte Simon an, nur um etwas zu sagen.

»Geh, Mihailović, ich bitte dich, Einzeldisziplinen! Was für ein Schwachsinn! Das ist was für Homos und Psychos, die sind sich selbst genug. Das Spiel ist doch dazu da, daß du andere Leute triffst, daß du dich mit den einen gegen die anderen verbündest, daß ihr einander überlistet und überbietet und übervorteilt, daß ihr einander zu Hilfe kommt und einander auf diese Weise kennenlernt, als würdet ihr euch unterhalten. Was ist das für ein Mensch, der vor dem Spiegel sitzt und mit sich Zwiesprache hält?!«

»Ich weiß nicht, ob man das so sagen kann«, widersetzte sich Simon schwach.

»Wenn du dir mal diese Einzeldisziplinen angeschaut hättest, zum Teufel, dann hättest du gesehen, daß das lauter Homos und Psychopathen sind. Das hängt alles mit eurer Ideologie des Glücks zusammen, die den Selbstgenuß zum höchsten Ideal erhebt. Genuß ist das einzige, was sie noch kennen, aber auch genießen können sie nur noch sich selbst. Du hast doch gesehen, daß man sogar Tennis mehr und mehr einsam mit sich alleine spielt!«

»Aber entschuldigen Sie, nie zuvor wurde soviel gearbeitet wie heute, und nie zuvor war das Leben so öffentlich wie heute«, sagte Simon. »Die Leute reden über die intimsten Dinge, in aller Öffentlichkeit, sogar im Fernsehen, man läßt sich nackt fotografieren, läuft nackt herum, man breitet vor Publikum sein Sexualleben und seine Familiengeheimnisse aus.«

»Na und?«

»Die Realität widerlegt Ihre Behauptungen, stellt sie zumindest in Frage«, korrigierte sich Simon, denn ihm fiel ein, daß es wichtiger war, sich Landekas Gewogenheit zu erhalten, als die Richtigkeit der Fragen anzuzweifeln, die dieser aufgeworfen hatte.

»Sie bestätigt sie geradezu, mein lieber Mihailović, man muß nur die Augen aufmachen. Sie lassen sich fotografieren und reden über Sex, weil sie keinen mehr haben, die Überfülle von Bildern soll den Mangel an Wirklichkeit verbergen. Sie reden über Familiengeheimnisse und Familienprobleme, weil sie keine richtige Familie mehr haben. Würden sie es sonst vor Publikum tun? Würde denn jemand, der eine richtige Mutter hat, ernsthaft glauben, daß er erst im Gespräch mit einem unbekannten Menschen die Probleme begreift, die zwischen ihm und seiner Mutter aufgetaucht sind? Ganz bestimmt nicht, Mihailović, glaub mir, und wenn dieser Unbekannte hundertmal ein Spezialist für das Mutter-Sohn-Verhältnis wäre. Aber ich verstehe die Logik. Man muß nur ein Familienproblem erfinden und lange genug darüber reden, irgendwann wird man das Gefühl bekommen, auch eine Familie zu haben, so das Kalkül. Das ist ein bewährter psychologischer Trick, jeder Trainer kann dir stundenlang davon erzählen. Darauf basieren auch meine Erfolge mit der Frauenhandballmannschaft unserer Schule. Und was bist du von Beruf, Mihailović?«

»Arzt.«

»Dann müßtest doch also auch du etwas darüber wissen, verdammt noch mal, ihr Ärzte eignet euch doch auch gewisse Kenntnisse in Psychologie an. Oder ist das bei euch im Westen anders?«

»Es ist genauso, nehme ich zumindest an, so oder ähnlich. Aber was Sie sagen, ist mir dennoch neu, als wäre auch diese Theorie von Ihnen.«

Sichtlich erfreut über Simons Annahme, daß auch die psychologische Theorie, die er dargelegt hatte, sein Werk sei, goß Landeka beide Gläser voll, stieß mit seinem Gast an und nötigte ihn, das Glas gleichzeitig mit ihm in einem Schluck auszutrinken. Und dann, nach einem tiefen Seufzer, machte er sich daran, seine Theorie lang und breit darzulegen und zu erklären. Die Grundlage für die Lehre Landekas lieferten neuere amerikanische Filme und Fernsehserien, in denen Dutzende und Hunderte Luxusbüros von reichen Leuten mit riesigen Schreibtischen vorkommen, und auf jedem dieser Schreibtische sieht man eine oder zwei Fotografien, die die Familie des Mannes zeigen, der in diesem prächtigen Büro residiert. Nach Landekas Worten gibt es zwei mögliche Erklärungen für dieses bizarre Bedürfnis erfolgreicher Amerikaner, ihre Schreibtische mit Familienfotos zu schmücken: Entweder arbeiten sie so viel, daß sie ihre Familie völlig vergessen würden, wenn sie die Fotos auf dem Tisch nicht daran erinnerten, daß sie Frau und Kinder haben, oder die Fotografien sind Teil ihres Images, eines der Mittel, mit denen der erfolgreiche Mann aus dem Luxusbüro von sich das Bild eines soliden, ernsthaften und zuverlässigen Menschen aufbaut. Aber man weiß nicht, ist es schlimmer, die Familie zu vergessen, oder mit ihr das Bild, das sich unbekannte Leute von einem machen sollen, zu dekorieren (Landeka sagte aus irgendeinem Grund »dekorieren« und nicht schmücken oder ähnliches). Am schlimmsten ist jedenfalls eine Kombination von beidem, und es spricht viel dafür, daß gerade sie in unserer heutigen Welt vorherrscht, weil die einzige Realität des heutigen Menschen der Dienst in der Firma ist, und von allem anderen, was früher einmal das Leben ausgemacht hat, bekommt er nur Bilder, jede Menge Bilder. Vielleicht hat der Arme ja wirklich Familie, wie das Foto auf dem Tisch behauptet, aber von dieser Familie hat er nur ein Bild, und die Familie hat von ihm nur das, was die Firma nicht wollte oder nicht gebrauchen konnte. Der Mensch von heute hat Familie und Glauben, Volk und Vaterland verloren, ihm ist von der Welt nur die Firma geblieben und vom Leben nur der Dienst in der Firma. Heute gibt es keine natürlichen Gemeinschaften mehr (Landeka nannte sie in rhetorischem Überschwang Gemeinschaften des Blutes), es gibt nur Gemeinschaften der Arbeit, die willkürlich sind, und deshalb kann sie der Mensch nicht als Verpflichtung und als Sicherheit empfinden. Nur die natürlichen Gemeinschaften sind notwendig, niemand kann sie sich aussuchen, und ohne Notwendigkeit gibt es keine Sicherheit.

An dieser Stelle unterbrach Simon seinen ehemaligen Lehrer mit dem Einwand, Jesus habe seine Jünger aufgefordert, ihm nachzufolgen und Vater und Mutter zu verlassen, was bedeute, daß ausgerechnet er das Ende der Gemeinschaft des Blutes verkündet habe, woraufhin Landeka wütend wurde und erklärte, er halte schließlich keine Vorlesung und könne nicht jedes Wort auf die Goldwaage legen. Dann schenkte er noch mal nach, aber dieses Mal trank er das Glas nicht auf einmal leer, sondern erlaubte, daß sie in kleinen Schlucken tranken.

»Nenn es, wie du willst«, sagte er, als er sich ein wenig beruhigt hatte. »Es ist keine Gemeinschaft des Blutes, einverstanden, aber es ist deine Mannschaft, es ist die Gemeinschaft, in der du mit deinem Kopf und Herzen, mit Leib und Seele, mit deiner Erinnerung und deinen Gefühlen präsent bist. Eine Gemeinschaft von Menschen und keine Gemeinschaft von Professionellen, darum geht es.«

Und dann sprach er wieder über die Versklavung des heutigen Menschen durch Arbeit und Beruf, und Simon, der ihm mit halbem Ohr zuhörte, bereitete es Vergnügen zu raten, welche der Ausführungen seines ehemaligen Lehrers eigene Gedanken wiedergaben und was mehr oder weniger eine getreue Wiederholung fremder Worte war. Schon vorher war ihm aufgefallen, daß Landeka gewisse Sätze und ganze Satzfolgen unnatürlich aussprach, wie mit fremder Stimme, schnell und angelernt, und das brachte ihm erst zu Bewußtsein, wie sehr die Konstruktion und der Rhythmus dieser Sätze von der normalen Sprache Landekas abstachen. Es war offensichtlich, daß der Lehrer Teile von dem wiederholte, was er gehört hatte und worin er wahrscheinlich seine eigenen Gedanken, Gefühle, Ahnungen wiedererkannte. Simon, entspannt und aufgemuntert durch den Schnaps, den er getrunken hatte, und gegen die Trunkenheit ankämpfend, machte sich jetzt einen Spaß daraus, zu raten, welche Äußerungen wirklich Landekas eigene Gedanken waren und was er sich mehr oder weniger gut von dem gemerkt hatte, was einer, dem er glaubte, gesagt hatte.

»Die Menschen von heute wählen die Sprache und die Stadt, das Land und den Glauben, in dem sie leben«, sagte Landeka. »Sie freuen sich darüber, weil es ihre Freiheit ist, und vergessen, daß jede Freiheit zwangsläufig mit einem Verlust einhergeht. So passiert es ihnen auch, daß sie sich am Ende, nach einer Reihe freier Entscheidungen, wie ein Staubkorn im leeren Raum wiederfinden, ohne Schwere und Ausdehnung, ohne irgend etwas, das sie binden und einigermaßen schützen würde. Ihre Freiheit liefert sie auf Gedeih und Verderb dem Beruf aus, der Beruf wird bei euch zum Ersatz für das Schicksal, weil er das einzig halbwegs Stabile ist, was es in eurem Leben gibt (es war nicht zu erraten, warum Landeka plötzlich von der dritten Person zur zweiten überging, zur direkten Anrede, womit er Simon den »Leuten von heute« zuordnete, über die er die ganze Zeit sprach). So hört ihr auf, jemandes Kinder, Christen, Serben, Menschen zu sein, und werdet Metzger, Journalisten, Angestellte einer Firma. Ihr verliert die Nachbarn, die Freunde, die Kameraden aus verschiedenen Lebensabschnitten, und eure einzige Gesellschaft werden eure Berufskollegen und die anderen Angestellten eurer Firma. Ihr seid also nicht mehr Menschen, sondern Ausübende eines Berufs. Deshalb rechtfertigt ihr eure Verbrechen und Gemeinheiten mit dem Beruf, wie ihr mit dem Beruf auch die glücklichen Zufälle in eurem Leben erklärt. Er verbreitet Lügen, mit denen er einen Menschen in den Tod treibt, und rechtfertigt sich damit, daß er nur seinen Job macht. Sie quält Menschen und erniedrigt sie vor ihren Kindern, sieht aber nichts Schlechtes darin, weil sie nur Befehle ausführt. Es gibt nichts Entsetzliches, was der Mensch von heute nicht als gut und gerechtfertigt betrachtet, wenn er es in Ausübung seines Berufs getan hat, der Beruf und die Interessen der Firma sind für euch das Höchste, das Maß aller Dinge.«

»Vielleicht sind die Menschen einfach so«, schrie Simon entnervt, als hätte Landeka ihn dadurch, daß er das traurige Schicksal der »Menschen von heute« schilderte, persönlich angeklagt. »Gibt es einen Unterschied zwischen dem, der im Namen des Berufs mordet, und dem, der im Namen des Volkes, des Glaubens, der Nation mordet? Wir morden, wir sind eine Spezies von Mördern, das zieht sich durch.«

»Hör um alles in der Welt auf, mich zu verarschen, Mihailović, da soll es keinen Unterschied geben?!« brauste Landeka auf, aber er faßte sich rasch und lächelte Simon zu. »Also, du hast mich ganz schön auf den Arm genommen, alle Achtung. Wärst du in diesem schicksalhaften Augenblick zurückgekommen, wenn du wirklich so denken würdest? Daß es keinen Unterschied gibt?«

»Wieso schicksalhaft? Passiert in diesem Augenblick etwas Besonderes?«

Landeka machte den Mund auf, um etwas zu sagen, wahrscheinlich um Simon daran zu erinnern, daß jeder Scherz Grenzen habe, aber er verzichtete darauf und schaute seinen ehemaligen Schüler aufmerksam an, als überprüfte er etwas. Lange maß er ihn mit dem Blick und fragte dann zweifelnd: »Meinst du das ernst?« Und dann richtete er sich auf seinem Stuhl auf, als wollte er noch etwas sagen, ließ es aber. Schließlich fragte er halblaut, wie nebenbei:

»Na gut, bist du hierhergekommen, um mit uns zu sein?«

»Mit wem?«

»Nein, natürlich nicht, wenn du so fragst«, schloß Landeka. »So ein Blödsinn!«

Er schenkte sich nochmals ein und trank ein wenig, blätterte lange in Simons Paß und tat, als würde er ihn prüfen, aber eigentlich bereitete er mit diesem langen Schweigen eine radikale Wende in der Beziehung zu seinem Gast vor.

»Wann bist du also angekommen, Mihailović? Was hattest du noch gleich gesagt?«

»Gestern abend spät, ich denke, gegen eins. Auf jeden Fall schon nach Mitternacht«, stammelte Simon, verwirrt durch die plötzlich veränderte Situation.

»Hat dich jemand gesehen? Gehört? Kann das jemand bezeugen?«

»Nein. Ibrahim Pleh hatte meine Schlüssel an einem vereinbarten Platz hinterlegt.«

»Und du bist gleich schlafen gegangen und hast bis heute morgen sanft und süß geschlummert, nicht wahr?«

»Ja, genau.«

»Ich weiß, ich bin ein erfahrener Mann, ich weiß, wie es auf der Welt zugeht. Aber zu dieser Zeit hat jemand Zuhra Čengić ermordet, du erinnerst dich sicher an sie. Während du geschlafen hast oder ins Haus kamst, vielleicht auch während du mit deinem Auto in die Stadt gefahren bist, hat jemand unsere Zuhra umgebracht. Was denkst du, wann könnte das wohl gewesen sein?«

In Simons innerem Ohr hallte jenes unvorstellbare Heulen des Hundechors, den er gestern abend, kurz bevor er in den Schlaf gesunken war, gehört hatte, und fast hätte er gesagt, daß es durchaus in dem Moment, als er schlafen ging, gewesen sein konnte, aber rechtzeitig fiel ihm ein, wie unsinnig, womöglich auch gefährlich es wäre, es Landeka zu sagen, dem irgend etwas, was Simon verborgen blieb, gründlich die Laune verdorben hatte. Und gleich darauf hatte er das Hundegeheul so schnell vergessen wie seine Absicht, darüber zu reden.

»Heute morgen hatte Herr Tiro, der Verlobte der Ermordeten, vor Zeugen eine ernste Auseinandersetzung mit dir. Steht das in irgendeinem Zusammenhang mit dem Mord? Ihr seid zusammen zur Schule gegangen, ihr wart Kameraden, was ist das für eine Art, daß ihr euch streitet, sobald ihr euch nach so vielen Jahren wiederseht? Der einzig vorstellbare Grund ist Mord. Oder nicht?«

»Sie denken doch wohl nicht ... Lassen Sie uns vernünftig sein, Herr Lehrer, ich bitte Sie!« rief Simon aus, bestürzt durch die Kombination, den unmißverständlichen Verdacht seines ehemaligen Lehrers.

»Na gut, wenn du schon darum bittest, Mihailović. Das Opfer hat in dieser Stadt von Geburt an friedlich und in guten Beziehungen mit den Nachbarn gelebt. Gestern, d. h. heute nacht, wurde Zuhra Čengić ohne ersichtlichen Grund ermordet. Es gab keine Zeugen. Das einzige, was in dieser Zeit noch passierte, war deine Ankunft, wiederum ohne Zeugen und ohne ersichtlichen Grund. Ein paar Stunden nach dem Mord hatte der Verlobte der Ermordeten vor Zeugen eine Auseinandersetzung mit dir. Es ist bekannt, daß du in die Ermordete verliebt warst, und es ist bekannt, daß ihre Verlobung unglücklich endete. Sind das Tatsachen, Mihailović?«

»Ich gestehe, ja, aber so kombiniert ...«

»Vernünftig, Mihailović, vernünftig kombiniert, wie du zu bitten beliebt hast. Hat nicht jeder Bürger dieser Stadt die verstorbene Čengić täglich gesehen in den letzten tausend Tagen? Jawohl. Hätte also nicht jeder Bürger dieser Stadt sie tausendmal umbringen können in den letzten tausend Tagen? Jawohl. Aber keiner hat sie angerührt, denn keine Fliege, keine Ameise hatte etwas gegen sie. Der einzige unklare Punkt in ihrem kristallklaren Leben war die Lösung ihrer Verlobung, die zeitlich mit deiner Flucht aus dem Vaterland zusammenfiel. Der zweite unklare Punkt in ihrem Leben ist ihr Tod, der exakt mit deiner unerklärlichen Ankunft zusammenfällt.«

Simon starrte seinen ehemaligen Lehrer an und schnappte nach Luft. Sein Gesicht verzerrte sich, als versuchte er zu lächeln, mit den Händen wehrte er die Worte ab, die zwischen sie beide auf den Tisch zu fallen schienen, er sackte auf seinem Stuhl zusammen, augenscheinlich entsetzt über die bloße Möglichkeit, jemand könnte ihn für Zuhras Mörder halten.

»Was ist, Mihailović, du bittest mich, wir sollen vernünftig sein, und dann gefällt es dir nicht, wenn wir es sind? Ihr seid doch alle gleich«, schloß Landeka angewidert.

»Sie denken doch wohl nicht«, stieß Simon hervor, doch es gelang ihm nicht, das schreckliche Wort auszusprechen.

»Ich denke nicht, natürlich denke ich nicht, ich stelle die Tatsachen fest und überlasse das Denken denen, die dafür zuständig sind. Du bist mit dem Auto gekommen?«

»Ja.«

»Steht es oben, beim Haus deiner Eltern?«

»Ja.«

»Gib mir die Schlüssel. Paß und Schlüssel bleiben bei mir, damit du dich vor Abschluß der Ermittlungen nicht heimlich aus dem Staub machst, d. h., bevor sich durch die Ermittlungen deine Unschuld herausgestellt hat. Du kannst jetzt gehen, wir lassen dich rufen, wenn der Kommandant mit dir reden will.«

Simon stand wie betäubt auf und ging zur Tür. Als er nach der Klinke griff, rief Landeka ihn zurück und bedeutete ihm mit einer Geste der rechten Hand, näher zu treten.

»Du wirst dich natürlich alle zwei Tage bei mir melden, ganz gleich, was der Kommandant im Zusammenhang mit dir zu sagen hat«, teilte Landeka ihm in vertraulichem Ton mit und entließ ihn erneut. Simon drehte sich um wie ein Automat und ging wieder auf die Tür zu.

»Mihailović!« schrie Landeka aufs neue, als Simon die Türklinke ergriffen hatte, und zitierte ihn mit einer Bewegung des Zeigefingers zu sich. Er winkte ihn heran, bis Simon direkt am Tisch stand, tief zu Landeka hinuntergebeugt, der auf der anderen Seite saß. »Unter uns gesagt, es tut mir leid, daß es so ausgegangen ist. Ein bißchen, ein kleines bißchen, aber es tut mir leid. Dein Leben ist für die Katz, wenn du nichts in ihm gefunden hast, wofür du es zu geben bereit bist, das ist meine freundschaftliche Meinung, Mihailović.«

Er wandte sich ab und begann, seinen Tisch aufzuräumen, was Simon als Zeichen verstand, daß er nun tatsächlich entlassen war.

5

Es ist Zeit

Nusreta und Ibrahim Pleh empfingen ihn, als hätte er erst gestern bei ihnen gesessen, mit jener stillen Freude, mit der sie die Leute, die zu ihnen in ihr stets volles und offenes Haus kamen, immer empfingen. Ibrahim stand auf und ging ihm mit den Worten »Jallah, Doktor! Bujrum, Bujrum, herzlich willkommen« entgegen, und Nusreta, die immer noch an ihrem Platz rechts neben dem Herd saß, bat ihn, näherzukommen, und sagte, ihn aufmerksam betrachtend: »Mašala, Doktor, was bist du schön, du bist ja noch schöner als in deiner Jugend.« Die beiden strahlten, wie Simon es schon als Kind kennen- und liebengelernt hatte, ihm schien, so strahlten sie immer, wenn jemand ihr Haus betrat.

Nusreta hatte ihm zu Ehren geschnittenen Burek und Hurmašice gemacht, aber er mußte allein essen, weil er zum Mittagessen, das sie, solange es ging, aufgeschoben hatten, nicht erschienen war. Während er aß, berichtete Ibrahim ihm schonend und soviel er für nötig hielt vom Tod der Eltern und wie es seither um das verwaiste Haus bestellt war; dann schwieg er. Simon wußte, daß, sobald er gegessen hätte, das eigentliche Gespräch beginnen müßte; er zog die Mahlzeit in die Länge, weil er sich ein wenig davor fürchtete. Was hätte er ihnen sagen können? Was hätte er sie fragen können? Er erinnerte sich nicht einmal mehr daran, wie viele Kinder sie hatten, er wußte nicht, was in der Zwischenzeit mit den Kindern geschehen war, hätte er gewußt, wie es auch nur einem ihrer Kinder heute ging, so hätte er wenigstens einen Anknüpfungspunkt gehabt, um sich dann, während er über dieses Kind sprach, beiläufig nach den anderen zu erkundigen. Man hätte doch annehmen können, daß er als direkter Nachbar und Freund, selbst wenn er nicht hier wohnte, über ein gut Teil von dem Bescheid wußte, was in der Familie Pleh passiert war, aber er wußte nicht einmal soviel, wie er hätte wissen müssen. Er sah, daß die beiden Alten allein in dem Haus waren, das früher immer voll gewesen war, aber er wußte nicht, ob das etwas Gutes oder Schlechtes bedeutete, ob ihre Kinder erfolgreich waren und mit ihren Familien in der ganzen Welt verstreut lebten oder als Taugenichtse im Zorn von ihnen geschieden waren, ob vielleicht beides zutraf wie in jeder anständigen Familie. Ibrahim und Nusreta wußten, daß Simon bis vor ein paar Jahren ziemlich regelmäßig mit seinen Eltern telefoniert hatte, und nahmen wahrscheinlich an, daß er mit den wichtigsten Veränderungen in der Stadt, vor allem in den nahestehenden und befreundeten Familien, vertraut war. Der Vater hatte ihn, um die Wahrheit zu sagen, zwar pflichtgemäß über alles informiert, aber Simon hatte sich nicht eine einzige Veränderung in der Familie Pleh gemerkt, als hätte er diese Veränderung nicht wirklich zur Kenntnis nehmen wollen (dürfen?). Die Familie Pleh war für ihn in den Jahrzehnten der Emigration selbstverständlich gewesen, so wie für ihn die Drina und der Berg Tabija, die Dämmerungen und das eigene Haus selbstverständlich waren. Und gerade das hatte ihn gestützt, bevor die Liebe zu Barbara ihm ein Zufluchtsort wurde, denn das Selbstverständliche gibt dem Menschen Sicherheit, und um dieser Sicherheit willen darf es keine Veränderungen geben, sowenig wie im Dasein selbst. Irgendein Mechanismus, sagen wir: die Schlauheit der Existenz, hatte die ganze Zeit über nicht zugelassen, daß er auch nur die geringste Veränderung in der Familie Pleh begriffen und akzeptiert hatte, ebensowenig wie er zugelassen hätte, das Verschwinden der Drina, seines Hauses oder seiner selbst zu begreifen und zu akzeptieren. Kein Zweifel, sein Vater hatte ihm pflichtgemäß mitgeteilt, welches von Ibrahims Kindern geheiratet und eine Arbeit gefunden hatte und umgezogen war, er hatte ihm zweifellos jede Veränderung berichtet, sie kommentiert, denn für seinen Vater gab es keine anderen und wichtigeren Themen, und doch war es ihm, Simon, gelungen, all diese Neuigkeiten komplett zu vergessen (aus dem Bewußtsein zu verdrängen), sobald das Gespräch mit dem Vater beendet war.

Diese Dinge gingen ihm durch den Kopf, während er die Hurmašice im Munde zergehen ließ und das Ende des Abendessens hinauszögerte, das wegen des stürmischen Tages und seines langen Aufenthaltes bei Landeka zugleich sein Mittagessen war. Nichts deutete darauf hin, daß dieses Schweigen den Gastgebern unangenehm gewesen wäre, sie waren noch nie sehr gesprächig und gehörten auch nicht zu den Leuten, die sich unbedingt unterhalten müssen, wenn sie in Gesellschaft sind, als wäre Schweigen etwas Unpassendes, aber all das verringerte Simons Unbehagen keineswegs, im Gegenteil. Er mußte im nächsten Moment etwas Schönes und Freundschaftliches sagen, das seine Verbundenheit und Dankbarkeit zum Ausdruck bringen würde, die er für diese beiden Alten empfand; durch sie fühlte er sich in die alten Zeiten zurückversetzt, jene Ruhe und Freude stellte sich ein, die er am Morgen wiedergefunden hatte, die beiden gaben ihm all das zurück, während sie vor ihm saßen, wie er sie in Erinnerung behalten hatte, zeitlos und unveränderlich – sie an ihrem Platz neben dem Herd und er auf seinem, am Ende der Sećija. Er mußte etwas sagen, um ihnen zu zeigen, wie sehr er sie mochte, wie dankbar er ihnen war für das, was sie ihm gaben, wieviel es ihm bedeutete, daß sie so geblieben waren und ihn so aufgenommen hatten, wie sie ihn damals aufgenommen hatten, aber ihm fiel kein einziger zusammenhängender Satz ein, denn er wußte nichts über sie, zwischen seiner Welt und der ihren gab es in der Gegenwart so gut wie keine Berührungspunkte. Das war ihm schlagartig klargeworden, als er krampfhaft versucht hatte, sich irgendeine Frage zu ihren Kindern einfallen zu lassen, die den beiden Freundschaft und Nähe signalisiert hätte. Ob die Alten es gut fanden, erfolgreiche, in der Welt verstreute Kinder zu haben, oder war die Verstreutheit in der Welt für sie nur eine andere Art des Verlusts? Weniger schmerzhaft als der Tod, weniger schmachvoll als Gefängnis oder eine Trennung im Zorn, aber von gleicher Wirkung, weil sie in jedem Fall allein zurückgeblieben wären. Ihr ganzes Leben war der Sicherung des Daseins an ihrem ihnen vorbestimmten Ort gewidmet, eine Verstreutheit in der Welt mußte ihnen als bloße Eroberung eines Raumes erscheinen, der einem nicht gehört, den man nicht braucht, unsinnig und unnötig, ungeachtet der Anhäufung von Gütern, die möglicherweise damit einherging. Für sie wäre die Eroberung der ganzen Welt nichts anderes als Niederlage und Verlust, wenn sie mit dem Verlust an Zeit einherginge, und sie ging zwangsläufig mit einem Verlust an Zeit einher, wenn sie den Abbruch des Daseins an dem einen Ort bedeutete, der wirklich zu dir gehört, weil er sich an dich erinnert, weil du über ihn die Welt kennengelernt und die Sprache gelernt hast, weil du hier zum ersten Mal geweint hast. Aber vielleicht bildete er sich nur ein, daß sie so dachten, vielleicht schrieb er ihnen die Gedanken zu, die ihn heute selbst immer stärker beunruhigten. Auf jeden Fall wußte er nicht, was er hätte sagen können, ohne sie zu beleidigen, was er hätte fragen können, ohne damit an alte Wunden zu rühren, wie er ein Gespräch hätte beginnen können, das auch seinem vor Liebe und Dankbarkeit überströmenden Herzen Erleichterung verschafft hätte.

»Möchtest du Holunder-Sorbet oder kalten Hagebuttentee?« fragte Nusreta, während er panisch nach dem ersten Satz suchte und auf seinen Teller starrte, auf dem kein einziger Hurmašicekrümel mehr übrig war.

»Wo hast du denn zu dieser Jahreszeit die Hagebutten her?«

»Sie sind aus dem letzten Jahr oder aus dem vorletzten. Ist ja keiner da, der sie aufbraucht.«

»Ich hätte gern Tee«, sagte Simon, erleichtert, daß das Gespräch von selbst in Gang gekommen war. »Ohne Zucker, bitte.«

Nusreta stand mühsam und laut ächzend auf – ein erstes, untrügliches Zeichen, daß die beiden doch nicht dem Bild aus Simons schönen Erinnerungen entsprachen. Noch deutlicher war Nusretas Gang, schwer und unsicher, als schmerzte jeder Schritt, als versagten ihr die Gelenke jeden Augenblick den Dienst. Sie brauchte eine halbe Ewigkeit, um die paar Schritte vom Herd zur Speisekammer zu gehen und mit einem Krug zurückzukommen.

»Laß es dir schmecken«, sagte Nusreta und reichte ihm Krug und Glas auf einem Tablett. Dann schaute sie ihn wieder an: »Unser Doktor, Gott möge dir helfen.«

Langsam und umständlich setzte sie sich wieder, ihre Seufzer glichen unterdrücktem Wehklagen.

»Habt ihr von Zuhra gehört?« fragte Simon und schob das Glas zur Seite.

»Ach, Junge!« ächzte Ibrahim.

Simon erinnerte sich, daß sie schon früher stets über

alles informiert gewesen waren, was in der Stadt passierte, kaum daß es geschehen war, obwohl sie so gut wie nie aus dem Haus gingen. Damals hatten wahrscheinlich die Kinder und die unzähligen Gäste, die ständig vorbeikamen, die Neuigkeiten mitgebracht; aber es schien noch heute so zu sein, obwohl sie offensichtlich nicht ausgingen und, nach allem zu urteilen, selten jemand in ihr Haus kam.

»Der liebe Gott weiß am besten, wann jemand genug gelitten hat«, sagte Nusreta. »Wenn das Maß voll ist, nimmt Er ihn gnädig zu sich.«

»Es ist schon zu spät für Kaffee«, bemerkte Ibrahim nach längerem Schweigen. Wie in seiner Kindheit sah Simon zu der Uhr hoch, die an der Wand gegenüber der Sećija hing und von allen Mekka-Uhr genannt wurde, obwohl es eine Schwarzwalduhr war – einer von Ibrahims Vorfahren hatte sie von einem aus Mekka zurückgekehrten Verwandten geschenkt bekommen.

»Eigentlich noch nicht«, entgegnete Simon, »es ist erst kurz nach sieben.«

»Kurz nach acht«, korrigierte Ibrahim, »man sieht es nur nicht, bei ihr geht die Uhr nicht wie bei normalen Leuten.«

»Bei mir geht sie richtig, bei den anderen geht sie falsch«, wehrte sich Nusreta.

»Das ist eine Schrulle von ihr, sie läßt nicht zu, daß man die Winter- und Sommerzeit einstellt, wie das seit einigen Jahren Mode ist«, erläuterte Ibrahim. »Allen paßt es, nur ihr nicht.«

»Keinem paßt es, den Leuten würde es auch nicht passen, wenn sie so geblieben wären, wie sie sein sollten«, sagte Nusreta trotzig. »Die Zeit ist doch keine Mütze, die du nach Belieben aufsetzen kannst, eine für den Sommer, die andere für den Winter, die dritte einfach so.«

»Darum geht es nicht, sondern ums Stromsparen«, erklärte Ibrahim hartnäckig, offenbar entschlossen, Simons Anwesenheit zu nutzen, um Nusretas Auflehnung zu beenden oder zumindest einmal grundsätzlich in Frage zu stellen. Erst Ibrahims fast flehende Stimme brachte Simon darauf, daß Nusreta etwas Hartes und Verbittertes an sich hatte.

»Woher denn! Man spart Strom, wenn es bei dem einen sieben und bei allen anderen sechs ist? Eine gute Einsparung, stell dir vor, wieviel man sparen würde, wenn es schon neun oder zehn wäre!« spottete Nusreta.

»Man spart Strom, wenn man allen klarmacht, daß es sieben Uhr ist, weil dann keiner elektrisches Licht braucht, um sich zu Hause oder bei der Arbeit zurechtzufinden«, erklärte Ibrahim geduldig, doch dann winkte er ab, wie resigniert, und wandte sich an Simon. »Sie hat sich in den Kopf gesetzt, daß es gegen uns geht, und selbst wenn du sie totschlägst, würde sie nicht nachgeben.«

»Sie hat es sich nicht in den Kopf gesetzt. Es ist so«, sagte Nusreta, die Simon als sanfte und ausgesprochen friedfertige Frau in Erinnerung hatte, mit unversöhnlichem Groll. »Haben nicht auch meine Eltern im Krieg als Muslime für die Freiheit gekämpft? Habe ich nicht nach dem Krieg ›national unbestimmt‹ ankreuzen müssen bei der Volkszählung, weil wir keine Muslime mehr sein durften? Sie haben mir erklärt, ich hätte einen Glauben, aber keine Nation, und ich hab mich ohne Widerstand damit abgefunden. Hab ich mich nicht damit abgefunden, als sie bestimmt haben, Fleisch und Schwein sollen in derselben Metzgerei verkauft werden? Auf demselben Block geschnitten? Sie haben mir erklärt, für getrennte Metzgereien sei kein Geld da, und ich hab mich damit abgefunden. Wenn das Öl zehnmal, fünfzehnmal teurer wurde, bevor das Schweineschmalz einmal teurer wurde – hab ich mich damit abgefunden? Ja. Es ist aus Sorge um die armen Leute, und Schweineschmalz essen nur die ganz Armen, wurde mir erklärt, und damit hab ich mich abgefunden. Aber das hier … Was hat ihnen in drei Teufels Namen die Uhr getan? Warum sind sie auf die Uhr losgegangen? Kann man mir das bitte erklären? Es bestimmen doch wohl immer noch die Sonne und die Sterne, wieviel Uhr es ist, oder etwa nicht?!«

»Auch das haben sie dir erklärt. Sie sind nicht auf die Uhr losgegangen, sondern müssen sparen«, erklärte Ibrahim noch einmal, und dann bat er Simon müde: »Sag du es ihr bitte, du bist gebildet und hast die Welt gesehen.«

»Ich muß zugeben, daß mir das mit den Uhren auch nicht klar ist«, sagte Simon, »wie mir unser Verhältnis zur Zeit insgesamt nicht klar ist. Ich weiß selbst nicht, seit wann es mich stört, daß ich den neunten Monat ›September‹, d. h. den siebten, nennen muß und den elften Monat ›November‹, d. h. den neunten, aber ich weiß, daß mich das schon lange stört, und je älter ich werde, um so mehr. Es kränkt mich, daß ich gegen die Sprache und die Logik, gegen Wahrheit und Sinn verstoßen muß, aber ich muß es, wenn ich will, daß mein Gesprächspartner versteht, über welchen Monat ich rede. Und warum muß ich dem neunten Monat vorgaukeln, er sei für mich der siebte, warum muß ich offenkundigen Unsinn reden, wenn ich in meiner Welt bestehen will? Ich muß es, um auch darin unsere Arroganz zu demonstrieren, die dünkelhafte Überzeugung, daß wahr ist, was wir vereinbaren. Wenn wir vereinbart haben, daß der neunte siebter und der zehnte achter heißt, muß er so heißen, und das muß die einzige Wahrheit sein. Zum Teufel noch mal!« schimpfte Simon, den das Durcheinander mit den Monatsnamen wirklich zu ärgern schien. Und dann wandte er sich, als wollte er sich für seinen Wutausbruch entschuldigen, an Ibrahim: »Oder würdest du das anders erklären?«

»Ich hab nichts zu erklären, Bruder, ich hab genug eigene Probleme«, rief Ibrahim fast erschrocken, und seine Worte schienen noch lange in der Luft zu hängen, wie der Fetzen eines Spinngewebes.

Es war klar, daß die beiden Alten ein Problem hatten und daß es wenig mit der Uhr und dem Kalender und ihm, Simon, zu tun hatte. Vielleicht vermieden sie, dieses Problem vor ihm, dem Fremden, anzusprechen, vielleicht hatten sie es nicht einmal in ihren Gesprächen untereinander offen ausgesprochen, sondern nur stillschweigend vorausgesetzt und darüber gestritten, indem sie so taten, als redeten sie über Uhren oder etwas Drittes (das kommt oft vor unter Menschen, die lange und eng zusammenleben, sie wissen, worum es geht, ganz gleich, was sie in ihren Gesprächen äußern), auf jeden Fall drückte sie ein Kummer, der sie nicht einen Moment lang verließ. Simon wußte, daß man unter solchen Umständen nicht gut miteinander reden konnte, denn ein von geheimem Kummer geplagter Mensch hat keine Freude an seinem Nächsten; ein Vermittler, und sei er noch so gutwillig, war das letzte, was zwei durch jahrelanges gemeinsames Leben verbundene und von gemeinsamem Leid belastete Menschen gebrauchen konnten; es mußte ihnen schwerfallen, sich vor ihm zu verstellen und ihre Sorgen zu verbergen.

»Ich muß allmählich gehen, ich bin früh aufgestanden und habe mich auch noch nicht von der Fahrt erholt«, kündigte Simon an, aber er blieb sitzen, weil er sich daran erinnerte, daß man in Bosnien einen Ort nicht gleich nach der Ankündigung verläßt. »Werde ich euch auch nicht belästigen, wenn ich gelegentlich vorbeikomme, solange ich hier bin?«

»Gott bewahre! Komm zu uns wie in dein eigenes Haus, sooft du willst«, rief Nusreta fast bestürzt.

»Du belästigst uns doch nicht, um Himmels willen!? Wer kommt denn noch in mein Haus«, knüpfte Ibrahim an.

»Auch wenn keiner hereinkommt, es ist immer noch mein Haus. Und dort, wo es nicht mein Haus ist, werde ich nicht zu Hause sein, auch wenn Leute Tag und Nacht ein und aus gehen«, warf Nusreta trotzig ein.

»Ich möchte mich nicht einmischen und keinen Konflikt schüren, falls es einen gibt, entschuldigt bitte, wenn ich etwas Falsches gesagt habe«, erklärte Simon.

»Nein, nein, keine Sorge. Das ist unser altes Problem.«

»Kann ich euch irgendwie helfen?«

»Da kann keiner helfen. Ich will, daß wir zu einem unserer Kinder ziehen, um im Kreis der Familie zu sterben, aber sie will davon nichts hören, sie will in ihrem eigenen Haus sterben. Wie wir es auch machen, es ist falsch, und das wissen wir beide. Deshalb sage ich dir ja, daß da keiner helfen kann«, sagte Ibrahim müde.

»Vielleicht könnten eure Kinder ein bißchen öfter herkommen, so daß jemand bei euch wäre«, schlug Simon vor.

»Noch können sie, aber nicht mehr lange«, antwortete Ibrahim. Simon verstand nicht, aber es war ihm unangenehm zu fragen. Offensichtlich setzte Ibrahim etwas voraus, was seiner Meinung nach auch Simon wissen mußte.

»Der liebe Gott hat viele Welten«, sagte Nusreta, und es klang, als habe sie sich entschieden, das Wort zu ergreifen und ihren Starrsinn, ihre Auflehnung, die Probleme, die sie machte, und die Verhaltensweisen, die so gar nicht ihrem Wesen entsprachen, zu rechtfertigen. »Vielleicht auch unzählige, und die meisten sind besser als diese hier, die nichts mehr wert ist, jedenfalls für uns. Ich weiß, jeder Ort ist gut genug, um aus einer Welt zu gehen, die völlig verdorben ist«, wandte sich Nusreta an Ibrahim, zum ersten Mal mit zärtlicher Stimme, »aber ich bin sicher, mein Haus ist der allerbeste Platz. Hier wird sich meine Seele bestimmt nicht verirren, wenn sie geht, sondern den kürzesten und sichersten Weg finden, ich hoffe, in eine bessere Welt. Ich hoffe, wieder mit deiner vereint. Hab ich nicht mein ganzes Leben mein Bestes getan?« wandte sich Nusreta nun an Simon, »war ich nicht zu jedem so gut ich konnte? Und jetzt bin ich plötzlich nichts mehr wert, und man kann mit mir nicht leben. Wieso denn? Ich weiß nicht, das ist nicht ... Ach, geh mir weg!«

»Ich bin nicht sicher, ob ich verstehe«, sagte Simon entschuldigend.

»Alles wird dir von selbst klar, wenn du nur lange genug bleibst«, beruhigte ihn Ibrahim. »Ich weiß nicht, warum du gekommen bist, Simon, ich denke aber, in guter Absicht, weil du aus einer guten Familie kommst, aber es wäre mir am liebsten, du würdest so schnell wie möglich wieder gehen. Um deinetwillen. Es gibt hier keine Bleibe und keine Existenz für gute Menschen, es gibt keine Hoffnung, es gibt keine ...«

Ibrahim erzählte, die Zunahme schlechter Vorzeichen, die auf eine bevorstehende Katastrophe hindeuteten, erinnere ihn an eine Warnung, die ihm sein Vater zweimal gegeben und als Vermächtnis hinterlassen habe. Das zweite Mal war es im Jahr 1942 gewesen, als in Foča alle Muslime, denen es nicht gelungen war, aus der Stadt zu fliehen, unten auf der großen Drinabrücke hingeschlachtet wurden. Viele hatten damals an die Übersiedelung in ein anderes Land gedacht, fast alle hatten geplant, in eine andere Stadt zu ziehen, aber Ibrahims Vater hatte nachgerechnet und entschieden, mit seiner Familie an einem nahe gelegenen Zufluchtsort in den Bergen zu bleiben, wo sie sich nach einer panischen Flucht aus der Stadt eingefunden hatten, und hatte behauptet, man müsse nicht wegziehen, das Jahr 1942 sei für Foča und das Volk in dieser Gegend kein Schicksalsjahr. Später, lange nachdem sie in ihr Haus zurückgekehrt waren, erzählte er Ibrahim, wie er gerechnet hatte und warum er so sicher hatte sein können, daß seine Berechnungen stimmten.

Als der Baumeister Ramadan, ein Schüler des großen Mimar Sinan und Erbauer der Bunten Moschee, mit den Mauern der Moschee zu Ende kam, rief ihn der Stifter, Hasan Nazir, zu sich und versprach ihm eine Belohnung, wenn er auch die übrigen Arbeiten zu Ende führte; er bat ihn, sich zu beeilen, denn in letzter Zeit werde er von Unruhe und dunklen Vorahnungen verfolgt. Baumeister Ramadan schwieg darauf; kurze Zeit später erschien er bei seinem Auftraggeber, überreichte ihm ein großes Blatt Papier und bat ihn, es wie ein Kleinod zu hüten, die Maße der Moscheemauern seien darin eingezeichnet; er zeigte ihm noch, daß er das gleiche Blatt besaß, und ging wieder. In Wirklichkeit verschwand er, verschwand einfach spurlos. Ein paar Monate danach brachte man dem Stifter Hasan Nazir den toten Leib seines Sohnes Ibrahim. Er setzte ihn im Hof seiner unvollendeten Moschee bei, die seit dem unerklärlichen Verschwinden des Baumeisters Ramadan ohne Kuppel dastand, ohne Tür und Fenster, ohne Verzierungen. Der Tod seines Sohnes erklärte ihm jene Unruhe und dunklen Vorahnungen, die ihn in der letzten Zeit verfolgt hatten, was aber seinen Wunsch nach Vollendung der Moschee nicht verringerte, sondern verstärkte und seine Wut auf den Windbeutel Ramadan, der ohne Lohn fortgelaufen war und die Arbeit in einer Phase, in der man sie keinem anderen mehr anvertrauen konnte, liegengelassen hatte, nicht dämpfte, sondern verstärkte.

Ein volles Jahr nach jenem Besuch erschien der Baumeister Ramadan unangemeldet bei seinem Auftraggeber und forderte ihn auf, mit ihm zusammen das unvollendete Bauwerk zu besichtigen. Nur mit Müh und Not konnte er Hasan Nazir erweichen, seine Wut zu zügeln und den Säbel, mit dem er ihn hinrichten wollte, wieder in die Scheide zu stecken, und bat ihn, neben dem Bauwerk, das Blatt Papier hervorzuholen, das er ihm beim letzten Besuch zur Aufbewahrung gegeben hatte. Auch er holte sein Blatt hervor, das er dem Stifter damals gezeigt hatte, sie verglichen die Zeichnungen und stellten fest, daß sie übereinstimmten, und dann maß der Baumeister Ramadan unter der Aufsicht von Hasan Nazir die Mauern der Moschee aus. Es zeigte sich, daß sich die Wände gesenkt hatten, an einer Stelle um einen ganzen Arschin, an einer anderen um fast einen halben, an der dritten nur um Daumenbreite. »Ebendeshalb bin ich weggelaufen und habe alles ein Jahr ruhen lassen«, erklärte Ramadan, als sie mit dem Ausmessen fertig waren. »Hätte ich damals die Kuppel draufgesetzt, müßten wir sie jetzt ausbessern und flicken, wenn sie überhaupt bis zum heutigen Tag gehalten hätte.« Er erklärte, jeder Ort habe sein besonderes Wesen und eigne sich nicht für die Verwirklichung eines jeden beliebigen Plans oder Vorhabens. Deshalb dürfe man kein Bauwerk, nicht einmal das kleinste Haus, geschweige denn ein großes Gebäude sofort vollenden, sondern müsse ihm eine Probezeit geben, um abzuwarten, ob der Ort das an ihm errichtete Bauwerk angenommen habe oder nicht, und diese Probezeit müsse mindestens ein Jahr betragen. Jetzt, wo klar sei, daß dieser Ort die Moschee angenommen habe, werde er sich an die Errichtung der Kuppel machen. Was ihre Festigkeit, die Stabilität der Mauern und die Bereitschaft des Bodens betreffe, das Gebäude anzunehmen, werde sie ewig stehen, das schwöre er. Und man dürfe hoffen, daß er vor dem vollständigen Abschluß der Arbeiten ein Zeichen empfangen werde, eine Bestätigung, daß der liebe Gott die edle Absicht des Hasan Nazir genauso gnädig aufgenommen habe wie dieser Boden die Mauern des Bauwerks.

Und dieses Zeichen empfingen sie schon bald. Als sie sich, einen Tag nachdem sie die Säulen der Vorhalle fertiggestellt hatten, morgens zur Arbeit versammelten, fanden sie im Hof der Moschee, rechts vom Eingang, einen gewaltigen schwarzen Stein vor, der immer noch dort steht und auf dem auch heute so manche Frau ein Gebet spricht, wenn sie einen großen, unerfüllten Wunsch auf dem Herzen hat. Der Schwere und dem Umfang des Steins nach zu urteilen, konnte er unmöglich von Menschenhand hierher befördert worden sein, auch eine viel längere Zeit als nur eine Nacht hätte nicht ausgereicht, und an der Farbe war zu erkennen, daß der Stein nicht von dieser Welt war, denn in dieser Welt kommen keine Dinge von solch schwarzer Farbe vor. Alles deutete darauf hin, daß es Engel gewesen waren, die den Stein in den Hof der Moschee gestellt hatten, und daß er das Zeichen war, von dem Ramadan gesprochen hatte. Unendlich glücklich darüber, erklärte Ramadan, jetzt könne er in die Kanzel der Moschee einen leuchtenden grünen Stein einbauen, den sein Lehrer, Mimar Sinan, von einem Meister aus dem Hindukusch bekommen und ihm, Ramadan, einem seiner Schüler, der ihm besonders ans Herz gewachsen war, geschenkt hatte, als er ihn entlassen und zum Baumeister erklärt hatte. Dieser Stein leuchtete wirklich, er erfüllte, genauer: beleuchtete den ganzen Raum mit einem milden grünen Licht, das stark genug war, damit man sich auch mitten in der Nacht ohne Laterne, ohne Angst, irgendwo anzustoßen, in der Moschee bewegen konnte. Viele alte Menschen erinnerten sich an sein Licht, und der Vater des Ibrahim, der Simon gerade davon erzählt, hatte das Licht des grünen Steins, der noch in seiner Jugendzeit, bis ins Jahr 1882, leuchtete, gesehen und sich gemerkt.

In diesem Jahr, während eines Heiduckenaufstands, drang hier eine Gruppe von etwa zwanzig Leuten aus Montenegro ein, die raubte, mordete und Angst verbreitete. Einer von ihnen ging auch in die Bunte Moschee. Wahrscheinlich glaubte er, der leuchtende grüne Stein, gewiß eine seltene Kostbarkeit, ließe sich teuer verkaufen. Er griff nach ihm, um ihn aus der Kanzel herauszubrechen. (»Ich dachte, mir bleibt das Herz stehen«, erzählte Sulejman, der damalige Muezzin der Bunten Moschee, der alles aus einem Versteck heraus beobachtet hatte, »bei Gott, mehr aus Trauer und Schmerz um den Stein als aus Angst um mein Leben. Obwohl auch die Angst groß, über alle Maßen groß war«). Sobald ihn der Heiduck berührte, erlosch der grüne Stein. Doch kurz zuvor leuchteten noch, vielleicht besser: sprühten aus ihm einige Lichtstrahlen, die den schwarzen Stein im Hof und die (darauf geschriebene?) Zahl 1412 erhellten. Tagelang konnte man die gold-grünen Ziffern auf dem schwarzen Stein sehen, auch Ibrahims Vater, der zu dieser Zeit kein dummes Kind mehr war, hat sie mit eigenen Augen gesehen. Gesehen und gleich als Warnung verstanden, daß das Jahr 1412 ein Schicksalsjahr sein werde, und er hat sich diese Warnung gemerkt, um sie an seine Kinder weiterzugeben. Und das Jahr 1412 nach der Hedschra entspricht, wie immer du rechnest, dem Jahr 1991 dieses Kalenders, der jetzt auf der Welt regiert. Und dann gerade jetzt so viele schlechte Anzeichen, soviel Angst, so viele Gründe zur Sorge ...

Mit dieser Geschichte im Ohr ließ Simon die beiden Alten schließlich allein – allein mit ihrer Angst, ihren Fragen und der Gewißheit, daß, was immer sie taten, falsch war: der einzige Trost, den ihre Lage ihnen bot. Draußen herrschte stockfinstere Nacht. Der sonst mit wenigen Sternen bedeckte Himmel über Foča war schwarz wie Ruß. In der Stadt unten im Tal herrschte eine Totenstille, die durch die einsame Stimme eines Hundes, der irgendwo, wahrscheinlich in der Nähe des Stadions, heulte, nur noch verstärkt wurde. Simon beeilte sich, die zehn Schritte zu seinem Haus zurückzulegen, und fragte sich, warum diese einsame Stimme ihn erschauern ließ. Niemals hatte er einen Hund so heulen hören, ohne Antwort, mit dem Geheul rufen sich die Hunde etwas zu, sie muntern sich auf, unterhalten sich, auf das Heulen eines Hundes antwortet immer ein anderer und auf dessen Heulen wieder ein anderer. Aber diesem antwortete keiner, als heulte er nicht in der Stadt, sondern in der Wüste. Doch das war es nicht, was Simon erschauern ließ, jedenfalls nicht allein; es lag etwas in der Stimme, etwas Unerhörtes und Unerträgliches, das ihn zur Eile antrieb.

Durch die Kellertür strömte noch immer die trockene Kälte von heute morgen, nur daß sich jetzt ein kaum spürbarer, aber erkennbarer Walnußgeruch hineinmischte, ebenjener Geruch, der ihm heute morgen den Atem geraubt hatte, als er sich Feslija näherte. Sein Magen verkrampfte sich beim Gedanken an Feslija. Was hatte er aus sich gemacht? Warum war er so geworden? Hätte er es nicht abwenden können? Jedenfalls war es so entsetzlich und traurig, daß man sich dagegen auflehnen mußte, zumindest wenn man Arzt war. »Ich kann brüllen, wenn ich nichts mehr tun kann«, dachte er, »denn auch Brüllen ist besser als nichts.«

Um ein paar Stunden schlafen zu können, beschloß er, seinen Trick von letzter Nacht zu wiederholen, und ging direkt in sein Zimmer. Er mußte nur an Barbara denken, die Sehnsucht nach ihr zwischen diesen Tag voller Versuchungen und die bevorstehende Nacht schieben. Wenn Barbara irgendwie in dieses Zimmer einziehen und mit seiner Kindheit verschmelzen könnte, würden die Ängste von ihm abfallen, die im Laufe dieses langen Tages an seiner Haut haftengeblieben waren. Unglaublich, wieviel Angst in dieser Stadt herrschte! Man hätte sie kneten können. Dem Briefträger Veljović tropfte sie buchstäblich von der Stirn. Eigentlich ein Wunder, daß dort, wo alles möglich war, wo man ihn, Simon, ernsthaft des Mordes an Zuhra beschuldigte, nicht noch mehr Angst herrschte. Nein, er würde an Barbara denken, sich nach ihr sehnen, ihre Gegenwart heraufbeschwören. Er würde ihr schreiben.

Während er im Zimmer auf und ab ging, um die Last des Tages loszuwerden und den Schreibblock zu suchen, hatte er das intensive Gefühl, daß außer ihm noch jemand anwesend war. Als hielte sich jemand im Zimmer auf, der ihn beobachtete. Verstohlen sah er sich um, dann verspottete er sich selbst. Vor wem wollte er denn verbergen, daß er mit dem Blick das Zimmer sondierte? Welchen Vorteil brächte es ihm, wenn der unerwünschte Gast nicht wüßte, daß er ihn entdeckt hatte, falls dieser Gast überhaupt da war? Aber das Gefühl war so stark und die Möglichkeit, jemanden zu entdecken, so gering, daß es das einzig Vernünftige war, das Zimmer heimlich zu durchsuchen und sich zu überzeugen, daß ihn sein Gefühl täuschte, bevor es seinen Verstand überwältigte. Oder war es doch ein Unbehagen, keine Angst, aber ein Widerwille gegen unsichtbare Augen? Sei's drum, es würde sich schon noch aufklären, wie ihn vorhin Ibrahim belehrt hatte.

Liebe Barbara, schade, daß sich hier nichts an Dich erinnert. Wenn Du wenigstens einmal hier gewesen wärst, würde sich alles an Dich erinnern und nach Dir verlangen, so wie ich mich an Dich erinnere und nach Dir verlange, und dann ginge es mir viel besser, denn ich wäre nicht mehr allein. In der Sehnsucht nach Dir würden meine Isolation und meine Einsamkeit einfach ausgelöscht, und ich wäre ein normaler Teil der Welt, die nach Dir verlangt und sich nach Dir sehnt, weil sie sich an Dich erinnert. (Ist eins ohne das andere möglich? Sich an Dich zu erinnern bedeutet, sich nach Dir zu sehnen und nach Dir zu verlangen, oder nicht?) Mach jetzt kein schlaues Gesicht, nenn mich nicht Dialektiker, wie Du es immer tust, wenn Du denkst, daß ich geheime Ziele verfolge. Ich verfolge keine geheimen Ziele, ich brauche Dich so wahnsinnig, verdammt! Außerdem habe ich gerade ein geschnittenes Burek gegessen.

Simon legte den Stift hin und suchte mit dem Blick das Zimmer ab. Er wurde das Gefühl nicht los, daß ihn unsichtbare Augen gespannt beobachteten. Natürlich war niemand im Zimmer, also auch keine Augen, die ihn beobachtet hätten, aber das Gefühl, daß er beobachtet wurde, verlor sich nicht, ließ nicht einmal nach, auch jetzt nicht, wo er sich überzeugt hatte, daß er allein war, auch nicht, während er seinen Blick im Zimmer umherschweifen ließ. Als hätte jeder einzelne Gegenstand seine stumme Anwesenheit mit Bewußtsein versehen und sich in einen Zeugen verwandelt, ja, als hätte irgendeine geheime Macht das stumme Dasein des Bettes und der Stühle in seinem

Zimmer mit einem Bewußtsein versehen, das aus dem Bett und den Stühlen, aus jedem großen und kleinen Gegenstand im Zimmer einen Zeugen machte. Genau dieses Gefühl hatte er, während er seinen Blick durchs Zimmer schweifen ließ: jeder Gegenstand teilte ihm stumm mit, daß er ihn sah und seine Anwesenheit in diesem Zimmer bestätigte, bezeugte. Eine verrückte und völlig neue Erfahrung, ein Gefühl, mit dem ein normaler Mensch verschont werden müßte. Es macht jede Arbeit unmöglich, wahrscheinlich wird mit diesem Gefühl auch das Leben selbst unerträglich. Wie soll man auf einem Stuhl sitzen, der dich scheinbar anschaut und womöglich auch noch zu sprechen anfängt, wenn er nur will. Oder wenn es jene Macht will, die der Anwesenheit des Stuhls ihre schaurige Intensität und ein Bewußtsein verleiht, so daß man die Anwesenheit des Stuhls schlicht nicht als selbstverständlich voraussetzen kann.

Es war klar, daß er nicht weiterschreiben konnte, solange ihn die Gegenstände ringsum anschauten, ohne Abneigung und ohne Zuneigung, wie echte Zeugen. Also beschloß er, den Block in die oberste Tischschublade zu räumen und den Brief morgen zu beenden. Aber die Schublade ließ sich nicht öffnen. Er schob den Stuhl beiseite und beugte sich vor, um zu prüfen, ob an dem Tisch, seit er ihn nicht mehr benutzte, etwas geändert worden war. Der Tisch war uralt, er stammte noch aus der österreichischen Zeit, wenn er nicht noch älter war. Schon damals, als sein Vater ihn für Simon gekauft hatte, konnte man nichts abschließen, aber vielleicht waren ja nach seinem Weggang die Schlösser repariert oder ausgetauscht worden. Blödsinn, natürlich nicht, dachte Simon nach eingehender Untersuchung, beschämt, daß er sie überhaupt angestellt hatte. Alles war, wie er es zurückgelassen hatte, also auch ohne die geringste Möglichkeit, etwas abzuschließen. Wer hätte im übrigen an dem alten Tisch, der nicht mehr benutzt wurde und sicherlich nie wieder benutzt würde, etwas austauschen oder reparieren sollen und warum? Aber wieder ließ sich weder die oberste noch irgendeine andere Schublade öffnen.

Als wäre das Haus lebendig geworden und lehnte sich gegen mich auf oder hätte beschlossen, sich auf meine Kosten zu amüsieren, dachte Simon in dem Bemühen, die Wut, die ihn plötzlich überflutete, einzudämmen. Als hätten sich alle Verstörungen, Ängste und Enttäuschungen, die ihm der heutige Tag gebracht hatte, plötzlich in eine Wut verwandelt, wie er sie bei sich nicht kannte. Die fürchterliche Heftigkeit, die ihm die Eingeweide zusammenkrampfte, die Art der Wut, die in ihm hochkochte, die schäumende Wut des Gerechten, dem es so vorkommt, als hätte ihn die Welt unschuldig hinausgeworfen, waren ihm bis zu dieser Erfahrung unbekannt gewesen. Sie begann zum Glück zu verebben, bevor er den Tisch zerhackt, das Haus zertrümmert oder eine ähnliche durch Verbitterung ausgelöste Aktion durchgeführt hatte, sie beruhigte und legte sich so plötzlich, wie sie ausgebrochen war.

»Sofort ins Bett, auch wenn ich nicht einschlafen kann«, dachte er. Dies war einer von jenen Tagen, die am besten gar nicht angebrochen wären, die buchstäblich alles gegen den Menschen wendeten, der sich naiv hineinbegeben hatte, an denen man nichts versuchen sollte, schon gar nichts Gutes und Nützliches.

Er zog sich aus, löschte das Licht und legte sich hin. Als er sich beruhigt hatte, fühlte er, wie ihm ein Lüftchen übers Gesicht flog, als hätte ihm jemand sanft, kaum spürbar ins Gesicht gehaucht. Aber er war zu müde und träge, um aufzustehen und nachzusehen.

6

Es ist Zeit, es ist Zeit!

Vom viel zu hohen Berliner Himmel strömte Licht auf die Welt herab, das allem Beweglichen und Unbeweglichen, Großen und Kleinen eine goldene Aura verlieh. Er und Barbara waren unterwegs zur Anlegestelle beim Schloß Charlottenburg, um an Bord eines der Restaurant-Schiffe zu gehen, auf denen man gutes Essen und hervorragende Musik genießen konnte; während der Schiffsrundfahrt bot sich dem Betrachter ein Bild von der Stadt, wie es sich auch der phantasiebegabte und kundige Fußgänger nicht vorstellt. Die Straßen sind verdächtig leer, die Ränder mit dichtem Gebüsch bewachsen, das die Gehwege verdeckt. Sie gehen mitten auf der Fahrbahn, eigentlich gehen sie nicht, sondern bewegen sich einfach mit großer Geschwindigkeit, obwohl sie keinen Grund zur Eile haben, doch niemand stört sich an den Fußgängern auf der Straße. Alles ist anders als sonst, aber natürlich kennen sie alles ganz genau, und ihm kommt dieses Wissen und ihre Sicherheit seltsam vor. Seltsam auch, daß Barbara neben ihm geht, er sie aber so sieht, als ginge sie ein, zwei Schritte vor ihm. Er sieht sie und weiß, daß er sie Stunden, Tage, bis an sein Lebensende und länger betrachten könnte. Sie trägt Shorts, d. h. abgeschnittene Jeans, ein weißes Leinenhemd, unter dem das blaue T-Shirt hervorscheint, und weiße Stoffturnschuhe, die in der Lichtflut fast wie ihre Haut schimmern. Er betrachtet sie, die so weiß und biegsam, sinnlich und so einzigartig schön ist, wie es nur sein kann, schwer und wirklich, er sieht sie ihre

Weiblichkeit durch die Welt tragen wie ein Held seine Fahne, er betrachtet sie und fragt sich, ob sie die Hosenbeine wirklich so kurz abschneiden, ob sie sich in ihrem Alter wirklich so frech anziehen muß, auch wenn an diesem lichtüberfluteten Tag alles anders ist, er fragt sich, ob er noch normal ist, weil er das zugelassen hat und weil er ihren Anblick jetzt so sehr genießt, obwohl ihm die Eifersucht die Kehle zuschnürt, er fragt sich, wie man so sehr genießen kann, daß sich einem das Herz zusammenkrampft und der Krampf den Körper hinabwandert. Warum haben wir diese Beziehungskrise erfunden, wundert sich Simon auch jetzt, im Schlaf. Wo er sie doch so stark begehrt, wie er sie am Anfang begehrt hatte, als sie jung gewesen waren, jetzt nur viel schöner und tiefer. Weder in seiner Jugend noch später hatte er eine derartig starke und intensive Erregung kennengelernt, sie war gut und reif, endgültig und sicher, sie ergriff von ihm Besitz, jede Faser stand unter wachsender Spannung, als schickte er sich an zu fliegen. Von was für einer Krise sprach diese Entzückung, die ihn ganz aufgerichtet und erfüllt hatte und sich jetzt aus ihm ergoß und seiner rasenden Spannung ein Ventil gab, von der er wuchs und wuchs und am Ende sicher zerplatzt wäre, hätte sie nicht diesen Weg gefunden, um abzufließen.

Plötzlich bemerkte er, daß die Welt stumm war und daß dies Gefahr bedeuten mußte. Man hörte keine menschliche Stimme, kein Autogeräusch, man hörte keine Vögel, kein Flugzeug, keinen Wind, man hörte kein Rascheln, kein Radio, kein Pfeifen … Das mußte ein Unglück bedeuten, das war eine Welt, die eine Dimension verloren hatte. Zu spät hatte er das bemerkt, Barbara war bereits in eine Barke gesprungen, die auf dem dunkelgrünen Wasser schaukelte. Er streckte die Hand nach ihr aus, aber es gelang ihm nicht, sie zurückzuholen, sie war bereits außerhalb seiner Reichweite. Er öffnete den Mund, um zu rufen, sie solle sofort zurückkommen, aber er brachte keinen Ton heraus, obwohl er genau sah, wie sein Mund aufging und breiter wurde. Es blieb ihm nichts anderes übrig, als hinterherzuspringen; was auch geschehen würde, alles wäre leichter zu ertragen, wenn sie zusammen wären. Aber er schaffte es nicht, weil ein entsetzlicher Lärm losbrach. Es hämmerte und schrie, lärmte und dröhnte, daß die ganze Welt erbebte, der Lärm brachte den Fluß zum Stillstand und ihn, Simon, der gerade den hölzernen Steg erreichte, den es übrigens niemals zuvor an dieser Anlegestelle gegeben hatte. Von diesem Steg würde jeden Moment die Barke mit seiner Frau an Deck ablegen. Er schrie, doch sein Schrei drang nach innen, in ihn hinein, er durchbohrte ihn wie ein Eiszapfen, so daß er wie unter einem gewaltigen Stromstoß zu zucken begann.

Er brauchte lange, um zu sich zu kommen. Er lag in seinem Bett, in Foča, und der Lärm, der die Welt erschüttert hatte, war ein wildes Hämmern gegen die Tür und irgendein Geschrei im Hof. Mit Mühe zwang er sich aufzustehen, mit verkrampftem Bauch und leerem Herzen wegen der Geschehnisse in seinem Traum. Beschämt bemerkte er, daß seine Unterhose feucht war; er zog den Morgenmantel über und ging auf die Veranda, in der richtigen Annahme, daß für Wäschewechsel und Anziehen keine Zeit blieb, wenn jemand gerade mit wütenden Schlägen gegen die Tür sein Haus zum Einsturz brachte.

»Hallo! Ist da jemand?! Mihailović! Simon Mihailović!« hallte es von unten.

Simon öffnete das Fenster und erkannte Milorad Kordo, den zu seiner Zeit strengsten Milizionär von Foča, der längst pensioniert sein mußte.

»Es ist offen, Sie brauchen nicht die Tür einzuschlagen, um hereinzukommen«, warf ihm Simon zu.

»Was ist bloß los mit dir, mein Guter, schläfst du oder bist du schon tot?« rief Kordo fröhlich herauf. »Ich schrei mir die Seele aus dem Leib.«

Und schon war er durch die Tür. Simon ging vor ihm in die Küche und fragte sich, wie er den gutgelaunten Gast ertragen solle, der ihn aus diesem Traum gerissen hatte, ausgerechnet in dem Moment, als er Barbara hätte hinterherspringen sollen. Und auch noch im Morgenmantel und in feuchten Unterhosen, als empfinge er eine Geliebte und keinen Polizisten. Am Rande seines Bewußtseins dämmerte ihm, daß er hier in Foča mit den Polizisten zumeist in feuchten Unterhosen redete, und er fragte sich, ob er das als ein Zeichen verstehen mußte. Es gibt keine Würde in feuchten Unterhosen, ein Mensch, der feuchte Unterhosen anhat, kann sich nicht als freier Bürger fühlen, sämtliche Menschenrechtserklärungen und sämtliche Menschenrechte, alle Verfassungen auf der Welt und alle bürgerlichen Freiheiten, all das fällt ins Wasser angesichts des feuchten Stoffes, den man am Leib, in der Schamgegend spürt. Wohin führten Gespräche, an denen er regelmäßig mit einem nassen Lappen um die Scham teilnahm? Wie würden sie enden?

»Gruß vom Polizeichef«, verkündete Kordo in der Küche und setzte sich, ohne abzuwarten, ob ihm ein Stuhl angeboten würde. Simon stand in seinem hellblauen Morgenmantel neben der Kredenz.

»Was für ein Polizeichef?«

»Herr Landeka, Mirko Landeka. Ich bin jetzt Pensionär, aber wieder aktiv, als Kurier oder so, sagen wir, etwas zwischen Polizist und Kurier.«

»Er hat Sie zu mir geschickt«, redete ihn Simon demonstrativ in der Höflichkeitsform an und fragte, was Landeka wolle.

»Er läßt grüßen, von Mensch zu Mensch. Und außerdem hat er gesagt, ich soll fragen, ob du letzte Nacht geschlafen hast«, erklärte Kordo achselzuckend, als wäre es ihm ein wenig unangenehm, eine solche Botschaft zu überbringen.

»Natürlich habe ich geschlafen, was hätte ich sonst tun sollen!?«

»Er hat gesagt, ich soll dich fragen, ob du gut geschlafen hast, wenn du mir sagst, daß du natürlich geschlafen hast.«

»Ja, danke für die Nachfrage, ich habe gut geschlafen.«

»Und wenn du sagst, daß du gut geschlafen hast, soll ich dich fragen, ob du die ganze Nacht nur geschlafen hast oder ob du sonst noch was getan hast.«

»Was soll das eigentlich, dieses ganze Spiel?!« brauste Simon auf, trotz aller Anstrengungen, sich zu beherrschen und den Eindruck eines ruhigen, anständigen, selbstsicheren Mannes zu vermitteln. »Wollen Sie mir nicht endlich sagen, was Sie von mir wollen?«

»Ja, guter Mann, ich sag dir soviel, wie ich weiß. Der Polizeichef hat mich gerufen und mir gesagt, ich soll zu dir gehen, er hat mir gesagt, was ich dich fragen soll, was du mir auf welche Frage antworten wirst, und hat mich instruiert, wie ich weiterfragen soll. Und zum Schluß hat er mir gesagt, daß ich ihm alles ausführlich erzählen soll, besonders wie du dich benommen hast, was dich geärgert und was dich gestört hat, wie du mich empfangen hast und in welchem Zustand. Das ist alles, was ich dir sagen kann. Na komm, mach mir nicht die Arbeit schwer, laß es uns hinter uns bringen. Sag mir, ob du sonst noch was gemacht hast oder nur geschlafen hast!«

»Was hätte ich denn um Gottes willen machen sollen!?

Natürlich habe ich die Nacht im Bett verbracht und geschlafen. Bevor ich ins Bett gegangen bin, habe ich versucht, einen Brief zu schreiben, aber das geht niemanden was an«, erklärte Simon, es war ihm peinlich, daß er die Nerven verlor und den Mann, der ihm nur Botschaften überbrachte, beinah anschrie.

»Er wußte, daß du das sagen wirst, und hat mir aufgetragen, daß ich dich dann bitten soll, ein bißchen weniger zu schlafen und nicht so tief. Wenn er dir sagt, daß er die ganze Nacht friedlich geschlafen hat, dann sag ihm, daß sein Schlaf für einige Leute in dieser Stadt offenbar tödlich ist, hat mir der Polizeichef gesagt. Und dann bitte ihn, daß er ein bißchen weniger schlafen soll und nicht so tief, damit man sein Schlafen überlebt, hat er gesagt.«

»Ich versteh nicht, was das heißen soll.«

»Und wenn er dir sagt, daß er nicht versteht, was das heißen soll, sag ihm, daß heute nacht, während er schlief, ein friedlicher Einwohner dieser Stadt ermordet wurde, Mustafa Tiro, genannt Feslija. Er hat gesagt, ich soll dir sagen, daß dein Schulfreund professionell abgeschlachtet worden ist, mit einem Flaschenhals, vielleicht einer von denen, die gestern um seinen Tisch herumlagen, als ihr im Café Bor aneinandergeraten seid.«

»Wie denn das, um Gottes willen!?« Simons Kehle war zugeschnürt, er brachte kaum einen Ton heraus.

»Absolut professionell, geradezu meisterhaft. Der Täter hat ihm einen Flaschenhals in die Kehle gestoßen, sie dabei zerdrückt und dann ein paar Zentimeter nach rechts gedreht. Eine saubere Arbeit«, erklärte Kordo, nicht ohne einen gewissen Genuß.

»Danach habe ich nicht gefragt«, stöhnte Simon auf, und dann ließ er sich schwerfällig auf einen Stuhl nieder, den er ein wenig zu sich gezogen hatte, so daß er jetzt an der allerdümmsten Stelle stand – auf halbem Weg zwischen Tisch und Kredenz. Zerschmettert und verstummt, unfähig, etwas zu sagen und sich ein wenig bequemer hinzusetzen.

»Und wenn dein Bericht ihn erschüttert und traurig macht, hat mir der Polizeichef gesagt, dann sag ihm, daß es zu spät ist, zu trauern, er soll lieber weniger schlafen. Zwei Nächte hast du hier geschlafen, und zwei Bürger dieser Stadt sind ermordet worden.«

»Hinaus!« schrie Simon und sprang auf, ihm die Tür weisend. »Ich muß das nicht dulden, ich werde das nicht dulden, koste es, was es wolle.«

»Und wenn er wütend wird und anfängt, dich wie einen Diener anzuschreien, bleib unbedingt ruhig, hat mir der Polizeichef gesagt, als er mich für diese Aufgabe instruiert hat«, erklärte Kordo. »Weise ihn darauf hin, daß du ein Ordnungsorgan bist, daß du ihn abführen kannst, wenn es dir beliebt, aber führe ihn nicht heute ab und geh unbedingt freundlich mit ihm um, bis zum Schluß. Aber er hat mir eingeschärft, ich soll dich darauf hinweisen, daß die Ermordeten beide mit dir zu tun gehabt haben, sobald du zu schreien beginnst, daß du unsere Gespräche mit dir nicht mehr duldest. Und du hast alles so gemacht, wie er es vorhergesehen hat. Und wir dulden dich trotzdem, du uns aber nicht.«

Kordo stand auf und ging ohne Gruß; aber vermutlich schon auf halber Treppe kehrte er um und kam wieder in die Küche, wo Simon völlig verloren auf seinem Stuhl saß.

»Nimm's mir nicht übel, wenn dir jetzt irgendwas unangenehm war, ich tue nur meine Arbeit. Und wenn dich was stört, sag's dem Polizeichef, morgen mußt du dich sowieso bei ihm melden«, sagte Kordo gutmütig.

»Nett von Ihnen, aber Sie sind doch wohl nicht deswegen zurückgekommen?«

»Nein, eigentlich nicht. Ich habe nur etwas Wichtiges vergessen. Heute um vier werden die beiden auf dem neuen Friedhof beigesetzt. Der Polizeichef ist sich sicher, daß dich das interessiert und du auf die Beerdigung gehen wirst. Sie stehen dir ja doch nahe, oder nicht? Und nach der Beerdigung solltest du im Hotel vorbeigehen, dort wird vermutlich auch der Kommandant sein. Damit du greifbar bist, falls er dich sehen will.«

Nach dieser Mitteilung ging Kordo endlich und ließ einen Tabakgeruch in der Küche zurück, obwohl er nicht geraucht hatte. Simon wurde von einem unentwirrbaren Durcheinander übermächtiger Gefühle heimgesucht. Angst und Wut, Verbitterung und das Gefühl tiefer Erniedrigung, Trauer, Trotz und Konfusion mischten sich in ihm und zerrissen ihn, lähmten seinen Körper und Geist, blockierten jede Bewegung und jede Handlung, und über all das ergoß sich eine Weinerlichkeit, die von dem schmerzlichen Gefühl herrührte, verlassen und ohnmächtig zu sein. Kein auf der Straße verlorengegangenes Kind, keine Fliege im Wind hätte hilfloser sein können, vielleicht wäre nur ein Regentropfen kurz vor dem Aufklatschen am Boden mit ihm vergleichbar gewesen, in seiner Ohnmacht, seinem Ausgeliefertsein. Er war ohne Papiere und ohne Schutz, ein Spielzeug in den Händen der hiesigen Polizei, die ihn nach einer perversen Logik der Morde in der Stadt beschuldigte, einer Stadt, in der eine finstere Macht Menschen, die ihm lieb waren, ermordete, wie es ihr gefiel. Sollte er die deutsche Botschaft in Belgrad anrufen? Was würde das nützen? Selbst wenn er die Nummer wüßte und mit jemandem von der Botschaft sprechen könnte, es würde nichts an seiner Situation ändern. Was könnte er überhaupt verlangen, was könnte die Botschaft für ihn tun? Es hatte keinen Sinn, Rechtsschutz zu suchen, weil seine

Rechte noch nicht bedroht waren. Er brauchte kein Geld, er brauchte keinen Rechtsbeistand, weil er noch gar nicht angeklagt war, er brauchte nichts Konkretes, weil es nichts Konkretes gab. Es hatte nicht einmal Sinn, die Polizisten zu bitten, sich ihm gegenüber korrekt zu verhalten, weil sie das rein formal gesehen taten. Die einzige Unannehmlichkeit, die ihm die Polizei bereitete, bestand darin, daß sie ihn zwang, während der Ermittlungsphase hierzubleiben; er würde genauso handeln, wenn er bei diesem Stand der Dinge die Ermittlungen leiten müßte. Aber der wirkliche Stand der Dinge war dem formalen diametral entgegengesetzt, nur daß er das niemandem sagen konnte; Botschaften genau wie Juristen konnten nur mit Fakten und dem formalen Stand der Dinge etwas anfangen. Wem sollte er sagen, daß sie ganz offensichtlich mit ihm spielten, daß sie ihn womöglich gar nicht wirklich verdächtigten, ihm aber die Fakten unter die Nase rieben und sich auf seine Kosten amüsierten? Daß das Ganze ein finsterer Spaß war, der ihn erschauern ließ? Und daß er hinter diesem Spaß etwas Finstereres als das Spielen mit einem Menschen ahnte? Und was konnte ein Jurist tun, selbst wenn er ihm glaubte? Die Polizei bitten, ihn mit Samthandschuhen anzufassen? Er konnte keinerlei offizielle Hilfe fordern, ohne sich lächerlich zu machen.

Solche Gedanken wälzte Simon stundenlang, nachdem Kordo gegangen war, immer noch im Morgenmantel und auf demselben Stuhl, nur am Tisch und bei einem ersten Kaffee, den er sich mit Mühe zubereitet hatte, als sich der Sturm der Gefühle doch irgendwann legte. Aber Nachdenken half nicht viel. Auch als er sich beruhigt hatte und wieder fast normal, jedenfalls gefaßt und praktisch denken konnte, fiel ihm nichts Vernünftigeres ein als das, was er schon vorher gewußt hatte: daß er auf keinen Fall zulassen durfte, auch weiterhin das Opfer der Ereignisse bzw. ihr stummes Objekt zu sein. Er mußte morgen versuchen, Landeka den Paß und die Erlaubnis abzuhandeln, nach Berlin zurückkehren zu dürfen, er würde ihm sämtliche Garantien geben, die Landeka zufriedenstellen könnten, und alles tun, was man von ihm verlangte, wenn man ihn nur heimfahren ließ. Es war sehr dumm gewesen, nach Foča zu kommen, völlig übereilt hatten sie eine Ehekrise ausgerufen, Barbara und er, wahrscheinlich beeinflußt von dem pausenlosen Krisengeschwafel. (Es hätte nur noch gefehlt, daß sie einen Eheberater aufgesucht hätten, wer hätte ihre Liebe verstehen und etwas von ihr wissen sollen, wenn nicht irgendein Typ, der sich mit Psychologie vollgestopft hatte?!) Er wußte, daß die Erfolgsaussichten seines Plans gegen null gingen, aber er wußte auch, daß er es versuchen mußte, das Wichtigste war ja, daß er aktiv wurde, die Initiative ergriff, sich aus der Position eines Objekts befreite. Im übrigen hatte er noch Varianten in der Reserve, die nicht so hoffnungslos waren. Wenn man ihn nicht zurückfahren lassen würde, hatte er die Absicht, Landeka seine Zusammenarbeit bei den Ermittlungen anzubieten, um die Lösung des Falls und damit seine Rückkehr zu beschleunigen. Er war hier fremd und einheimisch zugleich, er hatte eine völlig andere Position und dadurch auch andere Möglichkeiten der Ermittlung als jene, die Landeka und dessen Leuten zur Verfügung standen. Simon glaubte an diesen Plan, er war fast sicher, daß Landeka ihn nicht ernsthaft verdächtigte, wie unangenehm die Tatsachen auch sein mochten, wenn man sie auf eine bestimmte Art kombinierte; also dürfte er auch nichts gegen eine verdeckte Zusammenarbeit haben. Wenn er sich erinnerte, wie ihn sein früherer Lehrer empfangen und wie er am Anfang mit ihm gesprochen hatte, mußte er an einen

Erfolg glauben. Zur Not konnte er ihn offen fragen, was es denn gewesen sei, das seinen freundschaftlichen Tonfall in eine kaum verhehlte Feindschaft hatte umschlagen lassen, und die ganze Sache damit rasch beheben. Und wenn auch das mißlänge, würde er auf eigene Faust Ermittlungen in die Wege leiten, gewiß würde er in dieser Stadt genügend Leute finden, die ihm dabei halfen, seine Ehre und seinen Verstand zu retten. Wichtig war nur, die Dinge zu beschleunigen, um so schnell wie möglich zu seiner Frau zurückkehren zu können, schon jetzt war mehr als evident, daß es keine Krise zwischen ihnen gab und daß ihm alles weh tat vor Sehnsucht nach Barbara.

Nicht gerade ermutigt, aber immerhin erholt, stand er vom Tisch auf, überzeugt, daß er den Tag, der sich nicht mehr vermeiden ließ, schon ertragen würde, vor allem, wenn er sich rasierte, gründlich duschte und frische Wäsche anzog. Ohne das Geschirr vom Morgenkaffee aufzuräumen, ging er ins Bad.

Als er am Waschbecken war, hob er automatisch den Blick zum Spiegel und stutzte. Statt seines Gesichts und des Boilers im Hintergrund sah er Rauch im Spiegel, dichten weißen Rauch, der aus der Tiefe emporquoll bis über den oberen Rand des Spiegels hinaus, zu irgendeinem Punkt, den er nicht sehen konnte, weil er sich weit oberhalb des Spiegels befand, und dann in Schwaden wieder nach unten zog. Simon nahm ein Handtuch und begann, die kalte Fläche abzuwischen, natürlich ohne Erfolg, denn die weißen Rauchfäden und -wolken ballten sich auch weiterhin zusammen, gingen ineinander über, dehnten sich nach oben oder unten aus. Aber wo spielte sich das alles ab? War es möglich, daß der Spiegel eine Tiefe hatte, die sich dem Verstand und der Wahrnehmung entzog? War es möglich, daß auch in der Leere etwas existierte? Beziehungsweise mußte es das, damit die Leere existieren konnte? Der Spiegel war für ihn immer das vollkommene Bild der Leere gewesen, mit der Leere des Spiegels hatte er dessen magische Macht und Anziehungskraft erklärt. Wer konnte an einem Spiegel vorbeigehen und nicht hineinsehen? Welchem Gegenstand des Alltagslebens waren mehr Mythen, Legenden, Geschichten, Gedichte und Gespräche gewidmet? Die Leere faszinierte am stärksten, und in der Welt des Menschen gab es nichts, was so stark wie der Spiegel faszinierte, alle gleichermaßen. Und jetzt sah er in seinem Spiegel Rauch, der sich bestimmt nicht widerspiegelte, denn im Bad gab es keinen Rauch, und durch den Spiegel hindurch drang er bestimmt nicht, denn dann hätte die Hauswand rauchen müssen.

Simon wandte sich vom Spiegel ab und stieg in die Wanne; er ermahnte sich, nicht den Verstand zu verlieren. Sein eigentliches Problem war nicht der rauchende Spiegel, sondern Landekas Verstimmtheit; wollte er in der verrückt gewordenen Welt seinen gesunden Menschenverstand bewahren, durfte er sich nur an die wirklichen Probleme halten. Es zeigte sich, daß er recht hatte, weil der Spiegel klar und leer war, als er nach dem Duschen auf ihn zuging. War es ihm nur so vorgekommen, als wäre in der Tiefe des Spiegels etwas aufgelodert, oder war es tatsächlich passiert? Beim Duschen war sein Blick genau in dem Moment auf den Spiegel gefallen, als ein paar Flammen hochgeschlagen und erloschen, eigentlich verschwunden waren und den Spiegel leer, wie er immer gewesen war, zurückgelassen hatten. War das wirklich passiert, oder hatte er es nur so gesehen, oder hatte er es gar nicht gesehen, sondern es sich mit dem erklärt, was sich seinen von Wasser und Seife gereizten Augen gezeigt hatte? Es gelang ihm, nicht nur diese Frage, sondern die ganze Spiegelepisode zu verdrängen und sich in Ruhe zu rasieren, wobei er es genoß, ruhig und konzentriert eine ganz normale alltägliche Handlung vorzunehmen.

Er ging hinunter in die Stadt, um etwas einzukaufen, und im Zentrum, direkt vor dem Selbstbedienungsladen, traf er Branko Krsmanović, einen etwas älteren Kameraden aus der Grundschule. Da auch Branko auf die Beerdigung gehen wollte, verabredeten sie, daß er Simon nach Hause begleiten würde und sie dann gemeinsam zum neuen Friedhof aufbrechen würden. Unterwegs erzählten sie einander, wie ihr Leben verlaufen war, was sie zur Zeit machten, sie tauschten Kindheitserinnerungen aus, redeten über Hobbys und Interessen, aber es wollte sich keine echte Nähe einstellen. Branko blieb steif, distanziert, irgendwie mißtrauisch, als bemühte er sich angestrengt, einen verborgenen Sinn zu erfassen, den er hinter jedem Satz von Simon vermutete. Simons Freude über die Begegnung mit dem alten Freund aus der Kindheit, den er fast dreißig Jahre nicht gesehen hatte, war eher eine Entscheidung als ein echtes Gefühl, dennoch war er froh über das unverhoffte Wiedersehen, nicht nur wegen der Möglichkeit, mit jemand zusammen auf die Beerdigung von Zuhra und Feslija zu gehen. Auch Branko Krsmanović mußte zumindest einen Funken Freude empfinden, sonst wäre er nicht mit ihm den Berg hochgegangen und dann wieder in die Stadt zurück, aber es war zu wenig, um die Atmosphäre zu entspannen. Plötzlich fragte Simon, seit wann es denn hier Mode sei, einen Bart zu tragen. Vom Stadtzentrum bis zum Fuß des Tabija-Berges hatten sie fünf oder sechs junge bärtige Männer getroffen, zu viele, um auch einem weniger neugierigen Menschen nicht ins Auge zu springen, und so war ihm die Frage herausgerutscht, bevor er gemerkt hatte, daß auch sein Gesprächspartner einen trug, d. h., bevor er begriffen hatte, daß Branko die Frage auf seinen eigenen Bart beziehen könnte und nicht auf jene, die sie auf der Straße gesehen hatten.

»Andere Zeiten, andere Bärte«, antwortete Branko ziemlich unwirsch. »Es gab Zeiten, da schrieb die Mode dem reifen Mann vor, einen Bart zu tragen, zum Beweis, daß er ein reifer Mann ist. Ohne Bart konntest du gar nicht heiraten! Es gab Zeiten und Moden, da stand der Bart, vor allem der graue – als Zeichen des Alters –, für Bescheidenheit und Ehrlichkeit. Unzählige Zeiten und Moden, von denen wir gar nichts ahnen, und jede Zeit und jede Mode hatte ihre Bärte. Sogar in diesem winzig kleinen Land Jugoslawien und in der kurzen Zeit meines Lebens hat es viele, sehr viele Bärte gegeben.«

Er erinnerte Simon an die sprichwörtliche Klassifizierung der Bärte in Bosnien, um seinen Behauptungen den Anschein der Unwiderlegbarkeit zu geben, aber weil Simon die Klassifizierung, auf die sich sein Gesprächspartner berief, nicht kannte, mußte er sie lang und breit darlegen: Es gibt drei Arten von Bärten. Erstens den Kopfbart, der Bart, den die Propheten und Mystiker, die großen Weisen und all jene tragen, die mit ihrem ganzen Wesen erfahren und begriffen haben, daß auf dieser Welt alles eitel ist. Dieser Bart ist kein Schmuck im Gesicht des Mannes, der ihn trägt, er braucht keine Ungleichmäßigkeiten zu verbergen, er steht auch nicht für etwas anderes, etwa für Bescheidenheit oder ähnliches, er ist ein natürlicher Teil seiner Natur, wie Niere oder Milz. Gott hat ihm eine Niere gegeben und einen Bart, der wächst, und beides erträgt er ruhig und ohne Murren, wie es sich für einen Weisen gehört. Sowenig er seine Niere verschönt und mit wohlriechenden Salben einreibt, sowenig verschönt er sein Gesicht, er reibt es nicht ein, sondern verbirgt es unter dem Bart. Nie würde er dem Rasieren und dem Betrachten seines Gesichts die Zeit widmen, die er seinen wahren Bedürfnissen entsprechend der Kontemplation, der Besinnung auf die tieferen Gesetze der Welt widmen muß. Davon spricht der Kopfbart – daß sein Träger das Innere und Ewige dem Äußeren und Vergänglichen vorzieht. Er weiß, daß ein schönes Gesicht, selbst wenn er eins hätte, nur ephemere Entzückungen schenkt, noch knapper bemessen als unsere körperliche Schönheit, die bekanntlich nicht länger währt als ein Wimpernschlag. Insofern bietet der Kopfbart, mehr noch als die anderen natürlichen Wesenszüge des Weisen, auch einen besonderen Schutz. Da er meist vernachlässigt ist (wenn er ordentlich und gepflegt wäre, könnte man ihn ja gleich abrasieren), lenkt er all jene Blicke ab, die im Gesicht seines Trägers nur äußere Schönheit suchen, so daß er seine Zeit nicht mit eitlen Gockeln zu verplempern braucht, deren Worte er nicht mehr zurückweisen muß, nachdem er bereits einmal ihre Welt zurückgewiesen hat. So kann er sich ganz den ewigen Wahrheiten, der inneren Welt, der unvergänglichen Schönheit widmen und von den Wesen dieser Welt nur jenen, deren Blick tiefer geht und durch den Bart hindurchzusehen, nach innen zu dringen und die innere Schönheit zu erfassen vermag. Wohl deshalb geht der wahre Weise wie ein höflicher Gast durch diese Welt, ohne Spuren seiner Anwesenheit zu hinterlassen, als wäre er nie hiergewesen.

Der Handbart wird vom Beruf vorgeschrieben, er gehört gleichsam zur Dienstuniform, und wenn sich ein Mann für einen Beruf entscheidet, hat er sich auch für das Tragen eines Bartes entschieden, wie immer er persönlich dazu steht. Bart und Beruf können qua Tradition miteinander verbunden sein, aber es können auch die Arbeitsumstände das Tragen eines Bartes vorschreiben, jedenfalls sind verschiedene Berufe aus verschiedenen Gründen mit dem Tragen eines Bartes verbunden, und weil früher viele Berufe mit der Hand ausgeübt wurden und auch um die gewöhnlichen Seeleute, Popen und Schauspieler von den echten Weisen abzugrenzen, heißt der Bart Handbart. Schiffskapitäne zum Beispiel trugen Bärte, weil die Umstände, unter denen sie arbeiteten, es nahelegten, um nicht zu sagen, notwendig machten. Ihr dem Wind, der Sonne und dem Salzwasser ausgesetztes Gesicht hätte schlimmer ausgesehen als eine Ledersohle, wäre es nicht von einem Bart geschützt worden, und auch das Hantieren mit einer Rasierklinge auf unruhiger See empfiehlt sich nicht. Heute sind diese Gründe obsolet geworden, denn Schiffskapitäne verdienen durchaus genug, um sich eine Schutzcreme leisten zu können, sie brauchen auch nicht zu befürchten, sich beim Rasieren zu massakrieren, weil es inzwischen elektrische Rasierapparate gibt, doch auch heute kann man sich einen Schiffskapitän nicht ohne Bart vorstellen. Vielleicht fände sich sogar eine Besatzung, die bereit wäre, einen glattrasierten Kapitän zu akzeptieren, aber im Theater, im Film oder in Illustrierten käme er gewiß nicht durch. Und auch auf einem Schiff hätte er nicht viel Freude, eine Meuterei gegen einen glattrasierten Kapitän ist wahrscheinlicher als gegen einen bärtigen, auch wenn es keine Statistik gibt, die das bestätigt. Wie auch – natürlich ist keine einzige Meuterei gegen einen glattrasierten Kapitän aufgezeichnet, weil es glattrasierte Kapitäne nicht gab. Aber es versteht sich von selbst, daß kein vernünftiger Mensch ohne Bart zur See fahren würde, auch nicht als Schiffskoch, geschweige denn als Kapitän. Ähnlich ist es mit den orthodoxen Popen, die ihre Bärte ursprünglich als Zeichen ihrer Weltabgewandtheit getragen haben dürften. Aber das ist längst vorbei, die Lebensumstände eines Popen unterscheiden sich schon lange nicht mehr von denen der Gläubigen, die orthodoxe Kirche hätte keine Volkskirche werden können, wenn ihre Lehre von Leuten verbreitet würde, die nicht in allem sämtlichen Gläubigen gleich sind. Es gibt also keine evidenten Gründe, warum ein orthodoxer Pope einen Bart trägt, und trotzdem ist ein Pope ohne Bart unvorstellbar. Mit einem Schauspieler, der einen Handbart trägt, verhält es sich anders, weil er den Bart braucht, um sich der Gestalt, die er spielt, zu nähern oder um einen Makel im Gesicht zu kaschieren oder um seinem Gesichtsausdruck eine zusätzliche Note zu verleihen, auf jeden Fall trägt er den Bart, weil seine Arbeit es erfordert, und nicht aus Tradition. Und so weiter, es gibt noch viele Berufe, die so unverbrüchlich mit dem Bart verbunden sind, daß man dem Bartlosen raten muß, seine Talente und beruflichen Neigungen zu überprüfen, sollte er sich zu seinem Unglück für einen dieser Berufe entschieden haben. In Zeiten großer Unordnung, wie unsere es ist, mag er auch ohne Bart in einem dieser Berufe unterkommen, aber weit wird er es nicht bringen.

Der dritte Typ von Bart in der bosnischen Klassifizierung ist der sogenannte Arschbart oder der dialektische Bart. Diesen tragen in der Regel vorsichtige und ehrliche Männer, denen bewußt ist, daß ein anständiger Mensch allein schon durch seine Existenz seine Mitmenschen gegen sich aufbringen kann, bekannte und unbekannte gleichermaßen, und zwar in einem Maße, daß sie einen speziell auf ihn gemünzten Fluch denken, womöglich sogar aussprechen. In solche Flüche werden bekanntlich die Seele oder der Charakter, das Herz oder ein anderes inneres Organ, ein Vorfahr oder ein anderer naher

Verwandter des Verfluchten mit hineingezogen. Der einzige Weg, um derartige Flüche, ausgesprochene und unausgesprochene, zu vermeiden, besteht darin, unhörbar und unsichtbar zu werden oder nicht mehr unter Leute zu gehen, denn egal wie man aussieht und sich benimmt – sobald man überhaupt aussieht und sich benimmt, findet sich jemand, den das aufbringt. So ist es zum Beispiel durchaus möglich, daß ein anständiger Mensch wie jeden Tag in seiner Kneipe sitzt, bemüht, nicht weiter aufzufallen, und ausgerechnet heute den Gast am Nachbartisch zu dem Gedanken oder der Äußerung veranlaßt: »Sieh mal an, dieses Arschloch, wie fein es tut, bestimmt ein charakterloses Schwein, ich scheiß auf seinen Charakter!« Es sind solche Gedanken und Äußerungen, derentwegen der überaus vorsichtige und sich seiner lästigen menschlichen Natur bewußte Mann einen Arschbart trägt oder einen dialektischen Bart – er kennt sich, und demzufolge weiß er, wie viele Male er so über nahe- und fernstehende Menschen gedacht hat, demzufolge weiß er, wie viele Leute von ihm das gleiche oder etwas Ähnliches denken müssen, und daraus folgert er, daß nur ein einprägsames Detail im Gesicht die Seele und den Charakter, das Herz und die anderen inneren Organe, die Vorfahren und lieben Verwandten vor solchen Gedanken und Äußerungen schützen kann. Bestimmt wird keiner sagen, er scheiße auf den Charakter eines Mannes, der einen anständigen, markanten Bart trägt. Daher heißt dieser Typ von Bart auch dialektischer Bart, weil sein Besitzer dialektisch das Innere in das Äußere überführt, wodurch Qualität in Quantität umschlägt, weil er alle Flüche, die gegen ihn gerichtet sind, Flüche aller Arten und von allen Leuten, nur mit seinem Bart in Verbindung bringt.

»Du hast aber recht, es ist tatsächlich eine neue Mode«,

sagte Branko Krsmanović. »Bei uns wimmelt es jetzt von Bärten, die nur eine Eigenschaft und eine Funktion haben – zu verbergen, daß darunter kein Gesicht ist.«

»Deshalb hast du dich geärgert, als ich dich nach den Bärten gefragt habe?«

»Schon möglich«, winkte Branko Krsmanović ab und wies damit jedes weitere Gespräch über dieses Thema zurück.

7

Die Geschichte vom Reisen

Ein quälenderer Gang durch die Stadt läßt sich kaum vorstellen. Die Stille hat sich wie eine Decke über die Welt gelegt oder als hätte sich eine große Glasglocke auf den Talkessel von Foča herabgesenkt und ihn mitsamt seinem Inhalt in eine andere Welt versetzt, in der es weder Bewegungen noch Geräusche mehr gibt. Die Straßen sind leer, weder Menschen noch Katzen, weder Hunde noch Vögel, nicht der kleinste Windhauch, nicht einmal eine Fliege rühren sich, um sich selbst oder irgend etwas in der Stadt wieder in Gang zu bringen. Alle Läden und alle Haustüren sind geschlossen, als begrübe man nicht zwei unglückliche Menschen, sondern als erwartete man einen Aufstand oder eine Überschwemmung. Versprengte Passanten, die sich durch die Straße stahlen, indem sie sich dicht an den Wänden und Türen hielten, bemüht, möglichst unsichtbar zu bleiben, oder zwei Bartträger und ein unrasierter Typ in Uniform, die durch die Prijeka Čaršija schlichen und alles ringsum beobachteten, waren die einzigen Lebewesen, die sich blicken ließen, aber auch sie konnten das Gefühl, die Welt sei ausgestorben und eingefroren, nicht mildern, sondern verstärkten es nur. Eine Atmosphäre, die noch das lebhafteste Gespräch zweier Menschen, die einander viel zu sagen haben, erstickt hätte; wie hätte sie ein Gespräch zwischen Simon und Branko Krsmanović befördern sollen, die mehr aus Verpflichtung gegenüber gemeinsamen Erinnerungen als aus einem echten Wunsch heraus nebeneinander hergingen. Obwohl

Brankos scherzhafte Bemerkungen über Bärte das Eis zwischen ihnen ein wenig zum Schmelzen gebracht hatten, wollte das Gespräch nicht in Gang kommen. Simon hätte Branko gern im Scherz gefragt, welchem Typus denn der Bart zuzurechnen sei, der sein Gesicht schmückte, aber er sah rechtzeitig davon ab, weil er begriff, daß selbst die geistreichste Frage in dieser Atmosphäre nicht scherzhaft klingen würde. Brankos letzte Bemerkungen über die Bärte schienen wie ein Stein in unbewegtes Wasser gefallen zu sein, geäußert aus dem Pflichtgefühl, eine begonnene Aufgabe zu erledigen, nicht aus dem Wunsch, sich und seine Mitmenschen zu unterhalten und zum Lachen zu bringen. So schleppten sie sich in der dumpfen Stille durch die Stadt und konnten den Berg Tekija und den steilen, jedes Schweigen rechtfertigenden Aufstieg zum Friedhof kaum erwarten.

Auf dem kleinen Platz vor dem Friedhof hatte sich schon ein Menschengrüppchen versammelt, und drinnen, in unmittelbarer Nähe des Eingangs, wartete eine größere Gruppe. Hier stand auch Musa Selimbegović, ein Freund von Simons Vater Uroš, einer der interessantesten Menschen seiner Kindheit, der für Simon sehr wichtig war, weil er früh seine Phantasie angeregt und den Wunsch in ihm geweckt hatte, fremde Länder und Menschen kennenzulernen. Er freute sich über das Wiedersehen, er glaubte, zu dritt werde ein Gespräch viel leichter, ja fast von selbst in Gang kommen, und so wandte er sich an Branko mit der Frage, ob er mit dem Alten bekannt sei, aber sein Kamerad war bereits weggegangen, so daß Simon allein auf Musa Selimbegović zuging. Ein paar Schritte von ihm entfernt machte er den Mund auf, um »Onkel Musa« zu rufen, wie er als Gymnasiast den Freund seines Vaters gewöhnlich angesprochen hatte, aber dann fiel ihm ein, daß Leute seines Alters niemanden mehr Onkel zu nennen brauchten. Aber wie sollte er ihn anreden? Sollte er zu einem Mann, der für ihn immer »Onkel Musa« gewesen war, plötzlich »Herr Selimbegović« oder »Herr Musa« sagen? Oder nur Musa? Auf Schritt und Tritt prallte er mit der Absurdität seiner Situation in Foča zusammen: Ihm fehlten fünfundzwanzig Jahre seiner subjektiven Zeit in dieser Umgebung; objektiv war diese Zeit natürlich verstrichen und hatte ihre Spuren den Menschen und Dingen aufgedrückt, denen er begegnete; er, Simon, konnte nur an seinen Bewußtseinsstand von damals anknüpfen, weil das, woran er sich erinnerte, seine einzige Realität war, so daß er vom damaligen Stand der Dinge aus sprach, dachte und fühlte, während seine Gesprächspartner von ihrem aktuellen Stand aus sprachen, dachten und fühlten, dem Ergebnis der vielen Jahre, die Simon in der subjektiven Zeit und in seiner Erfahrung von Foča fehlten. Dieses Durcheinander der Zeit oder der Zeiten brachte auch seine Identitäten immer wieder aufs neue durcheinander, weil er, wenn er vom Stand seines Bewußtseins vor einem Vierteljahrhundert aus sprach, natürlich jenen Simon lebendig werden ließ, der damals gelebt und real existiert hatte, so daß aus dem Körper eines Mannes an der Schwelle zum Alter ein Gymnasiast sprach. Der Gymnasiast wandte sich natürlich an den Mann, den er in Erinnerung hatte, weil er nur ihn kannte (gekannt hatte), wobei er deutlich sah, daß vor ihm nicht sein Bekannter von vor fünfundzwanzig Jahren stand, sondern ein Mensch, an dem diese Zeit nicht spurlos vorübergegangen war; und sein Gegenüber, der einen Mann an der Schwelle zum Alter vor sich sah, hörte wiederum die Worte eines jungen Menschen, fast eines Knaben, und wahrscheinlich überkam ihn ein Schauder, wie er Simon jedesmal befiel, wenn er Feslija während ihrer Begegnung im Café Bor angeschaut hatte.

Musa winkte ihm freundschaftlich zu, als er ihn erblickte.

»Wie ich sehe, suchst du dir deine Gesellschaft immer noch aus, Simon. Dieser Dobruner Pope ist ein guter Mann, gebe uns Gott mehr davon.«

»Meinst du Branko?«

»Ich meine den, mit dem du gekommen bist, von mir aus kann er auch Branko heißen.«

Musa hatte schon immer so getan, als wüßte er selbst nicht, ob er etwas im Ernst oder im Scherz sagte, ob er scherzte, um einen ernsten Gedanken leichter auszusprechen und annehmbarer zu machen oder um beim Sprechen zu überprüfen, wie ernst er das meinte, was er sagte. Simons Vater hatte ihn einen Salonrevolutionär, einen Salonmuslimen, einen Salonhumanisten und so weiter genannt (je nachdem, worüber sie gerade stritten), und der Tonfall verriet, daß die Bezeichnung »Salon-« die Dignität des angehängten Wortes relativierte und der Sprecher das, was er sagte, nicht ganz ernst meinte und nicht ganz hinter seinen Worten stand. Ihre Freundschaft hatte im Krieg bei den Partisanen begonnen, und danach dauerte sie fort, so fest und fraglos wie nur eine Freundschaft zwischen zwei Menschen, die das glatte Gegenteil voneinander sind. Nach Meinung seines Freundes Uroš hatte Musa unmittelbar nach dem Krieg aufgehört, ein richtiger Revolutionär zu sein, weil er nicht nur einer politischen, sondern auch jeder anderen Karriere aus dem Weg ging, sich wieder wie vor dem Krieg kleidete, also ziemlich elegant, wenn man die Maßstäbe der besseren Kreise in der Zeit zwischen den Weltkriegen anlegt, seine Verdienste im Krieg ausnutzte, um einen Paß zu bekommen und damit das Recht, frei zu reisen, und sich praktisch aus dem Aufbau der neuen Gesellschaft ausschloß. Seine Reisen in den Westen waren für Uroš eine Anbiederung an die Bourgeoisie und ein Verrat an der Revolution, während Musa darin die Verwirklichung eines elementaren revolutionären Ideals sah, nämlich des Ideals der Freiheit, weil frei nur sein kann, wer nicht arbeiten muß, und er, Musa, verdiente in drei Monaten im Westen genug, um den Rest des Jahres nicht arbeiten zu müssen. Ähnlich verhielt es sich auch mit seiner Weigerung, Karriere zu machen – für Uroš eine Flucht vor der Verantwortung –, mit seinem anachronistischen Kleidungsstil, mit seinen Ansichten über die vorrevolutionäre Vergangenheit, die Musa lobte, weil er sich, wie er sagte, in dieser Vergangenheit den Luxus einer soliden Ausbildung und den Luxus der Freiheit hatte leisten können, eine Verbindung, die in Bosnien selten zustande kam (muß man erwähnen, daß dies alles für seinen Freund Uroš blinder Subjektivismus und fauler Individualismus war?). So war es mit allem, worüber sie sprachen oder was sie auch nur streiften. Uroš sprach in knappen, klaren Formeln, die keine Zweifel zuließen und keine Nuancen duldeten, Musa dagegen halb im Scherz und »salonmäßig«, ohne Leidenschaft und Überzeugung, als wäre ihm mehr daran gelegen, seinen Gesprächspartner zu reizen, als ihn zu überzeugen. Und wenn er es mit der Gegensätzlichkeit übertrieb und Uroš ihn darauf aufmerksam machte, daß er sich widersprach, antwortete er lachend: »Komm, laß jetzt, Hauptsache, wir unterhalten uns, gib zu, es gibt keine schönere Kunst und keine edlere Beschäftigung als ein Gespräch, das keinen Grund und kein Ziel hat.«

Ein einziges Mal hatte Musa bei ihnen zu Hause anders gesprochen – ruhig, aber bestimmt, irgendwie hart, ganz untypisch für ihn. Vermutlich deshalb hatte sich Simon auch so gut gemerkt, was er gesagt hatte, keinen einzigen Besuch hatte er sich so gut gemerkt wie diesen, obwohl er vermutlich bei allen dabeigewesen war und sich alle hatte merken wollen, denn Musa, der sich mit jedem seiner Worte und Taten unendlich von allem unterschied, was in Foča üblich war, interessierte ihn natürlich sehr.

»Ich will allemal lieber auf meine Art sterben als auf deine Art leben«, hatte Musa damals gesagt, in jenem Gespräch mit Uroš, das ganz anders war als sonst. Zuvor hatte er lange und leidenschaftlich davon gesprochen, daß es am wichtigsten sei, zum Aufbruch bereit zu sein. »Einem freien Menschen kann niemand etwas anhaben, und wirklich frei ist man nur, wenn man keine Angst hat und in jedem Augenblick bereit ist zu gehen, wohin man will.« Bildung zum Beispiel sei gut, vor allem weil sie den Menschen auf die Freiheit vorbereite und ihm helfe, diese in sich selbst zu finden. Sie überzeuge ihn, daß nicht materieller Reichtum, sondern Wissen und Fähigkeiten sein Hauptbesitz sind, weil er mit dem, was er weiß und kann, immer und überall sein Brot verdienen wird. Von der Sorge um den materiellen Besitz befreit, könne er sich für den Aufbruch bereit halten, wenn nötig, ans Ende der Welt, ohne Angst um das, was er würde zurücklassen müssen. Seinen Reichtum genieße am meisten, wer ihn jeden Moment hinter sich lassen könne, denn er genieße als Herr und nicht als Sklave. Und das Höchste und Beste sei die Bildung, die den Menschen auf den letzten Weg vorbereite, denn wer bereit sei für diesen Weg, müsse sich vor nichts mehr fürchten. Ein in das tiefste Verlies eingekerkerter Mensch, der bereit sei, sich auf diesen Weg zu machen, sei freier als ein Herrscher über die Welt, der sich davor fürchte. »Ich bin bereit, ich habe mein Fläschchen immer bei mir«, sagte Musa, zog eine Ampulle aus der Brusttasche und legte sie sich auf die ausgestreckte Hand. Und im Leben genieße derjenige am intensivsten, der jederzeit bereit sei, davon zu lassen, wiederum weil er wie ein Mensch genieße und nicht wie ein Sklave. »Es stimmt, ich bin ein Bonvivant, ich genieße das Leben wirklich wie kein anderer. Ich werde nicht zerfallen, mich wird keiner flicken und ausbessern wie ein rissiges Faß, ich werde fröhlich und unversehrt gehen.« Darauf hatte Uroš etwas entgegnet, milder und ruhiger als sonst, aber Musa hatte mit dem erwähnten Satz geantwortet, er wolle lieber auf seine Art sterben als auf fremde Art leben. Simon hatte nie erfahren, was der Anlaß dieses Gesprächs, warum Musa so aufgeregt und anders gewesen war, aber mit all den kühnen Gedanken über Freiheit und Tod hatte sich dieses Gespräch am tiefsten in Simons Gedächtnis eingeprägt und sein inneres Bild vom Freund des Vaters als Mensch, dem er ähneln wollte, vollendet.

»Selam alejkum, Genosse Musa«, holte Simon eine heisere Stimme in die Realität zurück.

»Jetzt und immerdar, Genosse Miloš«, antwortete Musa und schüttelte einem kleingewachsenen dicklichen Mann herzlich die Hand. »Es freut mich, dich an diesem Ort zu sehen.«

»Wundert es dich, daß ich hier bin? Bist du überrascht?«

»Reg dich nicht über jeden Quatsch auf, ich bin nicht überrascht, daß du hier bist, ich bin überrascht, daß du in Foča bist.«

»Auch das sollte dich nicht wundern«, bemerkte der Neuankömmling. »Wenn du mich kennst und wenn du siehst, was passiert, hättest du mit mir rechnen können, immerhin bin ich hier geboren.«

»Du bist extra gekommen?« fragte Musa auf seine Art,

halb scherzhaft und halb ernst. »Darf man erfahren, was dich herführt?«

»Man darf, Bruder, ich habe keine Geheimnisse. Ich kann nicht dulden, daß man meine Vorfahren beleidigt, das ist es, was mich herführt. Diese Mißgeburten, die sich in den Sattel der Macht geschwungen haben, behaupten steif und fest, wir wären die Kinder der Verräter von 1389, aber ich bin stolz auf meine Vorfahren, und ich fühle mich nicht als Verräter.«

»Dann bist du gekommen, um darüber zu diskutieren?«

»Könnte man so sagen.«

»Und wie begegnest du ihrer Leier von der ruhmreichen Vergangenheit, der heiligen Tradition und was weiß ich noch alles?«

»Sie sagen nichts anderes, nämlich daß wir alle Nachkommen von Verrätern sind. Sie behaupten, es sei Verrat oder so gut wie Verrat, mit den anderen, vor allem mit den Türken, zusammenzuleben. Was ist dann mit denen, die nach der Schlacht auf dem Amselfeld, anstatt sich umzubringen, wegzuziehen oder weiß der Teufel was zu tun, in ihren Häusern wohnen geblieben sind, mit den Türken oder unter den Türken, wie die Neuen sagen? Verräter, Bruder, nichts als Verräter, lauter Verräter. Und wir alle sind ihre Nachkommen, wir haben keinen anderen Ursprung.«

Der Trauerzug bog gerade in den Friedhof ein, und die Gruppe, die sich am Eingang versammelt hatte, mußte sich zerstreuen, um den langen Zug mit den zwei Tragbahren an der Spitze durchzulassen, die ein Dutzend Leute zu den frisch ausgehobenen Gräbern trugen, die an der Mauer schräg gegenüber dem Eingang nebeneinanderlagen. Einige von denen, die in der Gruppe am Eingang gestanden hatten, gingen vor und schlossen sich jenen an, die sich zum Totengebet verneigen wollten, die anderen, unter ihnen Musa und Simon, traten zur Seite, um nicht im Weg zu stehen und besser sehen zu können; einige von denen, die vor dem Friedhof gestanden hatten, kamen herein und schlossen sich entweder denen an, die sich verneigten, oder denen, die zuschauten; andere verzogen sich in den Schatten der Häuser, um sich vor der Sonne zu schützen, die noch immer stark brannte. Hinten an der Mauer war das Ritual bereits im Gange. Man nahm die Leichentücher von den Tragbahren, hob die beiden weiß eingehüllten Leiber heraus und ließ sie in die Gräber hinunter. Dann reichte man den beiden Männern, die in die Gruben hinabgestiegen waren, um die Toten hineinzulegen, von oben Bretter zu, die sie schräg ins Grab stellten, die eine Seite unten auf die Erde, die andere oben an den Rand der Grube gelehnt, wodurch so etwas wie ein Dach errichtet wurde, um zu verhindern, daß die Erde beim Zuschütten des Grabes direkt auf den Leichnam fiel. Nur daß dieses Dach nicht zwei, sondern nur eine Schräge hatte. Simon wußte, daß der Leichnam von den nächsten Verwandten ins Grab hinabgelassen wird, und er wußte auch, daß Zuhra keine Verwandten mehr hatte, also mußten Nachbarn oder Feslijas Angehörige diese Aufgabe übernommen haben. Man hörte nicht, ob der Imam etwas gesagt oder sich durch Zeichen mit den Arbeitenden verständigt hatte. Jedenfalls begann die trockene Erde auf die Bretter zu rieseln, unter denen die Leichname lagen, ein prasselndes Geräusch, das sich über den Friedhof ausbreitete, über die Gräber und Menschen – viele waren bereits in die Hocke gegangen –, dann prasselte es den Berg Tekija hinab und kullerte auf die Stadt zu. Warum steigt es nicht auf, dieses Geräusch, fragte sich Simon, der hörte, wie es sich bergabwärts entfernte, warum macht es sich so breit, als wollte es sich über die

Menschen und Dinge legen, anstatt an ihnen vorüberzuziehen? Die Leute saßen um die Gräber herum, in der Hocke, als wollten sie vor dem Tod oder vor Gott, dem die beiden Toten bereits Rechenschaft ablegten, nicht aufrecht stehen, so daß nur noch die weißen Steine um sie herum in die Höhe ragten. Das Gebet, das nun folgte, schien aus dem Geräusch der auf die Bretter prasselnden Erde hervorzugehen, so still und konzentriert war es. Die Leute sprachen still ihr Gebet und schauten dabei auf ihre Handflächen, die sie bisweilen zum Gesicht führten, mit einer Bewegung, als wischten sie sich das Gesicht ab.

Simon verstand sofort, worum es sich handelte: Sie machten eine Bewegung, als nähmen sie ihre Aura vom Gesicht und entfernten damit das, woran die anderen sie erkennen, versteckten das, was ihre für die anderen erkennbare, äußerlich sichtbare, persönliche Identität ausmacht. Indem sie die Aura vom Gesicht wischen, enthüllen sie ihr reines Menschsein, zeigen sie ihre Bereitschaft, es zu enthüllen, und erkennen an, daß wir vor dem Tod wie vor Gott alle gleich sind. Das heißt, wahrscheinlich sind wir nicht gleich, wahrscheinlich können uns sowohl der Tod als auch Gott voneinander unterscheiden, aber sie unterscheiden uns nach inneren Zeichen, nach Eigenschaften, die für das menschliche Auge unsichtbar sind. Das Spiel, das sich während des Gebets zwischen Händen und Gesicht entwickelt, hat Simon verzaubert, ihm seinen Sinn offenbart. Während das Gebet gesprochen wird, sind die Handflächen offen und dem Gesicht wie ein Spiegel zugewandt. Als sprächen die Handflächen zum Menschen, als sagte ihm das, was er in ihnen sieht, daß er sterblich ist, als zeigten sie ihm den eigenen Tod. Denn der Mensch trägt seinen Tod wie eine Niere in sich, und wo könnte er, der Tod, sich besser zeigen als in den Handflächen, in denen der Mensch sich als Wesen vollendet, das sich von der Welt abzugrenzen versucht. In den Handflächen vollendet sich der Mensch als Wesen für sich, wie ein Ganzes, das sich gewissermaßen von der Welt absondern kann, deshalb sind sie dem Körper, seinem Inneren zugewandt, als schlössen sie den Menschen ab und wendeten ihn sich selbst zu. Die Handflächen kann man nicht maskieren, daß sie aussehen wie andere, oder unkenntlich machen, daß sie wie x-beliebige Handflächen auf der Welt aussehen, sie sind Wächter und Unterpfand der Einzigartigkeit des Menschen. In dem Moment, wo sich im Mutterleib seine Handflächen herausgebildet haben, wird der Tod in den Menschen eingeschrieben, weil er in diesem Moment als unwiederholbares, lebendiges Wesen vollendet wurde. Deshalb schaut der Mensch während des Gebets in seine Handflächen wie in einen Spiegel – um seinen Tod zu sehen und sich dessen zu erinnern. Und dann bedeckt er mit den Händen, die ihn als Wesen für sich vollendet haben, das Gesicht und wischt von ihm die Aura ab, die ihn gegenüber den anderen Menschen als Individuum vollendet hat, so daß für einen Augenblick all das verborgen bleibt, was seine Individualität ausmacht. Wenn sich im Mutterleib das Gesicht des Menschen herausbildet, ist er vollendet als Wesen, das gegenüber den anderen offen und verschieden von ihnen ist. Am Gesicht erkennen wir den anderen und merken ihn uns, wir bilden uns eine Meinung und entwickeln Gefühle; indem wir sein Gesicht lesen, erkennen wir ihn und verstehen, was in ihm vorgeht. Während das Gesicht offen und den anderen zugewandt ist, sind die Handflächen nach innen gerichtet – im Gesicht lesen alle, in den Handflächen nur die, die mit einem tieferen Wissen begabt sind, ob sie diese Kenntnisse nun von Gott erhalten haben oder ob die Liebe zu dem Betreffenden sie mit ihnen beschenkt hat.

Aus diesem Grund werden Hände und Gesicht enthüllt, sind sie die einzigen Bezirke der Haut, die zu zeigen nie und nirgends schamlos war. Das Gesicht und die Handflächen sind ein Buch, in das das Wesen eines Menschen eingeschrieben, eine Schrift, in der er ganz enthalten ist und in der man ihn finden kann. Und in bestimmten Momenten des Gebets werden die Augen geschlossen, und die Handflächen bedecken das Gesicht und verbergen es vor den Augen der anderen und schließen so die Bücher, in die der Mensch eingeschrieben ist, in denen er als Wesen von dieser Welt enthalten ist.

Simon bemerkte aus dem Augenwinkel, wie auch Musa Selimbegović, mager und groß, in seinem hellen, nach der Vorkriegsmode geschnittenen Anzug und mit einem hellen Panama auf dem Kopf, sich mit den Handflächen übers Gesicht strich, als betete auch er heimlich, nur für sich. Aber Simon kam nicht dazu, sich zu fragen, was er davon halten sollte, weil in diesem Augenblick das tiefe Dröhnen eines Horns erklang und aus mehreren Kehlen Rufe erschallten, die in das Lied »O heller Maienmorgen …« übergingen. Eine Gruppe langhaariger, bärtiger junger Männer tauchte auf, offensichtlich waren sie aus einer der Straßen von der Careva Mahala her zum Friedhof gekommen, einer blies ins Horn, während die anderen im Rhythmus eines montenegrinischen Reigens um ihn herumhüpften und aus voller Kehle sangen.

»Ihr Esel!« ertönte ein wütender Ausruf.

Diejenigen, die betend in der Hocke saßen, verharrten, wahrscheinlich im Vertrauen darauf, daß der Lärm das Gebet nicht davon abhalten werde, dorthin zu gelangen, wo es hinsollte. Dafür flogen aus der Gruppe, die in der Ecke des Friedhofs links vom Eingang stand, Steine in die Richtung der Sänger. Wie auf ein verabredetes Zeichen hin kamen aus den umliegenden Gassen Leute angestürmt, die sich um die Sänger herum aufstellten, als bereiteten sie sich auf einen Kampf vor. Und aus ihren Reihen kamen Schreie, die sowohl die Sänger als auch die Leute auf dem Friedhof, die sie anschrien, übertönten.

»Das ist Terror! Steine auf Kinder, nur weil sie ein bißchen lustig sind!«

»Dürfen wir in unserem Land nicht mal mehr tanzen und singen?!«

»Wenn das so weitergeht, wirst du dein Kind bald nicht mal mehr Slobodan nennen dürfen.«

»Wen stört es, wenn wir uns freuen!?«

Von der Gruppe vor dem Friedhof sonderten sich fünf, sechs Leute ab, unter ihnen der Kellner Strajo, wie Simon gut erkennen konnte, sie gingen in den Friedhof hinein, schlossen sich denen an, die drinnen standen, und wandten sich demonstrativ den Neuankömmlingen zu, als bereiteten auch sie sich auf eine Auseinandersetzung vor. Als sich zwei einander gegenüberstehende Linien gebildet hatten, verstummten die Sänger, allmählich legte sich das Geschrei auch unter den verbitterten Leuten auf dem Friedhof, und dann hörten auch die Neuankömmlinge mit ihren Protestrufen auf. In der Stille war wieder das leise Gemurmel der Betenden zu hören, nur daß jetzt die aggressive Spannung zwischen den beiden Gruppen, der einen im Friedhof und der anderen auf dem Platz davor, mit Händen zu greifen war. Ein Wort, eine Bewegung, und es würde zur Explosion kommen.

Ob der Imam das Gebet abkürzte (darf er das?) oder ob es in dem Moment, wo die gespannte Erwartung für alle unerträglich geworden war, wirklich zu Ende war, zu Ende sein mußte, jedenfalls begannen sich die Leute, die in der Hocke gebetet hatten, als hätten sie das Gedränge um sich herum nicht bemerkt, aufzurichten und verließen wortlos den Friedhof. Ohne wie sonst kurz zu verweilen, Ausschau zu halten nach einem Gesprächspartner, in dessen Gesellschaft man genügend Zeit verbringen kann, um eine Grenze zwischen der Beerdigung und dem Alltagsleben zu ziehen, ohne jene beiläufig ausgetauschten Sätze, in denen man feststellt, daß das Totengebet schön war, oder sich daran erinnert, daß die Verstorbenen gute Menschen gewesen sind, selbst ohne sich nach demjenigen umzudrehen, mit dem man hergekommen ist, richteten sich die Leute einfach auf und gingen eilig fort, jeder für sich, sie traten geradezu fluchtartig den Heimweg an, durch das Spalier derjenigen, die sich kurz zuvor dagegen aufgelehnt hatten, daß man in seinem eigenen Land nicht mal mehr ein bißchen lustig sein durfte. Gerade waren die ersten in die Gassen Richtung Gornje Polje verschwunden, als Milorad Kordo mit drei Polizisten erschien und die Leute aufforderte, in Frieden auseinanderzugehen. »Es ist schön und gut, aufzuspielen, aber man muß sich auch mäßigen, meine Herren«, sagte Kordo und bedeutete den Leuten mit den Händen, sich zu zerstreuen. Und dann fügte er noch ein paar Weisheiten hinzu, »alles zu seiner Zeit«, »nicht jede Gelegenheit macht Meister« und ähnliches, mit denen er seine trockene polizeiliche Aufforderung auflockern wollte. Hatte er dabei gelächelt, oder war es Simon im Licht der tiefstehenden Sonne, dem man nicht mehr trauen konnte, nur so vorgekommen?

Er, Simon, verließ den Ort als einer der letzten, weil er keine Lust hatte, sich vorzudrängen. Neben ihm ging Musa Selimbegović, dem man jetzt auf einmal ansah, daß er ein alter Mann war. Sein Schritt war unsicher, seine Hände zitterten merklich. Als Simon ihn umfaßte, um ihm die Treppe zur Terrasse hinunterzuhelfen, kam es ihm so vor, als zitterte Musa am ganzen Körper. Sein Gesicht, das jetzt irgendwie entspannt und ohne Spuren seines heiteren Spottes war, strahlte Müdigkeit und Resignation aus. War es möglich, daß die Störung einer Beerdigung einen Menschen derart traf? Simon streckte mehrmals den Arm aus, um ihn unterzuhaken und ihm den Berg hinunterzuhelfen, aber er sah jedesmal davon ab, weil es verdammt schwer ist, Leuten Hilfe anzubieten, die ihrer bedürfen, aber zu stolz sind, sie anzunehmen.

8

Die slawische Seele ist der Duft der Linde

Im Foyer des Hotels »Zelengora« zu Foča entdeckte Simon seinen ehemaligen Lehrer Landeka, und fast hätte er sich gefreut. Warum sollte er ihm nicht gleich sagen, was er heute nach Kordos Besuch beschlossen hatte, oder wenigstens ankündigen, daß er ihm etwas Wichtiges mitzuteilen habe? Doch Landeka, der seine Absicht zu erraten schien, hielt ihn mit einer Handbewegung zurück und bedeutete statt dessen einem Mann in seiner Nähe, Simon an einen offenbar schon verabredeten Ort zu bringen. »Wir sehen uns ohnehin morgen, hast du das vergessen?« rief Landeka ihnen nach. Der Unbekannte führte Simon am Eingang zur Kneipe vorbei durch das Restaurant und wies dann auf eine geschlossene zweiflügelige Tür im hinteren Bereich des Hauses. »Dort ist das Hinterzimmer«, sagte er und verschwand.

Den kleinen Raum dominierte ein riesiger, mit Speisen und Getränken reich gedeckter Tisch, an dem etwa zehn Leute saßen. Einer von ihnen war Milorad Kordo, der Simon ein Zeichen gab, zu ihm zu kommen und auf einem freien Stuhl Platz zu nehmen. »Das ist Jovan«, sagte er, während Simon sich setzte, vermutlich war der Mann links neben ihm gemeint. »Und das ist derjenige, welcher«, fügte er hinzu, ohne daß klar war, wem diese Bezeichnung galt. In der Tür erschien Landeka und kam auf sie zu. »Es ist Zeit«, sagte er im Vorübergehen zu Kordo.

»Ich weiß, mein Guter, bin schon unterwegs«, antwortete Kordo.

»Nimm für alle Fälle ein paar kräftige Burschen mit«, rief Landeka ihm nach und ging zu seinem Platz am Kopfende des Tischs. Dort saß ein Mann, den Simons Lehrer Landeka mit glänzenden Augen ansah und den alle anderen mit »Kommandant« anredeten.

Jener dicke Mann, den Musa Selimbegović auf dem Friedhof mit Genosse Miloš angesprochen hatte, war bereits mitten in einer eindringlich vorgetragenen Rede:

»Wir Serben haben allen Grund, stolz auf unsere Vorfahren zu sein«, sagte Miloš gerade, als Simon zuzuhören begann, »und wir haben allen Grund, von ihnen zu lernen. Was unsere Vorfahren in der zweiten Hälfte des neunzehnten Jahrhunderts erreicht haben, grenzt an ein Wunder. Welches Volk auf dieser Erde kann sich rühmen, in so kurzer Zeit soviel erreicht zu haben? Wir haben innerhalb von fünfzig Jahren unser Territorium verdoppelt, vielleicht sogar verdreifacht, ohne einen einzigen Mann zu verlieren und ohne uns mit einem einzigen Volk zu verfeinden. Wir waren beliebt, wir waren eins der populärsten Völker, die größten Männer des damaligen Europas, die klangvollsten Namen aus Politik, Philosophie und Kunst, haben ihrer Sympathie für die Serben öffentlich Ausdruck gegeben. Und all das galt einem kleinen Volk ohne große politische Kultur, denn wie hätte es auf eine ernstzunehmende politische Tradition und Erfahrung zurückblicken können, nachdem es jahrhundertelang ohne eigene politische Institutionen gelebt hatte. Wir haben alles erreicht, weil wir vernünftig waren. Wir führten unseren Staat, wie ein weiser Hausherr sein Haus führt: indem wir uns und unsere Interessen an die erste Stelle setzten, die unserer Freunde an die zweite und die unserer Nachbarn an die dritte. Immer bereit, etwas Neues zu erwerben und unser Hab und Gut zu vermehren, aber nie um den Preis, daß

Haus und Familie daraus eine Bedrohung erwachsen wäre. In der Politik und im Staat achteten wir die Werte, die wir zu Hause in der Familie gelernt hatten: Ehrlichkeit und gute Nachbarschaft, Treue und Anstand. Wir ergaben uns weder der Verschwendung noch der Selbstsucht, sondern kümmerten uns vernünftig um uns und unsere Nächsten. Deshalb haben wir es in sehr kurzer Zeit zu einem Staat und zu Schulen, zu Wissenschaft und zu Reichtum gebracht, wir konnten das Volk kräftigen und das Land aufbauen, was wenigen in der gleichen Zeit geglückt ist, wir haben Gelehrte und Weltreisende hervorgebracht, Menschen in Städten angesiedelt, ohne die Dörfer zu entvölkern, unser staatliches Territorium vergrößert und dabei Freunde gewonnen. Ich beobachte, wie man bei uns in letzter Zeit den Beginn des zwanzigsten Jahrhunderts, das Heldentum der Balkankriege und des Ersten Weltkriegs verherrlicht, ich höre, daß sich angesehene Leute bemühen, diese Periode zur entscheidenden in unserer Geschichte zu erklären, mit der Behauptung, sie habe uns Ruhm und Größe gebracht. Das bestreite ich nicht, man muß zugeben, daß etwas Wahres daran ist. Diese Kriege haben unseren Staat vergrößert und unseren Waffen Ruhm gebracht. Aber wir sind immer noch klein, wir müssen gute, vernünftige Hausherren sein und bei jeder Unternehmung nach dem Preis fragen. Um welchen Preis, meine Brüder?! Was haben uns die drei Kriege in den drei Jahren gebracht und was genommen? Wie viele Menschen haben wir für das gewonnene Territorium verloren? Wie sehr haben wir das Volk ausgezehrt, unseren nationalen Reichtum verkleinert, die Entwicklung der Wirtschaft und der Städte gehemmt, den Fortschritt in der Bildung und den allgemeinen Aufstieg der Landbevölkerung gebremst? Wieviel haben wir dadurch verloren, daß wir uns mit der halben Nachbarschaft verfeindet haben? Vernünftige Völker führen keine Kriege, sondern machen Politik, das müssen wir von unseren Vorfahren lernen. Wieviel hat uns das Wachstum im neunzehnten Jahrhundert gekostet und wieviel der Ruhm im zwanzigsten? Was haben uns die Politiker gebracht und was die Krieger? Unsere Geschichte kennt das eine, aber auch das andere, und wir müssen gut abwägen, bevor wir wählen. Wie es scheint, werden wir schon bald vor einer entscheidenden Wahl stehen. Wohl dem Volk, das statt Helden gute Hausherren hat, aber gute Hausherren sind nicht mutig, sondern vernünftig, meine Brüder. Niemals in der Geschichte sind diejenigen, die zum Heroismus aufriefen, den Heldentod gestorben, sie haben sich bereichert und sind im Bett gestorben, doch das Volk haben sie in den Tod oder in das Verbrechen geschickt. Oder in beides. Heroismus ist gut für epische Lieder und geselliges Beisammensein, nicht für das Leben, den Staat und den Fortschritt des Volkes. Deshalb werden glückliche Staaten von Hausherren und Händlern geführt und nicht von epischen Dichtern und Helden, sie werden von Leuten geführt, die dem gesunden Menschenverstand folgen und nicht ihren Träumen vom Ruhm. Und deshalb bereitet mir die Rhetorik Sorgen, die bei uns neuerdings populär geworden ist, der ungute Weg, den wir eingeschlagen haben, das ganze Getöse und die Streitigkeiten mit sämtlichen Nachbarn, der Wunsch, daß uns die anderen fürchten sollen, statt uns zu lieben. Erinnern wir uns an die fruchtbarste und glücklichste Epoche in der serbischen Geschichte, und lernen wir von den Hausherren, die uns in dieser Epoche geführt haben!«

Der Mann, der auf dem Ehrenplatz saß, ein Universitätsprofessor aus Sarajevo namens Vojin Stanimirović, der häufiger nach Foča kam, um die Lokalpolitiker zu beraten, und den hier alle aus irgendeinem Grund »Kommandant« nannten, verfolgte die Rede schweigend, doch der wechselnde, geradezu grimassierende Ausdruck seines Gesichts, gelegentlich ergänzt um eine vielsagende Handbewegung, bildete einen so lebhaften Kommentar zu einzelnen Äußerungen und Behauptungen des Redners, daß das Ganze eher wie ein Zwiegespräch aussah. Dieser Beitrag des Kommandanten Vojin war nicht gerade dazu angetan, die Anwesenden für Miloš' Gedanken einzunehmen und ihm Achtung entgegenzubringen oder zumindest die Bereitschaft, ernsthaft über seine Vorschläge nachzudenken. Einmal war sogar ein kurzes Lachen zu hören, als Vojin eine Behauptung von Miloš mit einer spöttischen Grimasse bedachte, aber er selbst schnitt dieses Lachen ab, indem er den Vorwitzigen streng ansah. Als Miloš geendet hatte, senkte er das Kinn auf die Brust, betrachtete nachdenklich den Tisch und schwieg lange.

»Herr Ljubičić hat zweifellos recht, wenn er die Vernunft rühmt«, begann Vojin schließlich mit einer hohen, fast weiblichen Stimme, ohne den Blick zu heben, »ich denke, das muß man zugeben. Nicht wahr?«

»Genau«, bestätigte jemand von der Mitte des Tisches.

»Wo er recht hat, hat er recht«, pflichtete eine korpulente Dame mit zurückgekämmtem Haar bei, die Simon gegenübersaß, die einzige Frau am Tisch.

»Aber es wäre sehr vernünftig von der hochgeschätzten Vernunft, wenn sie weniger selbstsüchtig, weniger egoistisch und weniger unvernünftig wäre und eingestehen würde, daß sie nicht der einzige, ja nicht einmal der wichtigste Teil unseres Wesens ist«, fuhr Vojin fort. »Vernunft ist schön und gut, solange sie in ihren Schranken verweilt, für sie gilt das, was unsere Vorfahren vom Wasser gesagt haben: ein guter Diener und ein schrecklicher Herr. Die

Vernunft, die sich der Kontrolle entzieht, wird gefährlich, gefährlicher vielleicht als alles andere, zerstörerischer als eine Überschwemmung oder ein Feuer. Ich zum Beispiel habe die Liebe meines Lebens verloren – aus Übermaß an gesundem Menschenverstand«, fügte Vojin nach einer kurzen Pause lachend hinzu.

»Das müssen wir hören!« rief die korpulente Frau.

»Wir wollen uns doch jetzt keine Episoden aus der Jugend erzählen, wen interessiert das denn«, wehrte Vojin ab.

»Das interessiert alle, wir wollen die Liebesgeschichte hören!« beharrte die Frau.

»Und ob uns Ihre Geschichte interessiert«, ergriff auch der Mann das Wort, der Simon als Jovan vorgestellt worden war und der ihm irgendwie bekannt vorkam.

»Nur kurz, da gibt's nicht viel zu erzählen. Ende der fünfziger Jahre gelang es meinem Bruder, ein Stipendium in Großbritannien für mich zu organisieren. Ich brauche Ihnen nicht zu sagen, wie froh ich war, Sie wissen ja selbst, was es zu dieser Zeit, besonders für uns Serben, bedeutete, ein Jahr im Ausland verbringen zu können. Ich dachte, alle Träume meines Lebens würden in Erfüllung gehen: Monatelang saß ich in einer Bibliothek, in der Sie alles bekommen, einfach alles, was irgendwann auf der Welt gedruckt worden ist. Meine Begeisterung nahm kein Ende. In dieser Bibliothek lernte ich eine Studentin kennen. Anfangs unterhielten wir uns, doch dann habe ich mich in sie verliebt, wir waren zusammen, es wurde enger und enger, wenn Sie verstehen, was ich meine. Daraus entwickelte sich eine große Liebe, doch nicht einmal diese Liebe vermochte mich vor dem gesunden Menschenverstand zu schützen, der alles um mich herum beherrschte, den alle Leute, mit denen ich in Berührung kam, verinnerlicht hatten, der jeden ihrer Gedanken, jede Geste zurichtete. Das begann mit der Zeit unerträglich zu werden, die permanente Präsenz des gesunden Menschenverstands hemmt und bringt einen auf verrückte Gedanken. Bei uns will man korrekt in der Schlange stehen, weil alle um einen herum aus der Reihe tanzen und dauernd versuchen sich vorzudrängeln; dort willst du wenigstens einen Fuß aus der Schlange herausstrecken, weil alle diszipliniert und korrekt in der Schlange stehen. Was willst du machen!? Du mußt wenigstens so tun, als hättest du ein Problem mit einem Bein, und damit ausscheren, um nicht ganz in der Schlange zu stehen. Wenn einer keine Ordnung mag und sich nicht bemüht, sie zu schaffen, stimmt etwas nicht. Aber wenn er in dem Moment, wo die Ordnung hergestellt ist, nicht aus ihr ausbrechen möchte, stimmt gleichfalls etwas nicht. Denn der Mensch kommt nicht ohne Ordnung aus, er kommt aber auch nicht umhin, gegen die Ordnung zu sein, er ist ein Wesen, das Ja und Nein sagt. Wer nur das eine sagt, ist ein halber Mensch oder noch weniger. Aber ich wollte nicht abschweifen. Als mein Stipendium zur Neige ging, fragte ich sie, ob sie mit mir kommen wolle. Doch sie wollte, daß ich wenigstens bis zum Abschluß ihres Studiums bliebe, sie dachte, es habe keinen Sinn abzubrechen, es sei für uns beide besser, unser Studium in Großbritannien abzuschließen und erst dann nach Jugoslawien zu gehen, wenn ich unbedingt zurückmüsse, sie versuchte mich zu überzeugen, daß wir auch in Jugoslawien bessere Chancen hätten, wenn wir unser Diplom in Großbritannien machen würden. Als hätte ich das nicht gewußt! Aber ich mußte mich vor der vom gesunden Menschenverstand dominierten Welt retten. Ich habe sie nicht überredet, mit mir mitzugehen, und weil Bleiben nicht in Frage kam, bin ich vor Auslaufen meines

Stipendiums geflüchtet. Und heute frage ich mich, ob es mir gelungen wäre, sie zu überreden, wenn ich bis zum Schluß geblieben wäre und ihr gut zugeredet hätte. Zumindest heute denke ich, es wäre mir gelungen, aber ich bin nicht geblieben, weil ich den aufregenden englischen Geist nicht mehr ertrug, der sich in Augenblicken höchster Entzückung fragt, wie man einen Nagel einschlägt, ohne daß er dabei krumm wird. Und so endete die Liebe meines Lebens, sie scheiterte an der Vernunft.«

Vojin erzählte seine Anekdote ausgesprochen routiniert, mit geschickt gesetzten Akzenten, was dafür sprach, daß er sie nicht zum ersten Mal erzählte, aber zum Schluß lachte er dennoch herzlich, das laute Lachen der anderen herausfordernd. Am lautesten lachte die korpulente Dame, die ihrer Umgebung klarmachte, daß es eine glänzende Geschichte sei und es sich gelohnt habe, den Kommandanten zu bestürmen, sie zu erzählen. Nur Miloš lachte nicht, sondern wartete ab, bis das Lachen verebbt war, die Trinksprüche und die Lobeshymnen auf die Geschichte vorbei waren, die Gläser ein zweites Mal zu Ehren der ersten Liebe ausgetrunken waren, und fragte dann, was diese Anekdote zu bedeuten habe.

»Nichts, sie illustriert nur, wie gefährlich die Vernunft ist«, antwortete Vojin immer noch lachend. »Vielleicht ist sie nur für mich so schädlich, ich weiß nicht, aber das ist meine Erfahrung mit der reinen Vernunft, ich kann nicht anders. Und das Volk hat ja mich gewählt, also darf ich glauben, daß auch unser Volk etwas mehr will als bloße Vernunft.«

Wieder Lachen und wieder Trinksprüche, denen sich alle außer Miloš anschlossen.

»Bei Gott, es hat schlecht gewählt, Herr Stanimirović«, entgegnete Miloš, als man wieder reden konnte. »In der

Politik wider die Vernunft zu reden und Ängste, Emotionen und Leidenschaften zu entfesseln ist nichts anderes, als das Volk zu knechten und es gegen seine Interessen zu führen, um den eigenen Reichtum und die eigene Macht zu mehren.«

»Was Sie nicht sagen!« Mit einem Schlag auf den Tisch sprang Vojin auf und begann an der Wand gegenüber auf und ab zu gehen. Die Diskrepanz zwischen seinem Äußeren und dem Titel eines Kommandanten, mit dem ihn hier alle ansprachen, war geradezu komisch. Überdurchschnittlich klein und ziemlich dick, wirkte er wie ein Fäßchen, auf das jemand einen vollkommen runden Kopf mit rundem Gesicht gesetzt und das Ganze mit einer runden Brille verziert hatte. Die betonte Rundheit gab seinem Aussehen etwas Gutmütiges, zugleich aber auch Abstoßendes, da sie eher zu einem Bajazzo, einer Puppe, zu etwas Künstlichem gepaßt hätte als zu einem Menschen und seiner Gutmütigkeit etwas Automatenhaftes, Groteskes, Unnatürliches verlieh. Der Gedanke des Mechanischen drängte sich besonders auf, wenn man ihm beim Gehen zusah: zwei kurze Beine, die in sicher zwei Nummern zu großen Schuhen steckten. Sein Bemühen, schwer und breit aufzutreten wie Reiter, Alpinisten und andere starke Männer, das Wippen, während er breitbeinig auf der Stelle stand – es waren Bewegungen einer aufgezogenen Puppe, die einen Soldaten parodieren soll.

Nie zuvor in der Geschichte, dozierte er, habe eine Kirche oder eine Partei, eine Ideologie oder eine Politik, ein Staat oder eine Diktatur die Menschen so schrecklich geknechtet wie die heute herrschende, auf die sogenannten exakten Wissenschaften gegründete Religion der Vernunft. Alles, was sie vor der Religion der Vernunft gekannt hätten, habe den Menschen eine irgendwie erträgliche Ewigkeit und geistige Werte wie Gerechtigkeit, ein zuverlässiges, auf Wahrheit gegründetes Jüngstes Gericht, Würde, Integrität und dergleichen versprochen, und durch diese Versprechen seien ihre Religionen, Mythologien oder was auch immer aus dem bloßen Dasein zum Geist und damit in den Stand der Freiheit erhoben worden. Wenn du an eine Wahrheit glaubst, die gewisser ist als deine menschliche, und an eine Ewigkeit, die dir als geistigem Wesen versprochen wurde, bist du frei und in der Lage, dich gegen Unterdrückung, Erniedrigung und das Böse zu wehren. Wie kannst du den Tod fürchten, wenn er dich zum ewigen Leben führt? Du nimmst die schlimmen Erniedrigungen nicht hin, sondern lehnst dich gegen sie auf, selbst wenn es dich das Leben kostet, weil der Tod nicht das Ende ist. Er befreit nur das Wesentliche in dir und führt es vor das unbestechliche Gericht. Auflehnung und Hoffnung – das sind die Grundvoraussetzungen für Freiheit und Würde. Wir können nicht wissen, ob das, was die Menschen geglaubt haben, die sogenannte objektive Wahrheit ist oder nicht, aber wir wissen, daß ihre Hoffnung und ihre Freiheit real waren, zumindest so real wie die Angst des Menschen, der den Kleiderständer in seinem dunklen Flur für einen Einbrecher hält. Seine Angst ist wahr, obwohl ihn seine Augen getäuscht haben; so waren die Freiheit und die Hoffnung der Alten real, selbst wenn ihre Überzeugungen falsch waren. Aber die Religion der exakten Wissenschaften habe den Menschen im Namen der unsicheren Wahrheit, daß keine Ewigkeit sei und es für sie kein zuverlässiges, unbestechliches und gerechtes Gericht gebe, die Hoffnung und die Würde geraubt (wie haben diese Herren die Ewigkeit gemessen, um feststellen zu können, daß die, an die die Menschen geglaubt haben, gar nicht ewig ist? Mit welchen Experimenten haben sie bewiesen, daß es keinen Gott gibt, der die Gerechtigkeit verwirklicht?) und sie auf Gedeih und Verderb den Mächtigen dieser Welt ausgeliefert. Die Religion der exakten Wissenschaften, so Vojin, sei die niederträchtigste Ideologie, die es jemals gegeben habe, eine Ideologie der toten Materie und des ökonomischen Totalitarismus, der uneingeschränkten Macht der Reichen und der absoluten Ohnmacht, Erniedrigung und Hoffnungslosigkeit aller anderen. Denn diese Religion habe den Menschen erklärt, daß es keine Ewigkeit, sondern nur den Tod für sie gebe, den Tod, der ein Verschwinden bedeutet, daß es keine Gerechtigkeit gebe, sondern nur ein Recht, das die Interessen der Mächtigen verteidige, keine Wahrheit außer der, die der Mensch mit immer teureren Instrumenten feststellt. Wenn morgen ein noch teureres Instrument auftauche, werde er eine neue Wahrheit feststellen, die dann genauso unbestreitbar und verpflichtend sei wie jene, die nun nicht mehr gelte, weil sie von einem alten, billigeren Instrument festgestellt wurde. Es existiere kein anderes Leben und keine andere Wirklichkeit als diese hier. Deshalb sei der Mensch, von dem die neue Religion Besitz ergriffen habe, geringer als ein Sklave, denn der klassische Sklave habe wenigstens Hoffnung gehabt. Er sei noch mickriger als ein Wurm, weil ein Wurm nicht weiß, daß es weder Ewigkeit noch Gerechtigkeit gibt, nicht weiß, daß ihn ein Tod erwartet, in dem er verschwinden wird, und weil er nicht gezwungen ist, die Wahrheit bei anderen Würmern oder bei Menschen mit teuren Instrumenten in den Händen zu suchen. Dieser Mensch sei Scheiße oder noch weniger als Scheiße, denn er, der Ärmste, könne nicht einmal richtig stinken. Das ist der Mensch in der Religion der Vernunft, rief Vojin. Dieses Häufchen Angst und Elend, das vor den Ärzten kriecht, weil es ihrem Schwindel glaubt, sein Leben liege in ihren

Händen, das vor den Anwälten kriecht, weil es glaubt, in ihrer Hand sei die Gerechtigkeit, vor den Reichen, weil es glaubt, in ihrer Hand liege seine Existenz. Ein Götzendiener, der ein wenig schlauere Leute in seine Idole verwandelt! Für ein Zipfelchen Macht, für eine Handvoll Herrschaft wird der Mensch der Wissenschaft ein Kind vergewaltigen, eine alte Frau ermorden, lügen, stehlen und sich erniedrigen, eine Stadt anzünden und die halbe Welt zerstören, er wird alles tun, was man ihm sagt und was er meint tun zu müssen. Denn für ihn gibt es nichts als das, was er hier und jetzt anfassen kann. Für ihn gibt es nichts außerhalb dieses Bestiariums, in dem wir leben, kein Leben, nichts! Das glaubt er. Nein, in Wirklichkeit glaubt er es nicht, er weiß es, denn die Wissenschaft, die Wissenschaftler und die Vernunft haben es gesagt, und die glauben es nicht, sie wissen es – absolut sicher. Alle zehn Jahre etwas Neues.

»Und doch haben die Wissenschaften den Hunger ausgerottet und den Menschen Nahrung gegeben«, warf Miloš ein, als Vojin eine Pause machte, um Atem zu holen.

»Sie haben nur die Reichtümer aus einem Teil der Welt in einen anderen verlagert. In der sogenannten dritten Welt haben sie nicht den Hunger, sondern die Völker ausgerottet, ganze Völker und Kulturen vernichtet. Seit im Westen die Religion der Vernunft herrscht, gibt es in der dritten Welt mehr Hunger, Not und Krankheit als je zuvor, weil ihre Reichtümer in den Westen verlagert wurden«, antwortete Vojin, mit dem Finger auf Miloš zeigend, als hätte er die Absicht, ihn dafür verantwortlich zu machen. »Und da gibt es noch etwas, was Sie als Atheist gar nicht verstehen können, Herr Ljubičić. Die Frage des Brotes ist die erste Frage, die der Satan Christus in der Wüste stellt: Wenn du wirklich der bist, für den du dich ausgibst, dann befiehl diesem Stein, zu Brot zu werden, sagt der Satan zu Christus, der vierzig Tage nichts gegessen hat. Und Christus sagt ihm darauf, daß der Mensch nicht vom Brot allein lebt. Wenn du nur vom Brot lebst, wenn deine Güter nur von dieser Welt sind, dann bist du vielleicht lebendig, aber kein Mensch, sondern etwas weniger – das hat Christus zu ihm gesagt, Herr Ljubičić.«

Vojin setzte sich wieder in Bewegung, bisweilen blieb er breitbeinig stehen und zeigte auf einen der Anwesenden, als wendete er sich persönlich an ihn. »Wir leben nicht vom Brot allein, und wir sind nicht nur Vernunft«, setzte er zu einer neuen Rede an. »Alles, was gut ist in uns, ist absolut unvernünftig, alles, was uns über den Wurm und den Götzendiener der Macht erhebt, ist absolut unvernünftig. Ehre und Würde, Güte und Trotz, Liebe und die Sehnsucht nach dem Schönen, Zorn und erotische Leidenschaft – alles vollkommen unvernünftig! Nach dem Katechismus der Religion der Vernunft eine Sünde, aber ohne sie wäre das Leben keinen Pfifferling wert.«

»Aber wir reden doch über Politik, Herr Stanimirović«, unterbrach Miloš den neuen Monolog. »Von der Politik erwarte und verlange ich, daß sie vernünftig ist, weil die Politik die Beziehungen zwischen Menschen regelt, die einander nicht kennen, die nichts miteinander zu tun haben. Zwischen denen hat das Unvernünftige in Gestalt von Liebe und erotischer Leidenschaft absolut nichts zu suchen. Was fange ich mit einer erotischen Leidenschaft für jemanden an, den ich nie gesehen habe? Aber die Politik muß dafür sorgen, daß wie nebeneinander existieren können, egal ob wir einander lieben oder hassen, begehren oder meiden. Ich versichere, eine Politik, die nicht vernünftig ist, ist verderblich für das Volk, und keine andere betreiben Sie. Das ist es, worüber wir uns unterhalten sollten.«

»Politik ist von Menschen für Menschen«, antwortete Vojin knapp. »Menschen machen sie für andere Menschen, Menschen machen sie miteinander, deshalb können Sie sie nicht von menschlichen Eigenschaften freimachen. Eine ausschließlich vernünftige Politik wäre eine, die von einem Teil des Menschen für Teile des Menschen gemacht würde, weil die Vernunft nur eine der menschlichen Eigenschaften ist. Wir wollen das nicht, da haben Sie ganz recht, wir wollen eine Politik, die vom ganzen Menschen kommt und sich an den ganzen Menschen wendet. Können Sie sich die serbische Politik ohne den Trotz vorstellen? Hätte sie noch irgend etwas mit den Serben zu tun? Und was sollen wir mit einer Politik, wenn sie nicht serbisch ist? Die Völker unterscheiden sich auch dadurch, was für eine Politik sie machen, wie sie sie machen, darin vielleicht sogar am meisten. Wären wir ohne den serbischen Trotz und die serbische Politik im Ersten Weltkrieg so ruhmreich gewesen? Die Politik, die wir machen, muß serbisch sein, sie muß nicht nur den serbischen Interessen Rechnung tragen, sondern auch dem serbischen Charakter, sie muß aus der Seele des serbischen Volkes kommen und der komplizierten Beschaffenheit dieser Seele Rechnung tragen.«

»Kommen Sie mir um Gottes willen nicht mit der Volksseele!« rief Miloš.

»Warum nicht? Nennen Sie es, wie Sie wollen, aber Sie werden doch wohl nicht bestreiten, daß es etwas gibt, was die Angehörigen eines Volkes zusammenhält und miteinander verbindet, etwas, das die Sitten und Legenden, den Glauben und das Gedächtnis des Volkes geformt und hervorgebracht hat. Sie wollen doch nicht bestreiten, daß sich die Völker voneinander unterscheiden und diese Unterschiede deutlich zu erkennen sind. Sie müssen es nicht Volksseele nennen, nennen Sie es Turboskop, wenn

Ihnen das lieber und wissenschaftlicher ist, aber geben Sie zu, daß es existiert. Oder sollte ich mich täuschen?« wandte sich Vojin an alle und ließ seinen Blick über die Gesichter am Tisch wandern.

»Die slawische Seele ist der Duft der Linde / oder das Liebeslied auf der Schalmei, / die slawische Seele ist die Birkenrinde, / ein frommer Schauer, doch niemals Lakai«, rezitierte die korpulente Frau mit Donnerstimme. Vojin nickte zustimmend und sah sie aufmerksam an.

»Sie ist Dichterin, aber sie ist auch für andere Sachen gut«, erklärte der Nachbar, mit dem Simon von Kordo zusammengebracht worden war. »Milijana hat Feuer.«

»Sie heißt Milijana?« fragte Simon, nur um etwas zu sagen, und fragte sich die ganze Zeit, ob er seinen Nachbarn wirklich kenne oder ob dieser ihn nur an jemanden erinnere.

»Ja, Milijana.«

Aufs neue wurden die Gläser erhoben und auf die Dichterin Milijana geleert, dann zu Ehren des serbischen Trotzes, dann zu Ehren der serbischen Waffen. Simon war schon schwindlig, obwohl er es vermieden hatte, alle Gläser auszutrinken, die Jovan ihm gereicht hatte. Einige Gäste lallten schon betrunken, das Tischtuch war voller Speisereste, Spritzer und Essensflecken, und dennoch klopfte alle Augenblicke einer der Anwesenden an die Tür, um bei dem langen dürren Kellner einen neuen Krug Schnaps und neue Tabletts mit Häppchen zu bestellen.

»Wo die Schalmei des Hirten ertönt, / dort ist des Serben Haus«, sagte Milijana halblaut und starrte glasig vor sich hin. »Wo die Linde duftet, erhebt der Serbe / sein Gesicht zum Himmel und sagt Dank, / weil er ein schönes Heim auf Erden hat. Die Linde / heilt die Lunge absichtsvoll, denn nichts ist Zufall / unterm Himmelszelt.«

»Leute, bitte laßt uns vernünftig miteinander reden«, ergriff Miloš mit weinerlicher Stimme das Wort, auch er schon hörbar angetrunken, denn die einzelnen Silben gingen ihm schwer von den Lippen. »Das kann nicht gut enden, wir rennen in unser Verderben, man darf doch nicht gegen die Vernunft und gegen die Nachbarschaft handeln.«

»Du mußt ganz schön schwerhörig sein, sollte dir entgangen sein, daß auch die dritte Posaune längst ertönt ist«, rief Simons Nachbar Jovo an Miloš gewandt. »Was geiferst du von Vernunft, siehst du nicht, daß alles seinem Ende zugeht, mit uns oder ohne uns?!«

»So ist es, Jovo, erklär ihm alles!« rief Vojin und schlug mit der Hand auf den Tisch, wobei man nicht sicher einschätzen konnte, ob sein Ausruf scherzhaft, spöttisch oder ernst gemeint war. »Ich hätte dich gleich zu Anfang ranlassen sollen, statt mir einen abzubrechen.«

»Weißt du überhaupt, was die Apokalypse ist, hast du sie gelesen? Weißt du, daß dort das Ende der Welt beschrieben wird und ein gescheiter Mensch in dieser Beschreibung genau das erkennen muß, was jetzt geschieht? Es werden, heißt es dort, sieben Posaunen ertönen, bevor alles untergeht, und drei, mein Lieber, sind für den, der Ohren hat, zu hören, bereits erklungen. Hat die erste Posaune angekündigt, daß ein Feuerhagel, vermengt mit Blut, auf die Erde fallen wird? Ist jedem, der Augen hat, zu sehen, klar, daß das die Bomben sind, die Mitte dieses Jahrhunderts wie Hagel vom Himmel auf die Erde fielen, sind sie der Feuerhagel, der sich auf der Erde mit Blut vermengt? Ist nach der zweiten Posaune ein brennender Berg auf die Erde gefallen, der so beschrieben wird, daß jeder Kretin die auf Hiroshima geworfene Atombombe darin erkennt? Nach der dritten Posaune, heißt es, wird der Stern Wermut auf die Erde fallen, der das Wasser und den Boden vergiftet. Und das ist Tschernobyl, Milijana hat mir eine Zeitung gezeigt, in der schwarz auf weiß steht, daß Tschernobyl Wermut bedeutet, daß Wermut auf ukrainisch Tschernobyl heißt und daß die Explosion des Atomreaktors, die das Wasser und den Boden im Umkreis von Tausenden Kilometern vergiftet hat, in Wirklichkeit der Fall des Sterns Wermut auf die Erde war. Nicht die Leute, die dabei getötet oder verstrahlt wurden, sind das Problem, sondern das verstrahlte Wasser und der Boden, die noch tausend Jahre lang die Menschen, Pflanzen und Tiere vergiften und verstrahlen werden. Falls die siebte Posaune tausend Jahre wartet und falls es dann noch irgend etwas zu verstrahlen gibt. Und da kommst du mir mit der Vernunft, etwas anderes als Vernunft fällt dir nicht ein.«

Jovo sprach sehr laut und ohne die geringsten Schwierigkeiten mit der Artikulation, obwohl er nicht einen Trinkspruch ausgelassen hatte und auch noch zwischendurch getrunken hatte. Simon hörte ihm mit benebeltem Hirn zu, ohne die einzelnen Wörter zu verstehen, geschweige denn ihren Sinn. Er empfand eine dunkle Bewunderung für Jovos Leistung. Das muß ein Übermensch sein, dachte eine betrunkene Stimme in seinem aufgewühlten Kopf, das ist bestimmt kein gewöhnlicher Sterblicher, wenn er imstande ist, soviel Schnaps in sich hineinzugießen und danach so klar und konzentriert zu reden. Und eine andere Stimme wiederholte beharrlich, daß er Jovo von irgendwoher kenne und es von ihm, Simon, ausgesprochen unfreundlich sei, Jovo nicht schön gegrüßt und sich nicht nach seinem Befinden erkundigt zu haben. Für seine hiesigen Angelegenheiten konnte es ungünstig sein, wenn sich Jovo, ein offensichtlich angesehener und beliebter Mann, negativ über ihn äußerte, und er mußte sich negativ über ihn äußern, da Simon ihn weder gegrüßt noch sich nach seiner Gesundheit erkundigt hatte, als hätten sie sich nie getroffen. Diese vorsichtige und beharrliche Stimme überzeugte ihn, daß noch nicht alles verloren war, daß noch etwas zu retten war, wenn er aufhörte, sich wie die Unschuld vom Lande zu benehmen, und ein bißchen menschliche Offenheit an den Tag legte. Die Stimme überredete ihn schließlich, Jovo herzhaft auf die Schulter zu klopfen und ihm menschlich und offen zu erklären, daß er sich erst jetzt daran erinnert habe, woher sie sich kennen. Bestimmt wäre es ihr nicht gelungen, ihn dazu zu überreden, wenn er nicht betrunken gewesen wäre, denn er erinnerte sich mitnichten daran, woher sie sich kannten, er bekam nicht einmal heraus, ob sie sich kannten, aber ein betrunkener Kopf ist nicht schwer zu überreden, und so holte Simon mit der linken Hand aus und machte den Mund auf, um zu sagen, was er sich zurechtgelegt hatte, aber seine schwere Zunge wollte sich nicht bewegen, ließ nicht einmal zu, daß auch nur ein Ton aus seinem Mund kam, und seine Hand verfehlte den Übermenschen Jovo und fegte ein paar Gläser und eine Flasche Wasser vom Tisch.

»Sieh an, auch in ihm ist der Mensch erwacht«, verkündete Kommandant Vojin feierlich. »Ein Glas herstellen kann auch ein Sklave, selbst eine Maschine, wenn man sie gut aufzieht, aber ein Glas zerbrechen, wenn es verboten ist, das kann nur ein richtiger Mensch.«

Alle stimmten begeistert zu, applaudierten Simon, weil er endlich ein Mensch geworden war, und tranken darauf. Dann warf jeder sein Glas neben sich auf den Boden. Nur Miloš Ljubičić starrte Simon an, wahrscheinlich suchte er angestrengt nach einer Antwort auf die gleiche Frage, die Simon im Zusammenhang mit Jovo quälte. Doch plötzlich nickte er heftig und schlug sich mit dem rechten Handrücken in die linke Hand. Offensichtlich war ihm eingefallen, woher er jenes Gesicht kannte, und er konnte sich absolut nicht erklären, was dieser Mann, mit dem Musa Selimbegović wie mit einem Freund geredet hatte, hier verloren hatte.

»Das ist ein Irrenhaus!« rief Miloš laut, wahrscheinlich um seiner Verwirrung Ausdruck zu verleihen.

»Genau!« rief jemand und warf ein Glas an die Wand.

»Wohin, um Gottes willen, soll das alles führen, wohin soll das führen?« fragte Miloš völlig verloren.

»Direkt zum Antichrist, das wüßtest du, wenn du ein echter Serbe wärst«, hatte Jovo eine Erklärung parat. »Die Drei ist die heilige serbische Zahl, von allem Wesentlichen muß es drei geben. So gibt es die Heilige Dreieinigkeit im Himmel und die drei Roms auf Erden. Ein viertes Rom kann es nicht geben, genausowenig wie eine vierte Instanz im Himmel. Byzanz oder Konstantinopel war das zweite Rom, und es liegt etwa genausoweit östlich vom ersten Rom, wie Moskau, das dritte Rom, östlich von Byzanz liegt. Mit gleichmäßigen Schritten geht die Herrschaft über diese Welt dem Osten zu. Und das heißt: dem Ende zu, ein echter Serbe weiß, daß der Osten das gleiche wie der Ursprung, der Ausgang, die Quelle ist und alles mit der Rückkehr an seinen Ursprung endet. Ein echter Serbe weiß, daß es nach Moskau kein Rom mehr geben kann, weil es das vierte wäre, und das kann es nicht geben. Wenn das dritte Rom seinen Glanz und seine Herrschaft über die Welt verliert, werden viele Städte die Häupter erheben und behaupten, sie seien das neue Rom, aber diejenige, die sich am lautesten und erfolgreichsten dafür ausgeben wird, wird nur ein falsches Rom und der Sitz des Antichrist sein. Es steht geschrieben, daß das Erlöschen des Glanzes im dritten Rom die Ankunft des Antichrist ankündigen wird und den Glanz des dritten Roms ein Mann mit einem Mal auf der Stirn zum Erlöschen bringen wird. Wer Augen hat, der hat gesehen, daß Gorbatschow mit einem Mal auf der Stirn gezeichnet ist, und wer Verstand hat, sieht, daß er die Sowjetunion in Trauer versetzen und ihrem Ende zuführen wird. Niemand anderer als er, das garantiere ich dir. Es steht geschrieben, daß sich der Sitz der Welt dann weiter nach Osten verschieben wird, sogar bis hinter den fernen Osten. Hinter dem Osten, also ganz jenseits, wird eine Stadt auftauchen, die von sich behauptet, sie sei das neue Rom, und die die Welt beherrschen wird, und die Macht wird ein Junge mit einer Posaune in den Händen haben. Dieser Junge wird allen alles versprechen, und viele seiner Versprechungen wird er auch erfüllen. Er wird die Hungernden speisen, als würde er Felsen in Brot verwandeln. Er wird ewige Jugend versprechen, und seine Leute werden den Alten die Haut und den Greisinnen die Brüste straffen. Er wird versprechen, daß man mit der Stimme oder mit einer Fingerbewegung die schönsten Frauen aus den fernsten Ländern herbeizaubern kann, und siehe – seine Leute werden es jedem ermöglichen, der die notwendigen Apparate hat. Aber das wird ein falsches Rom sein, und er wird der Gesandte des Antichrist sein, deshalb sind seine erfüllten Versprechungen Lug und Trug. Eine durch Knopfdruck herbeigezauberte Frau wird niemandem ein Kind gebären oder auch nur an seinem Ohr knabbern, weil sie nur ein Bild ist, das verschwinden wird, sobald der Strom ausfällt. Niemand wird sich an den gestrafften Brüsten einer alten Frau nähren, weil sie ohne Milch und ausgetrocknet sein werden, wie auch die gestraffte Haut der Alten ohne Falten sein wird, weil sie ohne Leben ist. Die alten Frauen werden die Welt mit ihren straffen Brüsten stechen, aber ihr Leib wird tot bleiben, und so werden sie insgeheim Kinder bei anderen Frauen bestellen, um ihre Unfruchtbarkeit zu verbergen und andere alte Frauen auf den unrechten Weg zu führen. Wehe denen, die auf die List des Gesandten des Antichrist hereinfallen! Aber es werden sich nur wenige finden, die den Listigen durchschauen und bei der Wahrheit und beim Glauben bleiben. Der Listige und seine Diener werden sie verfolgen und an den Pranger stellen, hungern lassen und kreuzigen, ins Irrenhaus sperren und mit Infizierten zusammen absondern. Wenn die Getreuen all das aushalten und bei ihrem Glauben bleiben, wird es ihnen vielleicht gelingen, die Ankunft des Antichrist hinauszuzögern und die Welt vorübergehend zu erretten. Es steht geschrieben, daß diese Getreuen sich unter der Linde und unter dem Pflaumenbaum versammeln werden, und dem ist unschwer zu entnehmen, daß das wir Serben sind. Die Welt geht unter, wenn wir sie nicht erretten, Brüder.«

»Wie schön dieser Jovo redet, als wäre er Gesandter in Venedig«, rief Vojin, als Jovo verstummte, und hob sein Glas auf ihn. Der Kommandant saß jetzt in einem Sessel, den man im Laufe des Abends ins Hinterzimmer gebracht hatte, mit gelockerter Krawatte und aufgeknöpftem Hemd, Schweißtropfen im Gesicht und mit nassem Kinn und Doppelkinn, die ineinander übergingen. Alle Anwesenden folgten seinem Beispiel, hoben die Gläser und tranken aus. Danach herrschte Schweigen, nur hier und da durch einen schweren Seufzer oder ein Rülpsen unterbrochen.

»Es lebe das Leid!« kreischte Milijana, der schon seit einiger Zeit Tränen übers Gesicht rollten. »Mit Leid werden wir die Welt erretten, mit Leid hat Christus sie errettet, und so werden wohl auch wir es tun. Es herrsche das Leid, selbst wenn ich sein erstes Opfer sein sollte.«

»Vor allem, wenn keineswegs du sein Opfer sein wirst, sondern deine Nachbarn«, bemerkte Miloš stotternd.

»Red keinen Scheiß, wenn niemand mir Leid zufügt, muß ich anderen Leid zufügen, damit es existiert«, fuhr ihn Milijana an und weinte untröstlich weiter.

Falls er die Absicht gehabt hatte, Milijana zu antworten, kam Miloš nicht dazu, weil vom unteren Tischende eine Gusle erklang. Ein kleiner magerer Mann mit abgezehrtem Gesicht strich mit dem Bogen über die Saite, als prüfte er das Instrument, ob er ihm auch den richtigen Klang entlocken würde oder als stellte er sich dem Instrument vor und machte sich mit ihm bekannt. Alle schwiegen und wandten sich dem kleinen Mann unten am Tisch zu, der, nachdem er das Instrument gestimmt hatte, mit Schwung losgeigte. Der kräftige, reine Ton breitete sich in dem von Rauch und Ausdünstungen erfüllten Raum aus, die Augen verfolgten gespannt die kraftvollen Bewegungen des Spielers mit dem abgezehrten Gesicht, der offensichtlich eins geworden war mit seinem Instrument, dem er einen immer stärkeren und reineren Ton entlockte. Die Anwesenden gerieten in Erregung, ihre Augen funkelten, der Brustkorb weitete sich, Erinnerungen wurden lebendig, und trübe Ahnungen tauchten aus den Tiefen empor, während der heroische Klang vom Raum wie von den Seelen Besitz ergriff. Dann ertönte eine Stimme, erstaunlich tief und kräftig: »Zu Gott betet die Mutter Jugović / Daß er ihr Falkenaugen verleihe …« Die Stimme des Mannes und die Stimme der Gusle wetteiferten miteinander, verflochten sich, um dann wieder auseinanderzugehen und sich gegenseitig anzustacheln, noch einmal in die Höhe zu steigen und noch ein wenig anzuwachsen, sie wurden aufs neue eins und drohten die Wände zu sprengen und sich mitsamt dem Tisch, den umgestoßenen und zerbrochenen Gläsern, den um den Tisch versammelten Leuten in den Himmel emporzuschwingen …

»Sie eilet im Flug auf das Amselfeld / Findet neun tote Jugovići dort / Und als zehnten den alten Jug Bogdan.« Die Stimme des Mannes schnellte in die Höhe, zischte und verwandelte sich in ein Schluchzen. Die Gusle verstummte, weil er die Arme ausbreitete, den Bogen in der rechten und das Instrument in der linken Hand. Aus seinem Mund kamen langgezogene, quälende, zischende, einem Schluchzen ähnliche Töne. Dann ein Röcheln und ein tiefer Seufzer, ersticktes Weinen, schließlich ein Aufheulen, vermutlich ausgelöst durch den sturzbachartigen Tränenstrom.

»Nein, nein«, japste der kleine Mann zwischen zwei Schluchzern, »ich kann den Tod des alten Jug Bogdan nicht verwinden, alles kann ich, nur das nicht.«

Niemand hatte bemerkt, daß die Tür des Nebenzimmers aufgegangen und der dürre Kellner mit einem großen Tablett voller dampfender Suppentassen hereingekommen war. Während der Kellner sich vorsichtig zum Tisch stahl, weinte der Guslespieler und stieß zwischen den Schluchzern kaum verständliche Halbsätze hervor.

»Verflucht sei die Mutter der Muslime. Das werde ich ihnen nie verzeihen. Alles kann ich verzeihen, aber den alten Jug Bogdan nicht. Verflucht sei die Mutter der Muslime!«

Der Kellner war gerade bei Vojin Stanimirović am oberen Tischende angekommen, das Tablett in der linken Hand und eine Tasse heißer Suppe in der rechten. Ob er über etwas stolperte oder das Gleichgewicht verlor, weil er auf zerbrochenes Glas getreten war und ein Splitter sich durch seine Gummischlappen in den Fuß bohrte, oder ob etwas Unsichtbares schuld war, jedenfalls schlug der Kellner, in dem Moment, als der Guslespieler einen seiner Halbsätze aussprach, der Länge nach hin und schüttete die Suppe auf den Boden und über den Musiker.

Ein furchtbares Krachen von zerbrochenem Porzellan erschütterte das schlummernde Hotel. Durch die Tür, die der Kellner offengelassen hatte, sprangen drei kahlgeschorene Muskelpakete, offenbar die Leibwächter von Vojin Stanimirović, mit gezückten Pistolen herein. Nachdem sie den Raum rasch in Augenschein genommen und begriffen hatten, was passiert war, begannen sie den Kellner, der gerade aufzustehen versuchte, mit Fußtritten zu traktieren, wahrscheinlich aus Wut über den Schrecken, den er ihnen versetzt hatte. Ein, zwei Leute, die am Tisch gesessen hatten, schlossen sich ihnen an, aber sie kamen nicht dazu, ihre Wut an dem Unglücklichen auszulassen.

»Auseinander!« brüllte Vojin Stanimirović und winkte.

Zwei Leibwächter sprangen herbei, halfen ihm aufzustehen und geleiteten ihn zur Tür.

Die anderen erhoben sich nacheinander vom Tisch und folgten ihnen. Den Kellner ließen sie auf dem Fußboden zurück.

9

Die Zeit der lächelnden Tiger

Am nächsten Morgen, kurz nach zehn, saß Simon im Büro seines ehemaligen Lehrers.

»Weißt du, wer Valerij Brumelj ist?« fragte Mirko Landeka, und als Simon den Kopf schüttelte, fuhr er fort: »Er war unübertroffen im Hochsprung, der letzte, der die alte Technik meisterhaft beherrschte, man hätte meinen können, er fliegt, wenn man ihm beim Springen zusah, als wären ihm nur vom Anschauen der Latte Flügel gewachsen. Sein Trainer hatte einen älteren Bruder, der Gesangsstunden nahm, obwohl er das Gehör einer Waschtrommel hatte. Er unterrichtete Leibeserziehung am Gymnasium, ein früherer Kollege von mir, sozusagen. Aber der Sologesang hat ihn vor dem Wahnsinn, vielleicht sogar vor dem Selbstmord bewahrt.

Als die Erinnerungen an den stalinistischen Terror noch frisch waren, wurde dieser Bruder aufgefordert, sich an einem bestimmten Tag um zehn Uhr vormittags auf einer bestimmten Polizeiwache zu melden. Er meldete sich, wie angeordnet, und wurde zum zuständigen Bediensteten gebracht, der ihn korrekt empfing und bat, sich auf einen Stuhl in der Ecke zu setzen, bis er an die Reihe komme. Der Bruder setzte sich und wartete bis zwölf, da sagte ihm der Bedienstete, er habe heute keine Zeit für ihn, er solle am nächsten Tag zur gleichen Zeit wiederkommen. Am Tag darauf meldete sich der Bruder pünktlich um zehn, wie man ihm gesagt hatte, und der Bedienstete begrüßte ihn korrekt und verwies ihn auf den Stuhl in der Ecke und bat ihn, sich zu setzen, bis er an die Reihe komme. Der Bruder setzte sich auf den Stuhl und wartete bis zwölf. Um zwölf sagte ihm der Bedienstete, offensichtlich sei er heute nicht an der Reihe, er solle morgen um zehn wiederkommen. Am nächsten Tag meldete sich der Bruder pünktlich um zehn bei dem Bediensteten, der ihn bereits kannte und wie einen alten Bekannten begrüßte und ihn auf seinen Stuhl in der Ecke verwies, wo er sitzen und warten konnte, bis er an die Reihe käme. Der Bruder setzte sich und wartete bis zwölf, und dann sagte ihm der Bedienstete, er könne gehen, weil heute keine Hoffnung mehr bestehe, daß er an die Reihe komme, er solle morgen um zehn wiederkommen. Am folgenden Tag kam der Bruder um zehn, und der zuständige Bedienstete wies ihn an, sich auf den Stuhl in der Ecke zu setzen, wo er warten könne, bis er an die Reihe komme, aber auch an diesem Tag kam er nicht an die Reihe, denn um zwölf Uhr entließ ihn der zuständige Bedienstete und bestellte ihn auf zehn Uhr am nächsten Tag. Einen Tag später kam der Bruder um zehn Uhr in das wohlbekannte Büro und begab sich zu seinem Stuhl in der Ecke, sobald er den wohlbekannten Bediensteten erblickte, aber der Bedienstete sagte ihm dennoch, er solle auf diesem Stuhl warten, bis er an die Reihe komme, weil wahrscheinlich die Dienstvorschriften von ihm verlangten, daß er das sagte. Um zwölf Uhr sagte der Bedienstete wie die Male zuvor, daß er heute keine Zeit für ihn haben werde und er deshalb gehen könne, er ihn aber um zehn Uhr am folgenden Tag erwarte. Am Tag darauf war der Bruder um zehn Uhr da, aber dieses Mal wartete er neben dem Tisch, damit ihm der Bedienstete sagte, er solle auf dem Stuhl in der Ecke warten, bis er an die Reihe komme, wodurch er dem Bediensteten die Unannehmlichkeit ersparte, ihm hinterherzurufen, daß er sich setzen solle und auf dem Stuhl, auf dem er bereits saß, warten solle, wie das am vorigen Tag geschehen war. Er wartete bis zwölf Uhr, und um zwölf sagte ihm der Bedienstete, es sei klar, daß er heute nicht mehr an die Reihe komme und gehen könne, aber morgen um zehn Uhr hier sein müsse. Am folgenden Tag kam er um zehn Uhr, aber sein Bediensteter war gerade durch ein Telefongespräch in Anspruch genommen, und so wartete der Bruder das Ende des Gesprächs ab, damit ihm der Bedienstete sagte, daß er sich auf den Stuhl in der Ecke setzen und warten könne, bis er an die Reihe komme. Er war zufrieden, dem Bediensteten dabei geholfen zu haben, seinen dienstlichen Verpflichtungen korrekt nachzukommen, und zufrieden mit sich selbst wartete er bis zwölf, als ihm der Bedienstete sagte, daß er jetzt gehen könne, weil er heute bestimmt nicht mehr an die Reihe komme, und morgen um zehn Uhr hier sein solle. Am Tag darauf kam der Bruder, wie befohlen, um zehn in das Büro und hörte von dem Bediensteten, er solle auf dem Stuhl in der Ecke warten, bis er an die Reihe komme, und um zwölf hörte er von demselben Bediensteten, er könne jetzt gehen und solle sich morgen um zehn melden. Aber dieses Mal klang der Bedienstete irgendwie besorgt, und dem Bruder tat es aufrichtig leid, daß er ihn nicht nach den Gründen seiner Besorgnis fragen konnte, aber es war klar, daß er es nicht konnte, weil eine solche Frage die offizielle Form ihrer Beziehung untergraben hätte. Andererseits war ihm klar, daß die Besorgnis des Bediensteten auch ihn betraf, nicht nur menschlich, als Besorgnis seines Nächsten, den er kannte und regelmäßig sah, sondern auch ganz praktisch und konkret, weil das Schicksal des zuständigen Bediensteten auch einen direkten Einfluß auf sein eigenes Schicksal hatte, soviel mußte einem erwachsenen Menschen klar sein. Aber er mußte seine Sorge verbergen und um zwölf Uhr gehen, wie man es ihm sagte. Am nächsten Tag tauchte er an seinem Platz vor dem Tisch des wohlbekannten Bediensteten auf, und dieser sagte ihm mit einer müden und sichtlich besorgten Stimme, er solle sich auf den Stuhl in der Ecke setzen und warten, bis er an die Reihe komme. Der Bruder setzte sich und wartete wie all die Male zuvor, aber heute sah er, weil er es eilig hatte, sobald ihm seine eintrainierte innere Uhr sagte, daß es auf zwölf zugehe, unruhig dem Moment entgegen, in dem der Bedienstete auf ihn zukommen würde. Und als der Bedienstete, kurz nachdem er sich innerlich gesagt hatte, es müsse bald zwölf sein, auf ihn zukam, stand er ungeduldig vom Stuhl auf und bereute es im selben Augenblick zutiefst. Hatte er das dem armen Bediensteten, der ohnehin besorgt war, antun müssen? War es etwa angenehm, jemandem zu erklären, daß er jetzt gehen könne, weil man keine Zeit für ihn habe, wenn dieser Jemand schon zum Gehen bereitstand und dadurch zeigte, daß er wußte, was man ihm erklären wollte?! Und in der Stellenbeschreibung des Bediensteten stand offensichtlich, daß er alles sagen müsse, was zu sagen sei, weil er ihm auch heute, obwohl er schon stand, erklärte, daß er keine Zeit für ihn habe, ihn aber morgen um zehn Uhr erwarte. Am nächsten Tag kam der Bruder um zehn Uhr. Noch immer von einem Schuldgefühl wegen des gestrigen Ausfalls geplagt, aber wie immer in dem Bewußtsein, daß er nicht den Mund aufmachen durfte, um sich zu entschuldigen, weil er dadurch erst recht alles verderben würde, hörte er sich die Anweisung an, daß er sich auf den Stuhl in der Ecke setzen und warten solle, bis er an die Reihe komme, und dann ging er in die Ecke und setzte sich auf den Stuhl. Er wartete bis zwölf Uhr, als ihm der Bedienstete sagte, er werde heute bestimmt nicht mehr an die Reihe kommen und könne daher gehen, solle aber morgen um zehn kommen. Der Bruder hörte sich das an, ruhig und konzentriert auf seinem Stuhl sitzend, so daß er das Polizeigebäude zufrieden mit sich selbst verlassen konnte, wie ein Mensch, der die Gesetze und das Amt achtet und bereit ist, Amtspersonen entgegenzukommen.

So ging das mehr als zwei Jahre lang. Er kam jeden Tag um zehn Uhr in dasselbe Zimmer, setzte sich auf denselben Stuhl in derselben Ecke, saß da bis zwölf Uhr und ging dann hinaus in sein Leben. Während dieser zwei Jahre entwickelte sich zwischen ihm und dem Bediensteten eine besondere Beziehung, mancher würde vielleicht sogar sagen, eine Art Freundschaft, auf jeden Fall eine Nähe, wie sie zwischen Menschen entstehen muß, die das Schicksal miteinander verbunden hat und die eine bestimmte Zeit zusammen verbringen, ob diese Nähe nun positiv oder negativ ist. Da er an der Schule arbeitete und da seine Beschäftigung von zehn bis zwölf keine private Laune, sondern eine Staatsangelegenheit war, konnte er seinen Stundenplan darauf abstimmen, so daß die Besuche bei der Polizei und der Unterricht nicht miteinander kollidierten. Alles ließ sich also bestens regeln, so daß die täglichen zweistündigen Besuche bei der Polizei zu seinem Leben gehörten und zur Gewohnheit wurden. Aber die Gewohnheit ist unser zweiter Charakter, bei vielen Menschen sogar der erste oder der einzige, den sie haben.

Eines Tages, als er um zehn Uhr kam, sagte ihm der Bedienstete, er solle sich auf den Stuhl in der Ecke setzen und warten, bis er an die Reihe komme. Er setzte sich auf seinen Stuhl und wartete bis zwölf Uhr, aber um zwölf sagte ihm der Bedienstete, die Sache sei geregelt und er brauche nicht mehr zu kommen. Das war ein Schock, womöglich hätte ihn die Schwere des Schocks ins Wanken gebracht, wenn er nicht auf seinem Stuhl gesessen hätte. Verwirrt fragte er den Bediensteten, was er denn morgen um zehn tun solle, aber der Bedienstete antwortete ihm, das sei nicht seine Sache und auch nicht die der Polizei, weil der Bruder ein freier Mann sei, der tun und lassen könne, was er wolle. Jedenfalls hierher, auf die Polizei, brauche er nicht mehr zu kommen, und das sei das einzige, was er ihm noch sagen könne.

Es wäre übertrieben zu behaupten, der Bruder habe sich gefühlt wie ein Mensch, dem einer der Seinen ohne Grund und Erklärung die Liebe aufgekündigt hat, so eng war seine Beziehung zur Polizei und zu seinem Bediensteten nun auch wieder nicht geworden, aber man darf sein Gefühl durchaus mit dem des abservierten Liebhabers vergleichen, vor allem weil er wie ein richtiger Liebhaber weder die Gründe für den Beginn noch die für das Ende erfuhr. Im ersten Moment empfand er Erleichterung und Freude – ganz wie ein Liebhaber, der gerade eine Beziehung beendet hat. Aber schon am Tag darauf lernte er um die Zeit, um die er sich gewöhnlich zur Polizei aufgemacht hatte, die negative Seite seiner Erleichterung kennen: Er war angezogen und absolut bereit, hatte die Fahrkarte für den Trolleybus in der Tasche und seine Handschuhe in der linken Hand; nur hatte er nicht mehr das Recht, sich an den Ort aufzumachen, an den er bisher um diese Zeit geeilt war. Er mußte sich zum Gehen fertigmachen, sein Körper machte sich dazu fertig, völlig unabhängig von seinem Willen und seinem Bewußtsein, weil er es mehr als zwei Jahre um diese Uhrzeit getan hatte. Unser Körper und die Gefühle sind viel langsamer als unser Bewußtsein, mit seiner flatterhaften leeren Eile mißhandelt das Bewußtsein den Körper, die Gefühle und andere schwerfällige Teile des menschlichen Wesens nur allzuoft. Die zwei Stunden des Wartens auf der

Polizei und die fast volle Stunde, die er von der Schule zur Polizei und zurück gebraucht hatte, waren plötzlich ein Überschuß an Zeit, eine Leere in seinem Leben, die er nicht auszufüllen wußte. In seinen Körper waren die Handlungen eingeschrieben, die mit seinem Gang zur Polizei und der Rückkehr in die Schule oder nach Hause verbunden waren, in sein Gefühlsleben waren die tiefsitzenden Ängste, das Warten, die Fragen eingeschrieben, die mit der Beziehung des Bediensteten zu ihm und mit der grundsätzlichen Frage, die man keinen Augenblick vergessen konnte – warum man ihn vorgeladen hatte –, verbunden waren. Seine Angst und der Ton des Bediensteten, die Bewegung seiner Hand und die Position seines Körpers, alles, was er zu der festgesetzten Tageszeit während der zwei Jahre getan und gefühlt hatte, waren Formen, manche von ihnen unklar, wie z.B. die Angst, aber dennoch Formen, die man nicht einfach durch die Schlußfolgerung des Bewußtseins, all das sei nicht mehr notwendig, ersetzen konnte. Das Bewußtsein sagt, daß man heute nicht zur Polizei muß, und das Bein wird ruhig, der Bauch hört auf zu beben, der Rücken löscht den Abdruck der Lehne aus, die sich tief in die Wirbelsäule eingegraben hat, das Warten verliert sich … Von wegen! So einfach geht das nicht mit den Menschen, weil jeder ein Gedächtnis hat. Das hat der Bruder bereits in den ersten Tagen seiner neugewonnenen Freiheit begriffen. Die Leute klagen vor allem über einen Mangel an Zeit, er hatte die Gelegenheit, sich davon zu überzeugen, daß ein Überschuß ein weit größeres Problem darstellt. Die drei überschüssigen Stunden, die plötzlich in seinem Tag waren, begann er bereits nach zehn Tagen wie einen Auswuchs am Körper zu empfinden, den niemand außer ihm sah, so daß ständig die Gefahr drohte, einen anderen Menschen anzurempeln, einen Stuhl umzuwerfen, sich in der Tür zu verkeilen, weil ja niemand seinem Auswuchs auswich, der jedoch ständig größer wurde.

Nach etwa zehn Tagen, als der Überschuß von drei Stunden am Tag seinen Verstand ernstlich zu bedrohen begann, hörte er im Lehrerzimmer ein Gespräch mit und erfuhr von einer Sängerin, die man an der Oper entlassen hatte und die jetzt versuchte, sich mit Gesangsstunden durchzuschlagen. Er erkundigte sich nach ihr, ohne sich daran zu stören, daß seine Kollegen nun begriffen, daß er gelauscht hatte, und schon am nächsten Tag war er bei der entlassenen Opernsängerin, die bereit war, ihm täglich zwischen zehn und zwölf Uhr Stunden zu geben.

Ich glaube nicht, daß sie weit gekommen sind, schon wegen seines Gehörs«, beendete Landeka seine Geschichte, »aber ich glaube, du wirst schwerlich einen Unterricht finden, dem sich Lehrer wie Schüler so freudig und vollkommen hingegeben haben. Siehst du, was einem lebenden Menschen mit der Polizei alles passieren kann. Wir wissen nicht, was gut für uns ist, wir denken immer, es ist schlecht, sobald es von der Polizei kommt, aber das muß nicht so sein.«

Simon fiel es nicht schwer, sich vorzustellen, wie sich ein Mensch mit einem unsichtbaren Auswuchs am Körper fühlte, gefühlt haben mußte, denn auch er empfand seinen Kopf wie einen riesigen unnatürlichen Auswuchs, der wie durch ein Wunder durch die Tür paßte, obwohl er größer war als das ganze Zimmer. Ob an seinem katastrophalen Zustand lediglich der Rausch der vergangenen Nacht schuld war, wußte er nicht, aber sicher trug er ein gut Teil zu dieser Katastrophe bei. Vielleicht war sogar die ganze alptraumhafte Nacht, von der er sich nicht einmal bis zum frühen Nachmittag hatte erholen können, mit allem, was ihn während dieser Nacht gequält hatte, nur eine Folge des

Rausches? Eine der Qualen der vergangenen Nacht waren Seufzer gewesen, schwere, tiefe, leidvolle Seufzer, die ihn zu durchdringen und mit Angstgefühlen zu erfüllen schienen, vielleicht auch mit einem Teil von jenem Leid, das sie in sich trugen. Es war doch gut möglich, daß er es gewesen war, der da geseufzt hatte, so sturzbetrunken, wie er gewesen war, es aber nicht begriffen, sondern gedacht hatte, er höre fremde Seufzer? Wessen Seufzer hätten das denn sein können, in einem Haus, in dem er der einzige Bewohner war? Es war ihm, als wären sie von überall her, von allen Seiten, aus allem, was ihn umgab, gleichzeitig aber auch aus ihm selbst gekommen. Wie hätte ein Geräusch, und sei es ein Seufzer, gleichzeitig aus ihm und von außen, von links und rechts, von oben und unten, aus der Wand neben ihm und aus seinem Bett, in dem er lag, kommen können? Natürlich konnte es nur sein eigener Seufzer sein, mit dem Schnaps versetzt, den er getrunken hatte, nur daß er das, betrunken und völlig neben sich, nicht hatte verstehen können. Wahrscheinlich war es auch mit dem Kopfweh so, das irgendwann in der Nacht, in einem vom Rausch verursachten Zustand jenseits von Schlaf und Wachsein begonnen hatte. Woher hätten die schrecklichen Schmerzen kommen sollen, von denen sein Gehirn anzuschwellen schien? War es nicht logisch, daß das Kopfweh durch den Rausch bedingt und die Seufzer eine Reaktion seines betäubten Körpers auf das Kopfweh waren? Ja, das wäre die richtige Erklärung, wenn das Leben logisch wäre. Aber das war es nicht. Weder war das Leben logisch, noch reichte sein Rausch als Erklärung für all das aus, was in der vergangenen Nacht mit ihm und um ihn herum in seinem Haus geschehen war. Schnaps roch nicht nach Walnüssen, aber die ganze Nacht hatte ihn ein schwerer, betäubender Walnußgeruch gequält, der ihm den Atem nahm und

Beklemmungen hervorrief, als würden ihm Lungen und Zwerchfell zusammengepreßt. Kein Zweifel, dieser Geruch, der zumindest ein bißchen zu seinem Kopfweh beigetragen hatte, existierte unabhängig von seinem Rausch und dem Schnaps, er hatte sein toll gewordenes Haus überschwemmt und war heute morgen noch in jeder Ecke zu riechen gewesen, nicht so stark wie in der Nacht und auch nicht so intensiv, daß er sich an einen gehängt hätte, aber genau dieser Geruch. Weder der Schnaps noch der Rausch hatten seinen Spiegel von innen mit einer Schicht Staub, Asche oder ähnlichem überziehen können, aber so hatte es ausgesehen, als er sich rasieren wollte, und war einfach unverändert so geblieben, so daß er, Simon, nach vielen Jahren zum erstenmal unrasiert aus dem Haus gehen mußte. Es wäre gut, wenn er diesen ganzen Alptraum dem Rausch zuschreiben könnte, in seiner Situation konnte er etwas Unbegreifliches und Irrationales am wenigsten gebrauchen, aber nun ja, das Leben war eben nicht vernünftig. Man mußte es nehmen, wie es war, und sich irgendwie arrangieren.

Zuerst hatte er sich unter der heißen Dusche zugeredet, sich auf einen weiteren Tag einzulassen, und sich davon überzeugt, daß ein lebendiger Mensch die Tage auch dann erträgt, wenn sich die Augen nicht öffnen wollen, der Kopf unentwegt größer und schwerer wird, der Magen hartnäckig im Hals steckenbleibt, obwohl es ihm dort noch schlechter geht als an seinem angestammten Platz, und die anderen Organe und alle Glieder die Neigung haben, ihrer eigenen Wege zu gehen. Die Dusche hatte ihn noch nie im Stich gelassen, so daß er, bereit, den Tag und das Leben zu ertragen, zum Waschbecken ging, aber dann hatte er die morgendlichen Wiederbelebungsrituale aufs Zähneputzen beschränken müssen, weil der Spiegel wieder verrückt spielte, nur daß er dieses Mal nicht rauchte, sondern von innen mit etwas undefinierbar Grauem, das am ehesten Asche oder Staub ähnelte, überzogen war. Es hatte sich nicht abreiben lassen und wollte auch nicht von allein verschwinden, so daß es Simon war, der sich nach dem Waschen und Zähneputzen davonmachte, sich aber schon im voraus darum grämte, was ihm, unrasiert, wie er war, zustoßen würde.

Er hatte sich zu Recht gegrämt, weil sich im Laufe des Tages alles nur verschlechterte. Das Kopfweh wurde stärker, wegen des niedrigen Himmels, der aussah, als wollte er ihm jeden Augenblick auf den Kopf fallen, sank seine Stimmung in den Keller (wie hatte er, um Gottes willen, das schreckliche Herbstwetter in Foča vergessen können, bei dem einem die Feuchtigkeit bis ins Mark drang und der Moder sogar die Seele angriff?!). Landeka hatte sich seine Vorschläge mit spöttischer Miene angehört und sie keines Kommentars gewürdigt. Im Ernst verdächtige ihn, Simon, natürlich niemand, sagte er nur, aber er könne ihm die Dokumente und den Autoschlüssel nicht zurückgeben, weil man das Gesetz achten müsse. Simons Angebot, während der Ermittlungen mit ihm zusammenzuarbeiten, hatte er mit einer kurzen verächtlichen Bewegung abgelehnt: Nicht einmal der letzte Trottel würde einen Verdächtigen in die Ermittlungen einschalten. Als wollte er ihn trösten oder ihm nach so vielen Zurückweisungen seinen guten Willen zeigen, hatte sich Landeka entschlossen, ihm von dem Fall zu erzählen, der beispielhaft zeigte, daß man mit der Polizei die verschiedensten Dinge erleben und verschiedene Erfahrungen machen konnte, und ihm die Geschichte von dem Bruder und dem Bediensteten erzählt. Um einem finsteren Tag wenigstens ein bißchen Licht zu entlocken, versuchte Simon sich zu sagen, daß Landeka seine Vorschläge nicht deshalb abgelehnt hatte, weil sie unannehmbar oder schlecht wären, sondern nur, weil er, Simon, sie nicht überzeugend vorgebracht hatte; wenn er heute versuchen würde, jemanden davon zu überzeugen, daß es nützlich sei, wenigstens hin und wieder zu atmen, würde der Betreffende sicher für immer auf die sinnlose Tätigkeit des Luftholens verzichten. Deshalb beschloß er, es noch einmal zu versuchen.

»Es wird Sie doch sicher nicht stören, wenn ich auf eigene Faust Ermittlungen durchführe. Ich unterrichte Sie über alles, was ich erfahre.«

»Du bist heute wirklich ausgesprochen seltsam. Was versteifst du dich auf die verdammten Ermittlungen, was gehen sie dich überhaupt an?«

»Es liegt doch auch in meinem Interesse, daß der Fall möglichst rasch gelöst wird, ich muß irgendwann zurück. Meine Frau wartet, die Arbeit, Verpflichtungen. Und mir ist leichter zumute, wenn er aufgeklärt ist, immerhin bin auch ich ein Verdächtiger.«

»Und zwar der einzige Verdächtige, der Nervosität zeigt, Mihailović. Und das gefällt mir nicht, das gefällt mir also gar nicht. Ich habe dir gesagt, daß man dich nicht ernstlich verdächtigt und daß die getroffenen Maßnahmen nur gesetzliche Formalitäten sind, aber du bist weiterhin nervös, ängstlich, mißtrauisch, willst Ermittlungen durchführen. Das ist ungesund, Mihailovič, geh mir aus den Augen, damit ich dich nicht verhafte. Und melde dich am Montag.«

Der Himmel hing so tief, daß er aussah wie ein Deckel auf dem Kessel, in dem Foča erbaut worden war. Es tröpfelte – zu schwach, um von einem richtigen Regen zu sprechen und dementsprechend einen Regenschirm aufzuspannen, aber genug, um nach einer gewissen Zeit naß zu werden. Offensichtlich ist auch der Regen in eine Depression verfallen und gleitet manchmal nur ein wenig aus, statt wirklich zu fallen, dachte etwas in Simon. Und er fragte sich, wie er es überleben sollte, wenn mit diesem Regen der richtige Fočaer Herbst begänne, der in der Regel mit dem ersten großen Regen im September einsetzt. Der erste große Regen im August bedeutete das Ende der Badesaison in der Ćehotina und den Beginn der Melonenzeit, der erste Regen im September bedeutete lange Ärmel, Schuhe und Angst vor dem November, in dem die ganze Welt vor Feuchtigkeit aufweicht und alles seine Form verliert. O Gott, wie sollte er den Herbst in Foča ohne Barbara durchstehen, ohne die Möglichkeit, sich davonzumachen? Mit verrückt gewordenen Polizisten am Hals und in einem verrückt spielenden Haus, in dem etwas Unnatürliches geschah, fragte sich Simon, als er sich von der Polizeiwache zu dem kleinen Platz am Uhrturm schleppte. Da er gerade an der Post vorbeikam, fiel ihm ein, daß er Barbara anrufen könnte, um sich in dieser Flut von Bedrängnissen wenigstens einen schönen Augenblick zu verschaffen. Er war schon im Begriff, in die Post hineinzugehen, als er sich besann, daß Barbara seiner Stimme gewiß anhören würde, wie es ihm ging, und so zögerte er. Wie sollte er es vermeiden, ihr zu sagen, wie sehr er sich nach ihr sehnte, und wie sollte er vor allem vermeiden, ihr zu sagen, daß man ihm den Paß abgenommen hatte und er deshalb gar nicht zu ihr zurückkonnte? Sie würde sich auf der Stelle hierher aufmachen, aber das durfte er keinesfalls zulassen, weil sie dann beide in derselben Falle gefangen wären. Aber wie sollte er Barbara daran hindern zu tun, was sie sich in den Kopf gesetzt hatte?

Ein Mann, der durch die Tür wollte, riß Simon aus seinen Gedanken. Er würde Barbara doch nicht anrufen, das würde sie in den hiesigen Teufelskreis hineinziehen, in den sie einfach nicht gehörte.

Ihm fiel ein, daß Musa Selimbegović in unmittelbarer Nähe wohnte, in einem schönen alten Haus neben dem Uhrturm. Simon beschloß, bei ihm vorbeizugehen, um zu sehen, ob er sich von den gestrigen Ereignissen auf dem Friedhof erholt hatte. Er traf einen fiebrigen alten Mann an, der vor Kälte zitterte, sein Gesicht war feucht von Schweiß. Keine Spur mehr von jener Eleganz, die sich in Simons Erinnerung unauflöslich mit dem Freund des Vaters verbunden hatte, fast so unmittelbar wie sein Name, und wohl deshalb war Simon von seinem Anblick schmerzlich berührt. In einem dicken Hausmantel von undefinierbarer Farbe und einem abgetragenen Schlafanzug glich Musa nicht einmal einer Karikatur des Mannes, den Simon gekannt hatte.

»Ach, du bist es«, sagte Musa statt eines Grußes, und es war nicht zu erkennen, ob er damit seine Freude, ihn zu sehen, oder den Vorwurf zum Ausdruck brachte, daß er seine Mitmenschen belästigte. Daraufhin machte Musa kehrt und ging ins Haus, was man auf jeden Fall als Einladung verstehen konnte.

Das große Zimmer im Erdgeschoß, in das er ihn führte, hatte wohl wegen der Teppiche und Kelims und den vielen Holzschnitzereien eine warme und entspannte Atmosphäre, obwohl es, wahrscheinlich aus demselben Grund, auch jene kokett betonte Vornehmheit besaß, mit der Musa so gern prunkte. In der Mitte des Zimmers drehte er sich zu seinem Gast um und wies ihn ohne Worte zu der mit einem Teppich bedeckten Sećija, und er selbst setzte sich auf die niedrige Ottomane aus geschnitztem Holz mit vielen Kissen, die an der Wand gegenüber der Tür stand. Als sie dicht beieinander standen, hatte Simon einen Walnußgeruch registriert, der von seinem Gastgeber ausging. Dieser Geruch war nicht so intensiv wie jener, der letzte Nacht sein Haus erfüllt, sich an seine Eingeweide gehängt und ihn die ganze Nacht im Schlaf gewürgt hatte, er war viel milder, fast angenehm, als wäre Musa in eine Walnußwolke gehüllt. Auf einmal war sich Simon sicher, daß sein Kopfweh nicht vom Schnaps herrührte. Ja, er war betrunken gewesen, kein Zweifel, aber nicht annähernd so stark, daß man damit all die Seufzer, das Würgen, das Kopfweh, die Beklemmung, die einen verrückt machten, hätte erklären können. Es war nicht der erste Rausch in seinem Leben gewesen, er wußte sehr wohl, wie es sich anfühlte, wenn er zuviel getrunken hatte. Jetzt, wo er den Geruch aufs neue wahrgenommen und wiedererkannt hatte, wußte er, daß an seiner nächtlichen Agonie dieser Geruch und das verrückt gewordene Haus schuld waren, in das Gerüche und allerhand andere Dinge eindringen konnten. Und in diesem Haus würde er wieder schlafen müssen.

Musa bot ihm nichts an und stellte auch keine Fragen, so daß sich Simon ziemlich unwohl zu fühlen begann, gekränkt, daß sein Gastgeber jegliches Interesse an ihm vermissen ließ. Erst sein Blick auf das bleiche, verschwitzte Gesicht Musas, auf das feuchte Haar, das er heute morgen nicht einmal gekämmt hatte, und die unbeweglichen Augen, die offensichtlich das, worauf sie starrten, gar nicht sahen, erinnerte ihn daran, daß sein Gastgeber ein alter Mann war, der sich mit jedem Augenblick weiter von seinem eigenen Körper entfernte und erst recht von den Regeln der Gastfreundschaft. Musa war schlicht nicht hier, das heißt, hier war nur ein kleiner Teil von ihm. Simon schämte sich ein bißchen über seine anfängliche Reaktion und begann zu reden, als wollte er sowohl diese Reaktion als auch sein unangemeldetes Kommen rechtfertigen. Er erzählte von Miloš Ljubičić, den Musa auf der Beerdigung begrüßt hatte, und von den Geschehnissen im Hotel und endete mit der Bemerkung, daß ihm das, was Miloš gesagt hatte, am besten gefallen habe.

»Miloš ist ein guter Mann«, stimmte Musa zu.

»Aber auf dem Friedhof warst du ziemlich spöttisch zu ihm«, bemerkte Simon.

»Nein, um Gottes willen, wir scherzen gern miteinander, das war kein Spott.«

»Mag sein, aber da war noch etwas anderes, etwas Scharfes, ganz bestimmt, ich habe es deutlich gespürt«, beharrte Simon. »Nicht die Worte, das will ich nicht behaupten, sondern etwas im Tonfall, sagen wir, in der Stimme, im Ausdruck.«

»Es freut mich, daß du so sensibel bist«, lächelte Musa, »aber solche wie du haben es schwer auf dieser Welt. Natürlich war da etwas, am ehesten Wut und Neid, wenn du unbedingt darauf bestehst. Er ist fast drei Jahre älter als ich, aber noch immer hofft, kämpft, glaubt er. Das mußt du einfach dumm und unvernünftig finden, wenn du ein normaler Mensch bist, und du mußt ihn um diese Dummheit beneiden, wenn du am Leben bist.«

»Wieso denn dumm? Hoffnung ist doch keine Frage der Vernunft, auf jeden Fall nicht nur.«

»Hör bloß auf damit!«

»Wieso? Hat dein Widerwille, darüber zu reden, etwas mit deiner Reaktion auf die gestrigen Vorkommnisse zu tun?«

»Und wie war denn meine Reaktion?« fragte Musa leicht verwirrt.

»Maßlos übertrieben, innerhalb von zwei Stunden bist du alt geworden, als wärst du ein gebrochener Mann.«

Daraufhin begann Musa zu reden, als bräche ein Damm. Er sagte, wahrscheinlich habe ihn die Erkenntnis, die ihm gestern gekommen sei, zu hart getroffen, nämlich daß sie, die ganze Generation von Miloš, von Simons Vater, also Musas Generation, buchstäblich alles falsch gemacht hätten. Sie hätten geglaubt, die Revolution sei zu Ende, als sie eigentlich hätte anfangen müssen, sie hätten verboten, worüber sie sich hätten lustig machen sollen, und mit Gewalt durchgesetzt, was man durch nichts, auch nicht durch Gewalt, hätte kompromittieren dürfen. Es sei wahr, daß er, Musa, sich geweigert habe, an der Macht teilzuhaben, und sich früh von allem zurückgezogen habe, weil die revolutionäre Macht gleich nach dem Krieg mit zuviel Bronze und Staat, aber zuwenig Humor und lebendigen Menschen vorgegangen sei. Er habe sein Leben geliebt und sei mit der Distanz, die er zum Staat hielt, sehr zufrieden gewesen, habe aber dennoch die ganze Zeit seine Kriegskameraden beneidet, die auf ihren Posten geblieben waren und weitergearbeitet hatten, weil ihnen entgangen sei, was er schon in den ersten Tagen nach dem Krieg gesehen habe. Natürlich sei da auch ein wenig Verachtung wegen ihrer Blindheit und Machtgier gewesen, aber sicher auch Neid, weil sie fortgesetzt hätten, was sie einmal um den Preis ihres Lebens begonnen hätten, weil sie die Kraft gehabt hätten, weiterzukämpfen und zu hoffen, weil sie weiterhin geglaubt oder zumindest so getan hätten, als glaubten sie. »Die Dummheit ist ein großer Segen, wenn sie den Menschen an der richtigen Stelle trifft«, erklärte Musa. »Ein Außenstehender würde mich jetzt damit trösten, ich hätte einen großen Vorteil gegenüber meinen Genossen, weil ich mir wenigstens nichts vorzuwerfen hätte. Aber ich weiß, es ist genau umgekehrt, sie sind in einer viel besseren Situation, denn mir ist nicht einmal die Möglichkeit geblieben, mir etwas vorzuwerfen. Ich habe keine Kraft, ich habe keine Hoffnung und bin nicht einmal gescheitert, weil ich kein Narr war, als ich es hätte sein sollen. Tja, das ist wahrscheinlich das Scharfe, das du in meiner Beziehung zu Miloš gespürt hast: Er ist noch immer ein Narr. Was für ein Glück.«

Sie hätten die erhabene Idee der Solidarität kompromittiert, weil sie sie mit Gewalt durchgesetzt hätten, mit dem Resultat, daß in dem Land, das sie beglücken wollten, nur extreme Egoisten und Herdenmenschen lebten, die einen wie die anderen unfähig zu wahrer Solidarität. Während sich die extremen Egoisten anpaßten und in den Westen unter die lächelnden Tiger rennten, blieben die Herdenmenschen hier, suchten in Mineralien ihre nationale Herkunft und bereiteten sich darauf vor, ihren Nächsten aus einer anderen Herde den Hals umzudrehen. Das sei die Bilanz seiner Generation, all dessen, was sie getan habe, und man könne wirklich nicht sagen, sie habe nichts getan und sich nicht angestrengt. Aber er, Musa, sei nicht einmal das, er habe so getan, als genieße er das Leben, und sich bemüht, seine Hände nicht schmutzig zu machen, so daß er sich nicht einmal verfluchen könne, den armen Kindern die dümmste Knechtschaft versüßt zu haben. Nicht einmal das! Nichts, nur saubere Hände. Zuwenig für so viele Jahre auf der Welt.

Musa redete immer schneller und immer leiser, als handelte es sich nicht um ein Gespräch, sondern um eine Abrechnung mit sich selbst. Sein Gesicht erglühte, Schweißtropfen sammelten sich auf der Stirn, der Schüttelfrost, der seinen Körper erschütterte, wurde immer stärker. Manchmal senkte sich seine Stimme fast bis zur Unhörbarkeit, dann wurde sie ohne ersichtlichen Grund stärker, und Musa begann zu schreien. Die Verbindung zwischen den einzelnen Sätzen und Gedanken riß für Augenblicke ganz, mal konnte man einen unverständlichen Satz nachträglich verstehen, weil er sich auf eine Äußerung bezog, die ein paar Minuten später erfolgte, mal waren ganze Teile seines Bekenntnisses überhaupt nicht zu verstehen, weil sie sich offenbar auf einen unausgesprochenen Gedanken bezogen oder auf eine Auseinandersetzung, die er irgendwann mit irgendwem geführt hatte. Vielleicht wollte Musa in diesem konfusen Monolog all seine Gespräche zu Ende führen und eine Art Resümee ziehen, angefangen von den Auseinandersetzungen mit Freunden und Kampfgefährten, bei denen früher auch Simon manchmal zugegen gewesen war, bis hin zu den Selbstgesprächen, in denen beide Gesprächspartner Teile eines Menschen sind, so daß beide alles wissen, was ihr »Gegner« denkt, wünscht und will.

Simon hörte gespannt zu und bemühte sich, soviel wie möglich zu behalten, wohl wissend, daß Musa in diesem Monolog etwas loswerden wollte, was er vielleicht nicht einmal für sich selbst bis ins letzte durchdacht und formuliert hatte. Mit dem, was er jetzt sagte, offenbarte Musa wahrscheinlich weit mehr, als ihm unter normalen Umständen recht gewesen wäre, er sprach sich aus über Dinge, die er vielleicht auch vor sich selbst gern verborgen hätte. Während er Musas Worten angestrengt zu folgen versuchte, merkte Simon, daß es ihm bei dem Versuch, zu begreifen, weniger um den Freund des Vaters und das Vorbild seiner Jugend ging als um ein wichtiges Stück seiner eigenen Vergangenheit. Als könnte er einen Teil seines damaligen Ichs erneuern und bewahren, wenn er seinen Gastgeber endlich kennenlernen und begreifen würde, bevor er ihm durch den bereits eingetretenen und unaufhaltsam fortschreitenden Verfall geraubt würde.

Musa verwandte viel Zeit auf den Nachweis, daß ihr

Konflikt mit dem Nazismus kein Krieg gegen ein Regime gewesen sei und nicht darauf reduziert werden dürfe, weil es sich um einen Zusammenstoß zweier unversöhnlicher Anschauungen von der Welt und vom Menschen, von seiner Natur und seinem Platz in der Welt gehandelt habe. Es sei letztendlich ein Konflikt zwischen der Entscheidung für die Notwendigkeit und der Entscheidung für die Freiheit gewesen. Der Nazismus gründe sich ja auf die Idee, daß der Mensch nicht für seinen Bruder verantwortlich sei, weil er, der Mensch, wie jedes andere Lebewesen um Sonne, Nahrung, Luft und Wasser kämpfe und glaube (fühle!), alles, was ein anderer, und sei es sein leiblicher Bruder, esse oder einatme, habe man ihm weggenommen. Wenn er in diesem Kampf ermüde, wenn er innehalte oder besiegt werde, höre er auf, ein Mensch zu sein, und werde zum Leichnam. Dann begrüben ihn seine Brüder und ließen ihn in Ruhe, wenn sie etwas zu essen hätten, oder sie brächten ihn um, solange er noch atme, um ihn aufzuessen, wenn es nichts Besseres gab – wie die anderen Tiere auch. Kein Geist und kein Gott, keine Moral und keine Solidarität, keine Liebe und keine Verwandtschaft – nur blinde Raffgier, der Wunsch, dem Nächsten die Kehle durchzubeißen, damit er nicht die Luft, das Wasser, die Nahrung und das Licht verbraucht, die ich verbrauchen könnte. Was wie Freundschaft oder Liebe aussehe, sei nur ein vorübergehendes Bündnis mit dem Bruder, den ich vorerst nicht umbringen kann oder der mich etwas weniger bedroht als ein anderer, und was wie Moral und Güte aussehe, sei nur Angst vor der Strafe oder vor etwas anderem. Es gebe auch kein Mysterium der Empfängnis und der Geburt, sondern nur die Produktion neuer Organismen mittels der immer gleichen billigen Technologie, die sich darauf reduzierte, Rohstoff in die Frau zu pumpen und das

Endprodukt herauszuziehen. Insofern sei der Nazismus zweifellos eine Revolution und ein neues Wort in der Menschheitsgeschichte: das erste politische System, das die Gesellschaft zum Bestiarium erklärt und im Einklang mit diesem Bild habe formen wollen. Natürlich gab es solche Ideen auch früher schon, aber niemals zuvor wurde diese Vorstellung vom Menschen und vom Leben so deutlich ausgesprochen, so offen zur Ideologie erklärt, nach der die Gesellschaft zukünftig gestaltet werden solle.

Gegen die Nazis haben wir die Solidarität zur wichtigsten Eigenschaft des Menschen erhoben und die Gesellschaft auf die Verantwortung für den anderen gegründet. (Simon begriff später, daß sein Gastgeber an die Kommunisten dachte, und erfuhr, daß Musa, auch nachdem er sich von der Nachkriegsmacht distanziert hatte, Kommunist geblieben war, auch in all den Jahren, als er mit Simons Vater gestritten hatte.) Wir haben keine Revolution gemacht und kein neues Wort verkündet, ich weiß nicht, wer uns das unterstellt hat und warum wir uns darauf eingelassen haben, uns Revolutionäre zu nennen. Im Gegenteil, wir haben nur den Geist im Menschen und die Freiheit, die uns dieser Geist gegeben hat, verteidigt, wir haben Jahrtausende der kulturellen Überlieferung gegen das neue Wort, das die Tiere rühmte, verteidigt. Wir haben uns an der griechischen Tragödie orientiert, die die Verlierer rühmte, weil sie wußte, daß für die Entscheidung, zu verlieren, viel Mut und Freiheit nötig ist. Wir haben uns an der Bibel orientiert und an Tausenden von Generationen und Millionen von Büchern, indem wir sagten, daß der Mensch womöglich tatsächlich ein Tier ist, aber ein Tier, das das Zeugnis entdeckt und begriffen hat, daß es von jemandem angeschaut wird. Ich bin ein Tier, kein Zweifel, aber ich sehe meinen Bruder, und ich weiß, daß er mich sieht, ich sage über ihn aus und er über mich, ich weiß von ihm, und er weiß von mir. Das bedingt, daß wir füreinander verantwortlich sind, weil ich nicht über das aussagen kann, was mir völlig fremd ist. Und der Unterschied zwischen einem Tier und einem, der weiß, daß ihn jemand ansieht und über ihn aussagen wird, entspricht dem Unterschied zwischen den Epochen und Äonen im Leben des Universums, das ist die Grenze zwischen zwei Existenzformen. Wegen dieses Unterschiedes kann es zwischen uns und den Nazis keinen Frieden geben.

Alles, was die Nazis aus ihrer Grundidee abgeleitet haben, ist nur ideologischer Dekor, mit dem man den Pöbel begeistern kann. Ihr Entschluß, Menschen zu züchten, beispielsweise folgt nur aus ihrer Grundidee: Wenn es keinen Unterschied zwischen mir, einer Birne und einem Hund gibt und wenn die systematische Züchtung von Birnen und Hunden ganz anständige Resultate erzielt und viele neue Sorten hervorgebracht hat, warum beginnen wir dann nicht auch mit der systematischen Züchtung von Menschen? Warum züchten wir dann nicht ungewöhnlich fruchtbare Menschen und Menschen mit stark ausgeprägtem Gemeinschaftssinn und Menschen von großer Güte und Menschen mit feinem Gehör und Menschen, die wahnsinnig tapfer sind? Warum züchten wir keine Führungspersönlichkeiten und Sklaven, keine Gewalttäter und Schönheiten, Arbeiter und junge Burschen, die Zuchtzwecken dienen?

Komm mir jetzt bitte nicht mit Platon und Jesus! Ich weiß, seit die Welt besteht und es Menschen gibt, wird immer wieder die Forderung erhoben, daß wir uns läutern, unser Wesen vervollkommnen, daß wir uns bessern müssen. Das erste Zeichen unserer Freiheit ist gerade das Bedürfnis, uns zu vervollkommnen, ich weiß. Aber die

Menschen als Organismen, ohne Rücksicht auf den Geist, rein biologisch, durch systematische Züchtung zu verbessern – dieser Plan wurde erst von den Nazis ausgearbeitet. Das wollten weder Platon noch Jesus, noch sonst ein Weiser, alle wollten sie die Menschen erziehen, nicht züchten. Das ist ja gerade das Neue – daß der Nazismus den Geist im Menschen und Gott in der Welt leugnet, daß er nicht verbessern, sondern von Grund auf alles neu schaffen will. Es hat viele gegeben, die den Menschen bessern wollten, aber noch niemand hat ihn für bestimmte Zwecke wissenschaftlich züchten wollen. Auch früher hat es schon politische Systeme und philosophische Lehren gegeben, in denen der Mensch als Tier und die Gesellschaft als Bestiarium angesehen wurde, aber nie zuvor wurde die Absicht verkündet, die Gesellschaft dieser Vorstellung restlos unterzuordnen.

Hier haben unsere fatalen Irrtümer begonnen. Berauscht vom Sieg im bewaffneten Kampf, die wahre Natur unseres Kampfes vergessend, hielten wir den Nazismus für erledigt, nachdem wir Hitler umgebracht hatten. Als könntest du das Morgengrauen aufhalten, indem du den Hahn umbringst, der als erster gekräht hat, und als hättest du eine fatale Idee aus der Welt geschafft, wenn du ihren dümmsten und lautesten Propagandisten umgebracht hast! Als man wirklich hätte anfangen müssen, mit dem Nazismus abzurechnen, als man ihn in der Sphäre des Geistes und des Bewußtseins hätte angreifen müssen, waren wir damit beschäftigt, die Macht zu erobern, und haben ihn vergessen. Und dann reihten sich weitere Irrtümer aneinander. Wir haben uns über die Kirchen hergemacht, obwohl das Christentum die Seele unserer Bewegung blieb, diese Bewegung war letztlich auch der Versuch, das Christentum und seinen Beitrag zum Verständnis des Menschen zu retten. Wir haben die Solidarität mit Gewalt gegen die Menschen durchgesetzt, obwohl wir hätten wissen müssen, daß richtige Menschen aufhören zu atmen, wenn jemand anfängt, ihnen mit Gewalt eine Lunge einzubauen. Wir haben getan, was wir konnten, um unserer Bewegung den Hals umzudrehen, obwohl wir wußten oder hätten wissen müssen, daß es die letzte große Idee war, die unsere Kultur hervorzubringen vermocht hat, und daß Menschen ohne große Idee nicht leben, nicht Mensch bleiben können.

Und der Nazismus lebte weiter, nicht mehr als Ideologie, aber als Praxis, gestärkt durch die scheinbare Niederlage, zersplittert in eine Unmenge alltäglicher Bedürfnisse und eingebettet in zahllose praktische Ziele, unsichtbar und ungreifbar, allgegenwärtig und daher unzerstörbar. Ob im Einklang mit einer Absicht oder nach dem Willen eines Prozesses, den man einmal in Gang gesetzt hat und außer durch Gewalt nicht mehr aufhalten kann, gestaltete sich die Welt in einer Weise, daß es immer schwerer wurde, ohne enge Spezialisierung auf eine Funktion zu existieren, so daß der Mensch immer mehr seinen Sinn verlor und sich wie eine Maschine auf seinen Zweck reduziert sah. Man hat ihm immer ernsthafter eingeredet, er habe sein Maximum erreicht, wenn er imstande sei, eine oder zwei Maschinen zu bedienen, denn eine Maschine bedienen zu können sei das einzig Wichtige im Leben. Die Gesellschaft gestaltete sich entsprechend – wie eine Maschine, bei der die einzelnen gesellschaftlichen Gruppen klar voneinander getrennt und durch ihre engen Zwecke bestimmt sind, so daß es deutliche Unterschiede gibt zwischen denen, die der Erheiterung dienen, denen, die Führungspositionen einnehmen, denen, die produzieren, denen, die zur Zucht dienen, denen, die körperliche Bedürfnisse befriedigen … Die kurze Episode mit scheinbarer Demokratie, in der die

Regierenden gewählt werden, nähert sich dem Ende, weil sich bei den Leuten längst das Gefühl durchgesetzt hat, daß nicht nur die einzelnen sozialen Gruppen, sondern jeder einzelne von ihnen nur mehr Teil einer Maschine oder eines Organismus ist, woran sich nichts mehr ändern lasse. Diesem Menschen kann man nicht mehr erklären, daß er Niere und Magen und Leber und Lunge und das Geflecht ihrer gegenseitigen Einflüsse und noch viel mehr Ungreifbares und Unbegreifliches zugleich ist, der Arme hat sich damit abgefunden, daß er ein Organ, zum Beispiel eine Niere ist und die Urinokultur seine Welt und die Beschäftigung mit dem Harn der einzige Grund für seine Existenz. Er glaubt, er stirbt oder verflüchtigt sich wie ein schöner Traum, wenn du ihn aus der Pisse herausziehst, deshalb wird er nichts ändern.

Von Natur aus ist der Mensch nicht so. Menschen haben sich immer aufgelehnt, der Mensch hört auf, zu sein, was er ist, wenn er aufhört, sich aufzulehnen. Haben wir angefangen, den Leuten die Solidarität aufzuzwingen, die ihnen angeboren ist wie die Niere, so daß sie sich aufgelehnt und uns den Rücken gekehrt haben? Aber die hier lehnen sich nicht auf, sie nehmen es hin, Wachleute, Entertainer, Sprinter zu sein, reines Menschenmaterial, das der Zucht dient oder, wenn du so willst, der Produktion von Arbeitskräften, Reserveorganen, Hormonen zur Verjüngung der Reichen, von Blutplasma und sonstigem Material, sie nehmen es hin, als sei es gottgegeben und deshalb nicht zu ändern. Niemand denkt heutzutage daran, daß man ein Haus bauen, einen Baum pflanzen und einen Sohn zeugen muß, um ein ganzer Mensch zu sein. Weil die Leute dazu erzogen wurden, eine einzige Eigenschaft zu besitzen – schnell oder schlank zu sein, dem vorgegebenen Schönheitsideal zu entsprechen oder gut in Mathematik zu sein. Und all das wird von einem neuen Menschenschlag gesteuert, den ich für mich eine Art lächelnder Tiger genannt habe. Das ist etwas völlig Neues in der menschlichen Spezies, das sind hybride Arten, die unter natürlichen Bedingungen wahrscheinlich nicht gedeihen würden, sich aber unter künstlichen als sehr erfolgreich erwiesen haben. Immer lächelnd und gutgelaunt, verhalten sie sich maßvoll und wohlerzogen, sie sind elegant und außerordentlich trainiert, sie sind Experten und wissen sich zu benehmen, sie sind angenehm in Gesellschaft und sehen gut aus, sie sind zuverlässig, weil sie mit Sicherheit immer ans Ziel kommen. Versuch doch mal, so einen mit der Nadel zu stechen, wenn er sich über ein wichtiges Problem verbreitet – ich wette, er wird weder zusammenzucken noch aufspringen, sondern kühl konstatieren, was passiert ist, seinen Gorillas das Zeichen geben, dich fortzuschaffen, dich mit dem Blick lächelnd hinausbegleiten und insgeheim sogar wünschen, daß sie dich nicht zu lange quälen, während der ganzen Zeit wird er weiterreden, ohne sich aus dem Konzept bringen zu lassen, denn er redet rein objektiv, nicht in eigenem Namen. Sie sind angenehm, weil sie keine menschlichen Probleme haben, und menschliche Probleme haben sie keine, weil sie keine menschlichen Eigenschaften haben. Sie reden gern über Gefühle, zeigen sie auch gern und ausgesprochen geschickt, weil sie natürlich gar keine haben. Im übrigen zeigen diejenigen, die wirklich welche haben, ihre Gefühle äußerst ungeschickt und widersprüchlich. Sie haben eine Eigenschaft und ein Programm: das vorgegebene Ziel zu erreichen. Und das erreichen sie auch – anständig oder unanständig, mit erlaubten oder unerlaubten Mitteln, ehrenhaft oder unehrenhaft. (Diese altmodischen Wörter verwenden sie gern, weil sie gut klingen, ohne sie zu etwas zu verpflichten; sie wissen ja nicht einmal, was sie bedeuten.) Wenn Hindernisse im Weg stehen, beseitigen sie diese ruhig und gleichgültig, einerlei, ob es sich um einen Stein, ein Kind, einen Schneeberg, eine alte Frau oder Millionen von Menschen handelt. Sie wirken wie die Algen und der Wind, gleichgültig und anonym, so daß diesem Wirken auch ein Moment der Notwendigkeit innezuwohnen scheint. Und all das tun sie lächelnd und unschuldig, wie Tiger töten.

Das oder in etwa das sagte Musa Selimbegović in einem langen, fiebrigen Monolog, der einige Stunden dauerte, so daß es im Zimmer dunkel war, als er verstummte. Jedenfalls hatte Simon sein Bekenntnis voller Ausrufe, Unterbrechungen, Digressionen, Beispiele so verstanden und zusammengefügt. Manche Namen, die er erwähnte, hatte Simon noch nie gehört, zwischendurch erzählte er ohne ersichtlichen Grund vom Schicksal eines Menschen, der Simon unbekannt war, flocht Anekdoten, eigene Erlebnisse und Erfahrungen ein, bekam regelrechte Wutanfälle, aus denen deutlich wurde, daß er mit einem Abwesenden stritt, der ihm viel bedeutete ... Je weiter sein Vortrag fortschritt, desto verworrener und leidenschaftlicher sprach er, wobei er seine Gedanken immer schwächer artikulierte und immer wütender und verzweifelter wurde. Gegen Ende des Monologs begann er nach Atem zu ringen, brach mitten im Satz ab und fuhr dann nach einer langen Pause ganz woanders fort. Als Simon das Licht angemacht hatte, sah er, daß Musas Haar vom Schweiß verklebt war, auf Stirn und Unterlippe standen ihm große Schweißtropfen. Ihn schüttelte sichtlich das Fieber, er schwitzte von der hohen Temperatur und schlotterte gleichzeitig, seine Zähne klapperten vor Kälte. Als das Licht anging, betrachtete er Simon verwirrt und redete ihn mit »Genosse« an, um dann weiterzuphantasieren und ein paar kurze Sätze auszurufen, die wie Parolen klangen. Es war klar, daß Simon hier eher als Arzt denn als Gesprächspartner benötigt wurde, und so bettete er den Alten auf die Ottomane und machte sich daran, das Haus nach Decken, Tee und Aspirin zu durchsuchen.

Der Mangel, in dem Musa offensichtlich lebte, überraschte und berührte ihn unangenehm, denn in den anderen Räumen war keine Spur von dem angenehm lässigen Reichtum, den man im Wohnzimmer sah. Alles war äußerst ärmlich möbliert oder leer, die Fußböden nackt. Die Vorhänge glichen aufgehängten Fetzen, und das Bettzeug und die Kleidung, die man finden konnte, waren abgenutzt und löchrig. Hatte er die Sachen aus dem Haus verkauft, um sich ein Leben ohne Arbeit und sichtbare Sorgen leisten zu können? Hatte er das kalte und leere Haus geerbt? War es möglich, daß seine gesamte Kleidung, außer dem einen Anzug, in dem er unter Menschen ging, abgewetzt war wie der Hausmantel, in dem er ihn empfangen hatte? Wie hatten seine Tage als Junggeselle in dem großen leeren Haus all die Jahre ausgesehen? Es muß schrecklich schwer gewesen sein, das Leben, das sich hier abspielte, allein zwischen Ideen und ohne menschliche Gesellschaft, zu ertragen, dachte Simon, während er zwei verschlissene Decken ins Wohnzimmer schleppte. Dann bereitete er aus ein paar getrockneten Kräutern, die er in der Kredenz gefunden hatte, einen Tee und half Musa beim Trinken, indem er ihn stützte, damit er in halb sitzender Lage trinken konnte. Unter den Decken und nach drei Tassen heißen Tees hörte der Alte zu zittern auf und fing sich dann ganz. Dankbar lächelte er Simon an und bat ihn mit einem Handzeichen, sich zu ihm auf die Ottomane zu setzen.

»Jetzt kümmert sich auch einmal jemand um mich«, sagte er mit schwacher Stimme, als Simon seine Hand nahm.

»Es freut mich, daß gerade du es bist, vielleicht bist du ja deshalb gekommen. Wenn ich auch keine Spuren hinterlasse, so muß doch auch mich einer begleiten. Immerhin bin auch ich ein Mensch, verdammt noch mal.«

Es gelang ihm nicht, seinem letzten Satz einen scherzhaften Ton zu verleihen.

»Nur keine Eile, es gibt hier noch etwas zu tun für Sie«, antwortete Simon mechanisch und streichelte und massierte die verschwitzte Hand des Alten.

»Laß nur, ich brauche keinen Trost«, lächelte Musa mit den Lippen, als hätte er nicht mehr die Kraft, das ganze Gesicht zu bewegen. »Danke, daß du gekommen bist, mein Freund.«

Danach schloß er die Augen und begann gleichmäßig zu atmen, als sinke er in den Schlaf.

»Können Sie jetzt schlafen?« fragte Simon leise, was Musa mit einer Bewegung der Augenlider bestätigte. »Gut, ich gehe jetzt, komme aber morgen wieder vorbei. Ist das so in Ordnung?«

Musa bewegte erneut zustimmend die Lider, und Simon fuhr ihm mit den Fingerspitzen sanft über die geschlossenen Augen und das Gesicht, als wollte er sich für immer von ihm verabschieden. Er drehte sich leise um, räumte die Sachen in der Küche auf, machte das Licht aus, schloß die Tür und begab sich auf den Heimweg.

Draußen herrschten Dunkelheit und Regen. Das hat mir gerade noch gefehlt, dachte Simon, als er in der Tür stand, zögernd, ob er ohne Schutz in den Regen hinaussollte, obwohl er schon wußte, daß er es tun würde, denn ohne triftigen Grund konnte er nicht in diesem Haus bleiben, dessen Trauer und Leere sich an ihn zu hängen schienen. Nur kurz, etwa zwanzig Schritte weit, empfand er das kalte Wasser, das an ihm herablief, als unangenehm; dann löste sich, vielleicht gerade unter dem Einfluß des Regens, seine innere Verkrampftheit, und Trauer erfüllte ihn. Mein Gott, was für ein trübseliger Ort ist doch die Welt! dachte eine Stimme in ihm. Was für ein ödes, trauriges Leben mußte Musa Selimbegović ertragen, dieser sorgenfreie, vornehme und geistreiche Mann, der einer der Lichtblicke in seiner, Simons, Kindheit und Jugend gewesen war. War es möglich, daß hinter Musas glanzvoller Erscheinung das geherrscht hatte, was er heute im Haus gesehen hatte? War dieser Glanz nur Schein gewesen, nur ein nach außen gekehrtes Bild? War das aber nicht mit allem menschlichen Glanz so? In Foča mit Sicherheit, jedenfalls wenn die Regenfälle einsetzten, aber galt das auch anderswo, dort, wo der Regen erträglicher war? Musa würde nicht mehr lange leben, das war sicher. Aber, mein Gott, warum mußte er so traurig enden?! Aber vielleicht mußte das so sein – entweder schrecklich wie Zuhra und Feslija oder öde und traurig wie Musa. Wir alle werden ihnen folgen, so oder so, eines Tages vielleicht auch Barbara. Mit einem tiefen Atemzug hob Simon das Gesicht zum Himmel, und da erst begriff er, daß ihm Tränen aus den Augen liefen und sich mit den Regentropfen vermischten, als hätte der Regen sie hervorgerufen. Gut, daß es regnet, dachte er, man kann sich ohne Scham und ohne Angst, von anderen gesehen zu werden, ausweinen, und sogar das Unbehagen sich selbst gegenüber schwindet, wenn man im Regen weint.

In der Ferne meldete sich ein Hund, und dann antworteten ihm viele wie ein eingeübter Chor. Dann wieder der eine, mit einer langgezogenen, gedehnten und traurigen, menschenähnlichen Stimme. Und dann wieder die Gruppe mit einem kurzen, durchdringenden Aufheulen, das sich über die ganze Welt ausgebreitet haben mußte. Vielleicht auch nicht, vielleicht erfüllte es nur den finsteren Kessel von Foča, und es kam einem so vor, als wäre dies die Welt, weil jedes Loch wie die ganze Welt wirkt, wenn es nur finster genug ist. Aber dieses Hundekonzert war dennoch schaurig, wahrscheinlich deshalb, weil es unnatürlich, eigentlich unmöglich war. Was mußte er wegen eines kranken Menschen, und sei er auch sein Vorbild aus der Kindheit, so naß werden? Gerade er hatte davon genug gesehen, Krankheit und Tod waren sein Beruf.

Ohne nachzudenken, ging er zu Ibrahim Pleh, eigentlich gingen seine Füße von allein, weil er wußte, daß er diese Nacht, allein in seinem verrückt gewordenen Haus, nicht überleben würde. Ibrahim und Nusreta kümmerten sich um ihn, als käme Simon jeden Tag so naß, erschöpft und aufgelöst zu ihnen ins Haus. Sie brachten ihm ein Handtuch, damit er sich abtrocknen, und einen Schlafanzug ihres Sohnes, damit er etwas Trockenes anziehen konnte, sie wickelten ihn in eine Decke und setzten ihn auf die Sećija, machten Feuer im Herd und gaben ihm zu essen. Dann brachte ihm Nusreta, ohne zu fragen, eine Matratze, richtete ihm ein Bett in der Küche her, dann ging sie selbst schlafen und ließ die beiden Männer zurück, damit sie noch ein bißchen reden konnten. Aufgetaut durch die Wärme und das Essen, aufgemuntert durch das Licht und die heimelige Küche, erfrischt durch die Gesellschaft dieser lieben Menschen, wagte es Simon, Ibrahim zu fragen, ob er etwas Näheres über sein Haus wisse.

»Wie Häuser so sind, was soll ich schon wissen«, antwortete Ibrahim. »Solange darin geboren und gestorben wird, ist es gut und lebendig, aber wenn das aufhört, stirbt es selbst und hört auf, ein Haus zu sein.«

»Weißt du etwas Besonderes über unser Haus? Unterscheidet es sich durch irgend etwas von den anderen Häusern, gibt es etwas, das vielleicht auch ich wissen sollte?« variierte Simon hartnäckig die immer gleiche Frage als Reaktion auf Ibrahims fragende, verneinende und andere Grimassen. »Das ist mir wichtig, morgen wirst du begreifen, warum ich dich das frage.«

»Ich weiß nur, daß es fünf-, sechsmal von einer Familie auf eine andere übergegangen ist, aber keiner dieser Familien etwas Gutes gebracht hat«, begann Ibrahim. »Da waren vier Häuser, eins neben dem anderen, ein richtiges Anwesen für große Familien, da wohnten auch immer große und reiche Familien, und denen ist es, wie nach einem Gesetz, passiert, daß sie allesamt in ihren Häusern umgebracht wurden, so daß die Familien ausgerottet wurden durch diese Blutbäder. Fünf-, sechsmal und jedesmal gleich. Ich kenne drei Fälle, aus Erzählungen weiß ich von zwei weiteren, man sagt, es habe sogar einen dritten gegeben, aber für den gab es keine Zeugen. Der erste, von dem ich weiß, hat sich 1919 ereignet, kurz nach dem Ersten Weltkrieg, als hier uniformierte Leute aus Nikšić eingefallen sind, die sich als Armee des neuen Staates ausgaben. Sie terrorisierten das Volk, betranken sich und aßen in der Stadt, ohne zu bezahlen, lärmten und schossen, raubten Gold und Kostbarkeiten aus den Häusern. Und das vier, fünf Tage lang. Damals lebten in eurem Haus die Begovićs, eine große und reiche, alteingesessene Familie. Ich weiß nicht, was war und wie es passierte, ich weiß nur, daß diese angeblichen Soldaten am vierten oder fünften Tag in die Häuser der Begovićs einfielen, zwei Tage lang feierten und herumschossen und dann verschwanden und die Häuser im Blut und in den Häusern achtundzwanzig Tote zurückließen. Sie hatten die ganze Familie ermordet, der Jüngste war drei Jahre alt. Es vergingen anderthalb Jahre, bis die Rusovićs in die leeren Häuser einzogen, sie sollen entfernte Verwandte der Begovićs gewesen sein. Sie wurden 1924 von Leuten umgebracht, die sich von Bijelo Polje aufgemacht hatten, um die Muslime im Sandžak und hier bei uns zu ermorden und zu vertreiben. Und dann dauerte es über zwei Jahre, bis die Redžovićs, die von irgendwo hergekommen waren, in die verfluchten Häuser einzogen. Ob sie diese Häuser und das Anwesen von jemandem gekauft oder geerbt haben, kann ich dir nicht sagen, aber die Häuser brachten ihnen kein Glück, wie immer sie auch drangekommen sein mögen. Sie wurden alle, siebenunddreißig Menschenkinder an der Zahl, von den Četniks des Pavle Djurišić ermordet. Wahrscheinlich wollte die neue Macht 1945 das Problem mit den verfluchten Häusern irgendwie lösen, und so wurden die drei größeren abgerissen und das kleinste deiner Familie zugeteilt. Das ist alles, was ich dir mit einiger Sicherheit sagen kann, weil es zu meinen Lebzeiten geschehen ist. Mein verstorbener Vater hat mir erzählt, ein, zwei Jahre vor dem Einmarsch der Österreicher sei in diesen Häusern die ganze Familie, die damals darin wohnte, umgebracht worden, von Heiducken seien sie umgebracht worden, die aus der Alten Herzegovina eingefallen seien. Und von zuverlässigen Zeugen wußte er von einem weiteren Fall, der sich etwa dreißig Jahre vor dem Abzug der Türken zugetragen hatte. Es soll auch schon früher eine Familie gegeben haben, die in diesem Haus ermordet und ausgerottet wurde, aber dafür gab es zu der Zeit, als mein Vater davon hörte, keine Zeugen.

»Du denkst also, das Problem könnte darin liegen, daß wir das Haus ohne Segen bekommen haben?« fragte Simon vorsichtig, als Ibrahim geendet hatte.

»Nein. Musa Selimbegović hat in der Türkei einen Verwandten der Redžovićs, der letzten Eigentümer des Anwesens und Hauses, getroffen, und dieser Mann hat es euch reinen Herzens überlassen.«

»Und was ist dann das Problem?«

»Ach, was schon!?« fuhr ihn Ibrahim an. »Unsere herrlichen Zeiten, wenn du's wissen willst. Komm, schlaf jetzt, und morgen reden wir auch darüber, so Gott will.«

10

Die Ballade von der schlechten Gesellschaft

Sie standen vor dem Hoftor und schauten den Berg Tabija hinunter zur Stadt, die vor ihnen im Tal lag. Vom Himmel strömte das Licht in Strahlenbahnen auf die Welt hernieder, die vom gestrigen Regen ausgewaschene Luft war rein wie ein Kristall, der alles, was sich vor ihm erstreckt, ans Auge heranholt und vergrößert. Alles auf der Welt erschien in den reinsten und stärksten Farben und verwandelte den Talkessel vor ihren Füßen in einen prächtigen Teppich. Es gelang ihnen nicht, sich vom Anblick dieser Schönheit loszureißen und wieder hineinzugehen, und deshalb unterhielten sie sich hier. Simon erzählte Ibrahim von den Problemen, die ihm das Haus bereitete, ohne das geringste Unbehagen, einem anderen Menschen Dinge anzuvertrauen, die er gestern nicht einmal vor sich selbst hätte aussprechen können. Die Tränen im Regen und wie wohltuend sie in Ibrahims Haus abgetrocknet wurden, hatten ihn offenbar von gewissen Ängsten, Hemmungen und Schamgefühlen befreit. Er sprach über die Kellertür und die Schreibtischschublade, den rauchenden Spiegel und die durchdringende Kälte, als spräche er über die Pflaumenernte und das schöne Wetter. Besonders lange sprach er über die Beklemmungen, die irgendwelche Geister und Stimmen, die vom Haus Besitz ergriffen haben, hervorriefen, über die Weinerlichkeit, die einen überkommt, wenn man so verrückt oder nur unvorsichtig genug ist, sich unter ihnen aufzuhalten, über die völlige Hoffnungslosigkeit und das Gefühl, sein Leib und seine Seele seien eine einzige

Wunde, und daß er zum Beispiel gestern schon mit diesem Gefühl aufgewacht sei, es also nicht im Laufe eines schlechten Tages habe hochkommen können, sondern durch das Haus, im Schlaf entstanden war.

»So etwas gibt es, keine Frage«, stimmte Ibrahim verständnisvoll zu. »Es kommt einen manchmal an, und dann tut einem auch ein fremder Blick weh, wenn er nicht zärtlich und liebevoll ist, und es täte einem, scheint mir, schon weh, wenn ein anderer nur grob an einen dächte.«

»Aber ich bin sicher, daß es mich nicht angekommen ist, sondern daß es vom Haus kommt«, beharrte Simon, den es nicht störte, daß Ibrahim ihm nicht glaubte. Er hätte sich ja selbst nicht glauben können, daß es etwas Schreckliches auf dieser wunderschönen Welt gibt, wenn er nicht eine ganz reale Erfahrung gemacht hätte.

»Der Gesandte Mohammed soll gesagt haben, der Mensch wird eines Tages ein wenig einschlafen, und wenn er aufwacht, findet er das Vertrauen nicht mehr in seinem Herzen, nur eine Spur davon, einen farblosen Punkt. Dann werden sich, heißt es, die Menschen voneinander entfernen, weil keiner von ihnen imstande ist, seine Aufgabe auf Erden zu erfüllen. Und diese Zeit ist jetzt, du siehst doch selbst, niemand hat mehr Vertrauen zum andern, zur Welt, zum lieben Gott, zum Leben … Es gibt keine Familie, es gibt keine Liebe, es gibt keine Freundschaft, jeder von uns ist einsam wie ein Strunk in der Wüste. Nicht weil wir lasterhaft und selbstsüchtig geworden sind, sondern eher weil wir das Vertrauen verloren haben. Jeder klammert sich mit Zähnen und Klauen ans Dasein, weil er erwartet, daß es sich ihm jeden Augenblick entzieht. Als stündest du auf einem Leintuch und wüßtest, ein anderer, jemand, den du nicht kennst, hält die Zipfel in den Händen und kann es dir, wann immer er will, unter den Füßen wegziehen.«

»Seit wann bist du denn so?« fragte Simon. »Wenn man dir auf den Rücken schlüge, käme eine schwarze Prophezeiung aus deinem Mund, wenn man dir in die Hand bisse, würde dasselbe passieren, ganz gleich, wo man dich anpackt, man kriegt den Beweis, daß alles zum Teufel geht. Ich erkenne dich kaum wieder, so hast du dich verändert.«

»Das ist nicht meine Schuld, lieber Simon. Ich sage nur, was ich sehe. Ich bestreite nicht, daß ich es vielleicht falsch sehe, aber was ich sehe, ist genauso, wie du sagst. Ich weiß nicht, vielleicht sehen die anderen es anders, die jungen Leute sehen es sicher anders und positiver. Aber in meinem Alter, wie soll ich es da anders sehen als schwarz?!«

»Mein Problem hat weder mit deinem Alter zu tun noch mit der schlimmen Zeit, sondern mit meinem Haus. Ich erklär's dir ja nur. Warum habe ich bei dir wie ein Kind geschlafen und mich nicht einmal umgedreht? Warum bin ich ausgeruht und heiter wie ein Vogel aufgestanden? Es handelt sich nur um mein Haus, um nichts sonst«, beharrte Simon, der, ermutigt von dem sonnigen Tag und dem langen Schlaf, einen Zeugen haben wollte, um gemeinsam mit ihm festzustellen, ob er oder das Haus verrückt geworden war.

Der Mann, den sie schon von weitem den Berg Tabija hatten hochsteigen sehen, war jetzt nah genug herangekommen, daß sie sein Gesicht erkennen konnten. Obwohl es Simon sehr bekannt vorkam, erinnerte er sich nicht, er hatte keine Ahnung, wer das sein könnte. Aber Ibrahim wußte es offensichtlich genau, denn sobald er den Mann erkannte, verschwand er. Das mit dem Haus, rief er Simon über die Schulter zu, würden sie ein anderes Mal überprüfen.

»Los, komm mit, sie warten in der Stadt auf dich«, forderte der Ankömmling Simon auf, als er wenige Schritte vor ihm stand, und unterstrich die Aufforderung mit einer Handbewegung.

»Wer wartet auf mich?«

»Alle. Der Polizeichef, mein Chef, alle.«

Als der Ankömmling zu sprechen begann, wußte Simon plötzlich wieder, daß es sich um Jovo handelte, mit dem er im Hotel »Zelengora« gezecht hatte und der ihm schon dort sehr bekannt vorgekommen war, er sich aber die ganze Nacht vergebens angestrengt hatte, sich zu erinnern, woher. Er ging mit Jovo den Berg hinunter, in der Annahme, die Leute, die ihn erwarteten, seien wichtig, obwohl er nicht wußte, wer der Polizeichef und der andere Chef sein sollten, von denen Jovo gesprochen hatte.

»Darf ich wissen, worum es geht?«

»Wie meinst du das?«

»Darf ich wissen, warum sie auf mich warten?«

»Natürlich, wer sonst sollte es wissen, wo sie doch auf dich warten?!« antwortete Jovo barsch und beschleunigte seinen Schritt. »Man hechelt sich ja die Seele aus dem Leib, wenn man hier hochsteigt. Und runter ist es dann noch schlimmer.«

Jovo fluchte und ging noch ein wenig schneller, so daß Simon kaum Schritt halten konnte. Er sah, daß Jovo wütend war, vielleicht, weil ihn der anstrengende Aufstieg ermüdet hatte, aber vielleicht auch, weil man ihn wie einen gewöhnlichen Kurier herumschickte, und so verzichtete er darauf, ihn weiter auszufragen. Ihr Tempo hätte es überdies selbst jüngeren Leuten nicht mehr erlaubt, im Gehen zu sprechen, was wohl auch Jovo aufgefallen war, der irgendwo unweit der Granovski-Gasse seinen Schritt verlangsamte, ein paarmal vernehmlich ächzte und schließlich ganz stehenblieb. Die Beine gespreizt und mit vorwurfsvollem Kopfschütteln sah er Simon an, stieß ein gedehntes

»Äääääch!« hervor und ging weiter, erheblich langsamer als bisher, offenbar zufrieden mit der Art, wie er seinen Unmut ausgedrückt hatte, denn sein Schritt verfestigte sich, seine Miene heiterte sich auf, und seine Gesprächigkeit kehrte zurück.

»Ich will mich ja nicht in fremde Angelegenheiten einmischen«, begann Jovo nach zehn Schritten, »aber schlechte Gesellschaft ist der Anfang allen Übels, wie gute Gesellschaft der Anfang alles Guten ist. Ich weiß, daß zum Beispiel der heilige Josef von Temešvar als Einsiedler jahrelang für die Sünden büßte, die er in seiner Jugend begangen hatte, weil er in schlechter Gesellschaft war, das hat er auch zu den jungen Leuten gesagt, daß schlechte Gesellschaft der Anfang allen Übels sei. Ich weiß es, denn ohne den heiligen Josef von Temešvar gäbe es mich gar nicht, weil mein Großvater ohne sein wohltätiges Wirken ein Unglück nicht überlebt hätte. Ich wollte ihn mir sogar zu meinem Hauspatron erkiesen, habe mich dann aber doch für den heiligen Johannes entschieden, nach dem ich schätzungsweise meinen Namen bekommen habe, so daß es sich wohl gebührt, daß ich ihn nehme, nicht wahr. Ich denke, der heilige Johannes ist ein beliebter Hauspatron bei uns Serben, wahrscheinlich, weil er irgendwie zu uns gehört. Aber auch der heilige Josef ist wichtig für uns, mir liegt er besonders am Herzen, du solltest zumindest ein wenig um ihn wissen, wenn du ein echter Serbe bist.«

Sie gingen schweigend weiter, und dann begann Jovo aufs neue mit warmer, sanfter Stimme.

»Nur die Gesellschaft ... Such dir deine Gesellschaft aus, darum bitte ich dich wie ein Bruder. Halte acht darauf, mit wem du Umgang pflegst, du bist Arzt! Weißt du, was das heißt? Was willst du mit diesem Tölpel, zum Beispiel? Das ist doch kein Umgang für dich, absolut nicht, was hat er dir denn an Gelahrtheit und Kunde zu bieten? Wir sollten auch sonst nicht mit ihnen umgehen, mit Fremden nicht und mit ihnen schon gar nicht. Aber du zeigst dich mit ihm am hellichten Tag, als stünde er dir wer weiß wie nahe!«

Simon brauchte eine Weile, bis er begriff, daß Jovo ihm seinen Umgang mit Ibrahim vorwarf. Vielleicht war er auch deshalb so wütend, dachte Simon. Und das erklärte auch Ibrahims plötzliches Weggehen, als er Jovo erkannt hatte. Der unangenehmste Aspekt des Lebens unter Provinzlern ist, daß sie denken, die Freundschaft mit ihnen verpflichte einen dazu, ihre Liebe und ihren Haß zu teilen. Vor allem den Haß. Jovo dachte anscheinend, er, Simon müsse seinem Nachbarn Ibrahim aus dem Weg gehen, weil er, Jovo, im Streit mit ihm lag. Dabei änderten sich Liebe und Haß, Feindschaften und Bündnisse in der Provinz schneller als das Wetter. Wollte man ihrer Forderung nach Solidarität Rechnung tragen, so wüßte man nie, wen man gerade grüßen und wen man nicht grüßen darf. Vielleicht würden sich Jovo und Ibrahim schon morgen ihrer tiefen Freundschaft versichern, aber den Kellner Strajo würde man in ihrem Beisein nicht erwähnen dürfen. Jovo erwartete jetzt sicher, daß er sich nach den Gründen seines Konflikts mit Ibrahim erkundigte, aber Simon wußte, daß er sich da besser nicht einmischte, auch nicht durch bloßes Nachfragen. Viel mehr interessierte ihn im übrigen, warum von Jovo ein so scharfer Tabakgeruch ausging, obwohl er kein Raucher war, zumindest hatte er bei dem Besäufnis nicht geraucht, wenn sich Simon recht erinnerte. Das war übrigens nicht der Geruch von Tabakrauch, der sich in den Kleidern festsetzt, das war ein Tabakgeruch, der stark genug war, um ihn auch im Freien auf zwei Schritte Entfernung wahrzunehmen. Doch dann interessierte ihn auch Jovos Geruch nicht mehr, denn zu seiner Überraschung bogen sie im Stadtzentrum nicht zum Polizeirevier, sondern zur Post ab.

»Wo gehen wir denn hin?« fragte Simon für alle Fälle.

»Dahin, wo sie auf dich warten, wohin sonst.«

»Und wo warten sie?«

»Das müßtest du eigentlich wissen, man wartet doch auf dich«, antwortete Jovo, und seinem Tonfall war nicht zu entnehmen, ob er scherzte oder es ernst meinte.

Als sie auf Musas Haus zugingen, beschlich Simon eine böse Ahnung. Ein Ambulanzwagen und zwei Polizeiautos standen vor der Tür. Von seinen schlimmen Vorgefühlen getrieben, beschleunigte er seinen Schritt und eilte Jovo gut zehn Schritte voraus, als würde das Übel um so kleiner, je eher er davon erfuhr. Die Polizisten an der Tür ließen ihn ohne Kontrolle durch, einer von ihnen bedeutete ihm sogar, weiterzugehen, als er in der Absicht, ihnen zu erklären, wer er war und wohin er ging, stehenblieb. Im Wohnzimmer, wo er gestern noch gesessen hatte, traf er zwei Leute in Weiß an und drei in Zivil, die das Zimmer durchsuchten. Mitten im Raum stand Landeka und redete lebhaft auf Milorad Kordo ein. Als er Simon in der Tür erblickte, unterbrach Landeka das Gespräch. Anstelle eines Grußes sagte er: »Was denkst du darüber?«

»Worüber?«

»Schau mal«, sagte Landeka und zeigte mit dem Kopf zur Ottomane.

Simon ging zur Ottomane, auf der Musa Selimbegović geschlafen hatte, als er gestern abend sein Haus verließ. Einer der Leute in Weiß nahm das große Laken ab und enthüllte einen Anblick, von dem sich Simon trotz all seiner Erfahrung der Magen zusammenkrampfte. Musa lag in der Stellung da, in der er ihn zurückgelassen hatte, ausgestreckt und leicht auf die rechte Seite gedreht, als schliefe er noch immer, froh, weil sich endlich einer um ihn kümmerte. Sogar der frohe Ausdruck war noch auf seinem Gesicht zu sehen, obwohl sein Hinterkopf völlig zerschmettert war.

»Wer um alles in der Welt war imstande, das zu tun«, wollte Simon schreien, aber er brachte keinen Ton heraus. Er spürte, wie seine Zunge plötzlich anschwoll und alle Öffnungen verschloß, durch die er hätte Luft holen können, wie sie seinen ganzen Mund ausfüllte und weiterwuchs, als hätte sie die Absicht, seinen Kopf zu sprengen. Krampfhaft dachte er, wie unsinnig das sei und daß dergleichen niemals geschehen konnte, aber dennoch stand er wie gelähmt ein paar Schritte von der Ottomane entfernt, rang nach Luft, spürte, wie seine Zunge wuchs, und bemühte sich, aufzuschreien, als würde ihn ein Aufschrei retten.

»Ha, was sagst du dazu?« fragte Kordo, der auf ihn zugekommen war, und schlug ihm freundschaftlich auf den Rücken. »Gute Arbeit, was?«

Auch Kordo roch nach Tabak. Oder bildete sich Simon das ein, um eine halbwegs plausible Erklärung für seine unwahrscheinliche Atemnot zu finden? Natürlich konnte das nicht sein, es war klar, daß er atmete, weil er schon längst in Ohnmacht gefallen wäre, wenn er nicht atmete, aber warum spürte er nicht, daß er atmete, warum verursachte sein Bedürfnis nach Luft derartige Schmerzen? Warum hatte er das Gefühl, als wüchse seine Zunge, und warum strengte er sich so an, seine riesige Zunge zu schlucken oder auszuspucken? Warum dauerte es so unendlich lange, bis er den Blick von der Ottomane abwenden und ihn Kordo zuwenden konnte?

»Es wäre angebracht, daß du etwas sagst, du bist der letzte, der dieses Haus verlassen hat. Gestern abend, kurz nach neun, wenn ich mich nicht täusche, das heißt, wenn man mich nicht täuscht«, drang Kordo herzlich in ihn, als wollte er ihm Mut machen oder zumindest die Atmosphäre ein wenig auflockern.

Simon quälte sich nach wie vor mit seiner Zunge ab, die beharrlich wuchs und ihn würgte. Er war schon nicht mehr imstande, sich zu sagen, daß das, was er spürte, objektiv nicht geschah, jetzt wunderte er sich schon darüber, wie es möglich war, daß seine riesige Zunge nicht herausquoll, und warum Kordo hartnäckig vorgab, sich mit ihm unterhalten zu wollen, als sähe er nicht, daß er vor lauter Zunge nicht atmen, geschweige denn sprechen konnte. Er wandte sich mit seinem ganzen Körper Kordo zu, spannte all seine verfügbaren Kräfte an, um einzuatmen oder wenigstens aufzuschreien, aber alles blieb beim alten – eine fürchterliche Beklemmung, ein unerträglicher Druck in der Brust, eine riesige Zungenanschwellung im Mund und Würgen, Stummheit, völlige Verlassenheit und Verzweiflung.

»Sag mir wenigstens, ob hier alles so ist, wie du es gestern abend zurückgelassen hast«, ermutigte ihn Kordo weiterhin, jetzt schon ein wenig nervös, als schwiege Simon aus eigenem Entschluß. Und er strengte sich an, sosehr er konnte, verspannte und verkrampfte sich, um mit einem Atemzug oder Aufschrei durchzubrechen, um wie auch immer durchzubrechen, wollte er bei Verstand und am Leben bleiben. Nur raus aus sich, wenigstens ein bißchen, egal wie, sogar Sterben wäre einer Rettung gleichgekommen. Dies hier war schlimmer als der Tod.

»Red ihm gut zu, Milo, damit er sich fängt, wir müssen um jeden Menschen kämpfen«, sagte Landeka, der immer noch mitten im Zimmer stand. »Und aus ihm könnte einer werden, vorgestern abend hat er ganz ordentlich gezecht, sogar der Kommandant war zufrieden mit ihm.«

»Hab keine Angst, mein Guter, du bist unter deinesgleichen«, redete Kordo ihm noch herzlicher zu. »Sag ganz offen, was gewesen ist und wie es gewesen ist, sag alles, was du auf dem Herzen hast. Du redest mit deinesgleichen, du brauchst dir keine Sorgen zu machen und dich nicht zu schämen, wozu haben wir denn unseren Nächsten, wenn nicht dazu, daß er uns von der Scham befreit.«

Simons Bewußtsein verfinsterte sich. Ein noch verbliebener heller Zipfel seines Bewußtseins sagte ihm, daß die Zunge schon von innen gegen die Augen drückte und sie aus den Höhlen zu stoßen drohte, daß sie sich schon auf die Lunge gesetzt hatte, die gegen das Zwerchfell drängte und es nach unten preßte, daß er am ganzen Körper keine einzige Öffnung mehr hatte, die nicht verstopft gewesen wäre, so daß es weder einen Eingang noch einen Ausgang gab, weder innen noch außen. Alles stand unter einem furchtbaren Druck. Als hätte er sich ganz in eine Glasmurmel verwandelt, in der die Blume, getrieben von einer dämonischen Macht, plötzlich zu wachsen begonnen hatte, so daß der gläserne Körper zerbersten mußte, wenn die Blume weiterwuchs. Mein Gott, wenn ich wenigstens die Hände bewegen könnte, wenn ich der herzlichen und spöttischen Wange von Milorad Kordo wenigstens eine Ohrfeige versetzen könnte ... Wahrscheinlich würde er auf mich schießen oder mich mit dem Messer durchbohren, Hauptsache, er würde eine Öffnung herstellen und mir Luft zum Atmen verschaffen, dachte der helle Zipfel von Simons Bewußtsein oder genauer: etwas in ihm, ein Gefühl, auf jeden Fall etwas Selbständiges, von ihm Getrenntes, Eigenes, vielleicht der Schrei, der nicht aus ihm herauskam, sondern sich umwandte und in die Tiefe seines Wesens drang, wo er sich verselbständigte, so wie er sich verselbständigte, wenn er nach außen dringen und sich in eine Stimme verwandeln würde. Und dann platzte etwas tief in ihm drinnen, gut eine Spanne unterhalb des Zwerchfells, wie eine Blase oder eine Membran platzen würde, und auf der ideellen Achse seines Körpers durchzuckte ihn ein schmerzhafter Stich, wie ein Blitz. Die Übelkeit, von der ihm die Zunge angeschwollen und wahnsinnig angewachsen war, entlud sich, und er begann, krampfhaft zu schlucken, nach Luft zu schnappen, zu zittern – als kämpfte er mit den Tränen oder einem starken Schmerz. Er stand da und schüttelte stumm den Kopf wie ein Mensch, der sich über etwas wundert.

»Mihailović kommt morgen zu deiner Slava, stimmt's, Jovo?« ergriff Landeka wieder das Wort.

»Zu Befehl, Chef! Jawohl, er kommt, natürlich kommt er. Du hast gehört, daß du zu meiner Slava kommst?« sagte Jovo verwirrt, als hätte er bis vor kurzem weder gewußt, daß es so etwas wie den Tag des Schutzheiligen gab, noch, daß er selber einen hatte, noch, daß er ihn feierte, und schon gar nicht, daß es morgen sein würde.

»Du wirst ihn morgen verhören, Milo, laß ihn jetzt. Du siehst doch, er ist völlig fertig mit der Welt.«

»Wie du meinst, Chef«, willigte Kordo ein. »Hast du gehört, Mihailović, du kannst gehen. Aber daß du mir morgen bei Jovan aufkreuzt. Soll er begleitet werden, Chef?«

»Wozu denn?« Landeka verließ Musas Wohnzimmer, ohne sich von jemandem der Anwesenden zu verabschieden.

Auch Kordo entfernte sich in Richtung Küche, so daß Simon jetzt allein dastand, einen Schritt von der Ottomane mit Musas Leiche entfernt, und die Leute behinderte, die das Zimmer durchsuchten, wie man sie nur behindern konnte. Sie stießen ihn geduldig zur Seite, gingen um ihn herum, stolperten über ihn und schoben ihn weg, ohne auch nur ein Wort an ihn zu richten, und er erduldete alles ebenso stumm, unfähig, sich aus eigenem Willen von der

Stelle zu rühren. Das schlimmste war, daß sein Bewußtsein die ganze Zeit über normal funktionierte, alles aufnahm und alles verstand, nur daß es keinen einzigen Muskel in Bewegung setzen konnte. Als sie die Leiche hinaustragen wollten, schoben ihn die Leute in Weiß einfach vors Haus, und da ging er dann von allein weiter, alles war ihm bewußt, aber er war unfähig, dieses Bewußtsein mit seinem Willen, seinem Gefühl, mit irgendeiner Aktivität seines Körpers zu verbinden.

Er war schon in der Nähe der Post, als er jemanden hinter sich herrufen hörte.

»He, Mihailović! Bleib stehen, Mann, warte auf mich! Du hast ja einen Schritt am Leibe, als würde dir der Boden unter den Füßen brennen!« keuchte Kordo, als hätte er weiß Gott was für eine Anstrengung unternehmen müssen, um diese paar hundert Schritte zurückzulegen. »Er brennt dir aber nicht unter den Füßen, die Dinge stehen im Gegenteil gut für dich, ich habe vergessen, dir das Wichtigste zu sagen. Das hier hat der Kommandant geschrieben und für dich beim Polizeichef hinterlassen, er hätte gern, daß du es liest. Eine große Ehre, das ist dir hoffentlich klar. Und mir ist klar, wie sehr das deine Situation verbessert, weil dem, über den er ein gutes Wort gesagt hat, keiner auch nur ein Härchen krümmen wird. Über dich hat er zwar nichts gesagt, aber uns allen ist klar, daß er etwas von dir hält. Hätte er dir das hier sonst zum Lesen dagelassen?«

Simon nahm den Umschlag, den ihm Kordo reichte, und machte kehrt, um seinen Weg fortzusetzen.

»Mihailović!«

Simon blieb stehen und drehte sich aufs neue zu Kordo um.

»Falls morgen bei Klepelić der Polizeichef sein sollte

und das Gespräch darauf bringt«, Kordo verstummte einen Augenblick und zeigte auf den Umschlag in Simons Händen, schwieg dann aber länger als nötig, wahrscheinlich weil ihn Simons verständnisloser Blick aus dem Konzept brachte. Als er weiterredete, wiederholte er nur, was bereits abgesprochen war: »Du gehst morgen zu Jovo Klepelić, das hast du doch noch nicht vergessen, oder? Es könnte sein, daß auch der Polizeichef, dein Lehrer, dort ist, weil wir großen Wert auf das Menschliche legen und uns bemühen in regelmäßigen Zusammenkünften zwischenmenschliche Beziehungen zu pflegen und einander menschliche Wärme zu geben. Auch das ist dir hoffentlich klar. Siehst du, jetzt kommt mein Rat und meine Empfehlung. Als der Polizeichef das gelesen hatte, sagte er bei einem Beisammensein zu uns: ›Wir Serben sind jetzt in einer Phase des Hasses, wir müssen durch diese Phase hindurch wie alle anderen, die eine bestimmte Stufe erreicht haben, aber wenn wir hindurch sind, werden wir vielleicht in fünfzig, in hundert Jahren eine Phase der selbstbezogenen Gleichgültigkeit erreichen und uns in eine Reihe mit den großen Völkern stellen.‹ Das habe ich mir gemerkt, und es wäre gut, du würdest es dir auch merken und morgen das eine oder andere geschickt ins Gespräch einflechten, weil die Leute ihre Gedanken gern aus dem Mund der anderen hören. Es wäre nicht schlecht für dich, wenn der Kommandant zu dem Schluß käme, daß du klug bist, und zu diesem Schluß kommt er bestimmt, wenn er hört, daß du einen Gedanken von ihm aussprichst. Deshalb bringst du am besten selbst das Gespräch darauf, wenn es der Polizeichef nicht tut. Und jetzt geh, ein leiblicher Bruder würde nicht mehr für dich tun als ich, Mihailović.«

Kordo kehrte, ohne eine Antwort abzuwarten, zu Musas Haus zurück, und Simon setzte seinen Weg fort. Er bewältigte ihn, weil das Gedächtnis seines Körpers zuverlässig funktionierte, weil sich seine Beine gemerkt hatten, wie man geht, und die Augen, wie man sieht, und sich alles zusammen den Weg von der Post bis nach Hause gemerkt hatte, sonst hätte er es sicher nicht geschafft. Nicht weil er außer sich gewesen wäre, unfähig zu denken oder etwas Ähnliches, im Gegenteil, nach jenem Platzen hatte sich alles in ihm so eingerenkt, wie es immer gewesen war, und alles funktionierte völlig normal. Aber gleichzeitig war alles anders, als wären die Verbindungen zwischen den einzelnen Bereichen seines Wesens abgerissen, so daß es ihm jetzt nicht gelang, seine Wünsche und Gedanken, Bedürfnisse und Gefühle zu koordinieren. Als sich Kordo von ihm abgewandt hatte, war vor seinem inneren Auge ein Bild aufgetaucht, das er seit einem sehr lange zurückliegenden Italienurlaub in sich trug: Kurz nach fünf Uhr nachmittags, als die Leute von der Arbeit kamen und sich ein Strom von Autos durch die Stadt wälzte, sah er in einer der verkehrsreichsten Straßen einen Mann auf einem kleinen Motorrad, vielleicht einer Vespa, mit weit aufgerissenem Mund. Bestimmt hatte er sich bis jetzt nie an diesen Mann erinnert und überhaupt nicht gewußt, daß er ihn gesehen, ihn sich gemerkt, bei seinem Anblick irgend etwas empfunden hatte. Aber jetzt, weiß der Geier, warum, war er vor seinen Augen aufgetaucht, gebeugt auf dem Motorrad, mit graumeliertem Haar, inmitten eines Stroms von Autos, in der Welle ihres Lärms, der nicht zuließ, daß man irgendein anderes Geräusch wahrnahm, kurz vor einer Ampel, während Simon im Schatten eines großen Baumes stand. Er war nur vorübergejagt, den Mund weit aufgerissen, so schnell, daß man nicht hätte erraten können, ob er gesungen oder geschrien hatte. Und mit ihm tauchte alles auf, was ihn umgeben hatte – der Geruch von verbranntem Benzin, die dunkle, fast schwarze Rinde des Baums, bei dem Simon gestanden hatte, die bereits gelbliche Farbe der von der Trockenheit angenagten Blätter, das gleichmäßige Rauschen des Verkehrs. Und das bizarre Gefühl von Nähe, fast Liebe zu dem angegrauten, gebeugt auf dem Motorrad sitzenden Mann. Und auch jetzt, wo er sich vom Zentrum fortbewegte und seinen Berg hinaufstieg, überfluteten ihn Liebe und Neid, überfluteten ihn Verständnis und die Freude, die mit ihm ging.

Hatte jener Mann gesungen oder gebrüllt? Hatte er nur einmal, in dem Moment, als Simons Blick auf ihn fiel, von Herzen aufgeschrien? Wo war es gewesen, und wo in ihm, Simon, hatte sich dieses Bild bis heute gehalten? Wieso war es jetzt aufgetaucht? Warum überflutete ihn jetzt, zehn Schritte vom Fuß des Berges Tabija entfernt, das Gefühl, daß er sich bereits damals vollkommen mit dem kleinen Motorradfahrer verstanden hatte? Was war das doch für eine geniale Idee gewesen! Er schreit auf und hört es selbst nicht. Er brüllt, aber alle denken, er singt, zumindest können sie nicht behaupten, er singe nicht. Aber warum erschien ihm der kleine Motorradfahrer jetzt, wo er ihn doch damals, als er ihn wirklich gesehen hatte, gar nicht wahrgenommen hatte? Und wie hatte er gleich wissen können, worum es ging, wo hatte er das gesehen? All diese und viele andere Fragen schwebten in seinem Geist, ohne zu Ende gedacht und formuliert zu werden. Und um sie herum, über und unter jeder Frage, war das Gefühl, daß sich für ihn heute, in Musas Haus, etwas Grundlegendes verändert hatte. Daß weder er noch die Welt jemals wieder sein würden, was sie gewesen waren.

Jene Luft aus dem Keller hatte sich offensichtlich im ganzen Haus ausgebreitet, denn in der Küche schlug ihm die trockene durchdringende Kälte entgegen, die bis heute durch die Kellertür geströmt war. Er mußte einen dicken Pullover überziehen, während er überlegte, was er essen wollte, und bereitete seine Junggesellenmahlzeit zu. Und dann saß er lange am Tisch, ohne mit dem Essen anzufangen, weil ihn das Gefühl, daß ihn jemand beobachtete, davon abhielt. Kein Mensch kann in Ruhe essen, wenn der Blick fremder Augen unverwandt auf ihn gerichtet ist, und Simon spürte einen hartnäckigen und schweren Blick von Augen auf sich, die vielleicht vergessen hatten zu blinzeln. Nach einer ganzen Weile überredete er sich, mit dem Essen anzufangen, aber schon der erste Bissen blieb ihm buchstäblich im Halse stecken, weil er das Gefühl nicht los wurde, jene müden Augen nähmen es ihm übel, würfen es ihm zumindest vor, daß er so tat, als gäbe es sie nicht. Er legte Käse, Salami, Brot und saure Gurken auf ein großes Tablett und ging in sein Zimmer, aber dort war es das gleiche. Die Blicke vieler Augen waren auf ihn gerichtet und verfolgten jede seiner Bewegungen, daran war nicht zu zweifeln, ein derart starkes Gefühl konnte nicht täuschen. Er war nicht allein im Zimmer, er befand sich in einer Gesellschaft, die ihm nicht behagte, die er sich nicht ausgesucht hatte und mit der er sein Mittagessen nicht teilen würde, aber allein einnehmen würde er es schon gar nicht, solange ihre Augen jede Bewegung seines Kiefers verfolgten. Der Eindruck von einem Zimmer voller Leute wurde verstärkt durch das Knacken, das zu hören war, als knarrte der Boden unter jemandes Füßen, aber ein seltsamer Boden, der knarrte, als würde er wimmern.

Simon mochte die Töne, die alte Häuser hervorbringen, wenn sie zur Ruhe kommen. Einmal hatte Barbara diese Töne Sprache des Hauses genannt und erzählt, wie sie jede Nacht, wenn sie sich schlafen gelegt hatte, aufmerksam den Tönen lauschte, die ihr Elternhaus in Bayern hervorbrachte, weil sie geglaubt hatte, das Haus sage ihr etwas und sie müsse sich bemühen, seine Sprache zu verstehen. Sie waren sich einig, daß das ein guter Name sei für das, was in alten Häusern geschieht, wenn sich ihre Bewohner zur Ruhe begeben, das ist mit Sicherheit eine Sprache, und mit Sicherheit hat jedes Haus eine eigene Geschichte, wahrscheinlich unterscheiden sich diese Töne deshalb so deutlich von Haus zu Haus. Aber das, was er in seinem Zimmer hörte, hatte nichts mit der Sprache des Hauses gemein. Häuser sprechen hauptsächlich nachts, wenn sich die Menschen in die Stille zurückziehen und die Welt zu Wort kommen lassen, und dann reden sie ganz anders, in viel weicheren und leiseren Tönen. Das, was in seinem Zimmer zu hören war, glich am ehesten einem Wimmern, wie kein Haus und auch kein Zufall es hervorbringt, sondern ein Bewußtsein, das dem des Menschen ähnelt. Dieses Wimmern, Knarren, Quietschen war offensichtlich arrangiert und organisiert, es umgab ihn und eroberte den Raum um ihn herum, es hatte eine Botschaft für ihn und nahm das Haus in Besitz, es sprach ihn an und verlangte etwas von ihm, aber Simon verstand es nicht und spürte deutlich, daß er es auch nicht verstehen wollte. Etwas in Simon wußte gut, daß diese Stimmen um ihn herum und die Augen, die ihn betrachteten, kein Umgang für ihn waren.

Er ging hinüber ins Schlafzimmer seiner Eltern, aber dort geschah das gleiche – Kälte, Blicke und Töne, denen er auszuweichen wünschte, und so beschloß er, in den Hof umzuziehen. Er trug einen Stuhl und ein Tischchen hinaus, auf dem er das Tablett abstellen konnte, aß ohne Genuß sein Mittagessen, und dann fiel ihm der Text ein, den ihm Kordo gegeben hatte. Er ging ins Haus zurück, um den Umschlag mit dem Text und eine Decke zu holen, die ihn vielleicht genug wärmen würde, um die trockene Kälte, die sich in seine Knochen gesetzt hatte, zu vertreiben, er machte es sich so bequem, wie er konnte, und begann zu lesen.

Der mittlere Bruder

Ein Familienmärchen

»Aus dem malerischen Ort in den Bergen Comba del Gazel führt ein einziger Weg, und zwar nach Südwesten, an einem Hang entlang, der ziemlich steil zu den rauhen Pässen der Pyrenäen ansteigt. Schon nach ein paar Stunden Entfernung von der Siedlung verengt sich dieser Weg und geht in einen Bergpfad über, der sich im Einklang mit dem Willen des Geländes durch die Landschaft schlängelt und den Reisenden nach einem Tag Wanderung direkt zur Spitze eines großen Bergmassivs führt. Auf der Hochebene wird der Reisende am einzigen Weg, auf dem man dieses Massiv überqueren kann, ein großes Gebäude erblicken, erbaut aus rötlichem Stein und bedeckt mit massiven Dachplatten aus rötlichem Schiefer, an das sich ein paar Nebengebäude aus dem nämlichen Stein schmiegen. Wenn er bereits früher die Pyrenäen überquert hat oder wenn er wenigstens mit Menschen gesprochen hat, die das getan haben, wird der Reisende wissen, daß er gerade das berühmte Rote Wirtshaus erblickt hat, den rettenden Zufluchtsort für alle Unvernünftigen, Unglücklichen und Abenteurer, die sich entschlossen haben, auf dem Festland vom Süden in den Norden oder vom Norden in den Süden der unwegsamsten Bergkette zu gelangen. Vielen Wanderern hat das Rote Wirtshaus das Leben gerettet, vielen zufälligen Gästen hat es geholfen, die richtigen Leute kennenzulernen und dadurch zu Reichtum, Macht oder Ruhm

zu gelangen, Gott allein weiß, wie viele Menschen dem Roten Wirtshaus ihre Geburt verdanken, sei es, weil ihre künftigen Eltern dank seiner überlebt haben, sei es, weil sie sich dort getroffen und kennengelernt haben. Sicher hat jeder zufällige Gast, der durch diese wilde und rauhe Gegend kam, gedacht, das Rote Wirtshaus sei ein wahrer Segen, wenn es nach einem ganzen Tag Wanderung, an dem er nichts außer Schlünden und Klüften, rauhem Fels, der den Himmel zerreißt, und Abgründen, aus denen die Seelen der Verdammten zu ächzen scheinen, gesehen hat, so schön und fest gebaut vor ihm liegt. Aber was muß erst jener über das Wirtshaus gedacht haben, der im Winter wanderte und in einen der unverhofften Schneestürme geriet, denen niemand entging, der im Winter diese Gegend durchquerte? Natürlich mußte jeder von ihnen, und es gab ihrer viele, weil es auf der Welt immer viele vom Unglück getriebene Menschen gibt, das Rote Wirtshaus als Segen und Ort der Rettung betrachten und den Rest seines Lebens jedem, der zuzuhören bereit war, von ihm erzählen und so in der Welt seinen Ruhm verbreiten.

Gerüchte gingen um, daß oft auch das Gegenteil geschehen sei, viele habe derselbe Ort um Reichtum und Leben gebracht, viele Kinder seien gerade deshalb nicht geboren worden, weil ihre verhinderten Eltern im Roten Wirtshaus Rettung gesucht hätten. Man muß gleich sagen, daß diese Gerüchte wahr, aber auch hinzufügen, daß sie in der Minderzahl waren. Das Rote Wirtshaus wurde nämlich von ernsten und ausgesprochen gottesfürchtigen Menschen geführt, die das menschliche Leben und die Ordnung auf der Welt über alles achteten. Braucht es dafür einen besseren Beweis als die Tatsache, daß sie selbst drei Söhne wie drei Gebirgshirsche auf die Welt brachten und großzogen? Auch gegenüber ihren Gästen verhielten sie sich geradezu fürsorglich und aufmerksam wie Eltern, nur haben sie die wenigen, die verrückt oder unvorsichtig genug waren, ein großes Vermögen mitzunehmen, um diesen Reichtum gebracht. Oder wäre es ehrlicher zu sagen, daß sie den Reichtum um seine Besitzer brachten? Wer kann diese Frage beantworten, wer behauptet, sicher zu wissen, was auf dieser Welt Ursache und was Folge ist? Es ist weder gut noch anständig, einen Menschen seines Vermögens wegen zu ermorden, aber man darf nicht vergessen, daß sie es nicht aus Mangel an Liebe zu den Menschen, sondern aus einem Übermaß an Liebe zum Reichtum getan haben.

Aber auch das, sicher das einzig Verwerfliche, taten sie aus Hochachtung vor dem Menschen und seiner Würde, vor der Freiheit und dem Glück. Wenn sie unter ihren Gästen einen Mann entdeckten, der sich mit einem großen Vermögen auf den Weg gemacht hatte (und das herauszufinden lernte man mit der Zeit, wie geschickt der Wanderer seinen Reichtum auch verbarg), nahmen sie ihn wie ihren nächsten Verwandten auf und bewirteten ihn wie einen König. Zum Abendessen brachten sie ihm, was sie sich und ihren Kindern zu geben scheuten, er trank, was die Gastgeber nicht einmal zu trinken das Herz hatten, wenn sie die Geburt eines Sohnes feierten, er saß immer auf dem Ehrenplatz und wurde vom Familienoberhaupt persönlich und von seiner Frau bedient. Und während sie ihn bedienten und bewirteten, sprachen sie miteinander darüber, wie wundersam es sei, daß es ihr Gast in diesen unsicheren Zeiten bis hierher geschafft habe, und stellten Vermutungen an, wo er ums Leben kommen würde, wenn er morgen oder übermorgen seine Wanderung fortsetzte, sie bestätigten einander in der traurigen Überzeugung, daß der Arme mit Sicherheit seinen Kopf und seinen Reichtum verlieren würde, man wisse nur nicht, ob durch menschliche Hand, durch das entsetzliche Gelände oder durch das schreckliche Wetter, das völlig verrückt geworden sei. Wenn sie sich ganz davon überzeugt hatten, daß der Arme gar keine Aussichten hatte zu überleben, empfanden sie in ihren Herzen Liebe und Mitleid für ihn und bewirteten ihn noch herzlicher. Und dabei dachten sie darüber nach, wie töricht und sündhaft es wäre, zuzulassen, daß sein Vermögen verkomme oder in die falschen Hände gerate, daß der lebendige Mensch zuerst sich und seinen Kindern verpflichtet sei, daß alle sterben müßten, überwiegend unter Qualen und im Unglück, so daß ein schneller Tod ein wahres Glück und ein wahrer Segen sei. Wohl dem, der während eines Gastmahls oder im Schlaf stirbt, nach einem üppigen Mahl, umgeben von Liebe und Aufmerksamkeit!

Wenn ihre Gespräche sie zu dieser Schlußfolgerung führten, war es klar, daß sie ihrem lieben Gast einen schönen Tod bereiten würden, wie er nur Auserwählten beschieden ist. Sie bewirteten ihn mit erlesenen Speisen und Getränken, bis er eine an Seligkeit grenzende Stufe der Sättigung erreichte, und dann begleiteten sie ihn zum Schlafen in den prächtigsten Raum des ganzen Wirtshauses. Das war ein großes Zimmer unter dem Dach, mit einem prunkvollen Bett in der Mitte, gepolsterten Möbeln ringsum, wunderschönen Teppichen an den Wänden und einem großen Fenster, das einen herrlichen und ausgesprochen romantischen Blick über den unendlich tiefen Abgrund bot, an dem das Wirtshaus errichtet war. Sie begleiteten den Gast bis zur Tür und zogen sich dann taktvoll zurück, um vom Nachbarzimmer aus zu verfolgen, wie er sich auszog, wo er den mitgebrachten Schatz versteckte und wie er ins Bett ging. Und nach ein, zwei Stunden, wenn sie sicher sein konnten, daß der glückliche Gast fest schlief, schlichen sie sich ins Zimmer, betäubten ihn mit einem gut bemessenen

Hieb auf den Kopf und warfen ihn durch das große Fenster in den Abgrund, den er sicher mit Wonne und einer angenehmen Gänsehaut durch das nämliche Fenster betrachtet hätte, wenn er sich tagsüber in seinem Zimmer aufgehalten hätte. Am nächsten Morgen, wenn sich einer der Wanderer nach ihm erkundigte, zum Beispiel, wenn er sich mit jemandem verabredet hatte, das nächste Stück Wegs gemeinsam zu gehen, erklärten sie, er sei schon gegangen oder er habe spät in der Nacht beschlossen, sich heute den ganzen Tag auszuruhen und erst morgen den Weg fortzusetzen (»weil er heute nacht etwas zuviel getrunken hat«, fügten sie im Vertrauen hinzu). Später, im Laufe des Tages, hauptsächlich in der Pause zwischen der Verabschiedung der gestrigen und der Ankunft der heutigen Gäste, die in der Regel am späten Nachmittag einzutreffen begannen, versteckten sie seinen Schatz in einem Nebengebäude. Es grenzte an den Felsen, in den ein geheimer Raum eingehauen war, der Eingang war durch eine Kiste für Hafer getarnt, so daß niemand dahinter ein Versteck vermutete. Und vom späten Nachmittag bis tief in die Nacht empfingen sie neue Gäste wie jeden Tag und lebten weiter, als wäre nichts geschehen. Genauer gesagt, lebten sie ganz normal weiter, weil nichts Besonderes geschehen war.

Gott allein weiß, wie lange sie ihr ruhiges, mit Arbeit und Liebe erfülltes Leben weitergeführt hätten, wären ihre Söhne nicht herangewachsen und hätten sich Dinge gewünscht, die man in ihrem Alter ganz natürlich begehrt und bekommen sollte, die aber im Roten Wirtshaus beim besten Willen nicht zu bekommen waren. Man muß zugeben, daß der Weise recht hatte, als er sagte, das Glück trage immer ein Körnchen Verderben in sich und jeder von uns müsse in Augenblicken großen Glücks daran denken, daß sich das Verderben schon bereithalte. So brachte auch dem

Roten Wirtshaus Verderben, was für die Menschen ein großes, vielleicht das größte Glück ist, nämlich das Heranwachsen der Söhne. Dem Wirtshaus fügten weder Heere noch Räuber Schaden zu, Verderben brachten ihm weder die Wasserfluten im Frühjahr noch die Erdrutsche im Winter, sein Verderben kam, wie bei allem anderen auch, nicht von außen, sondern ihm wurden die eigenen Nachkommen und der eigene Nachwuchs zum Verhängnis. Die Söhne sahen und verstanden, was in ihrem Haus und im Wirtshaus vor sich ging, und verlangten, von ihren Wünschen und Bedürfnissen geplagt, hin und wieder etwas von dem versteckten Vermögen zu bekommen, um damit in die Stadt zu gehen und sich zu vergnügen, wie es ihrem Alter angemessen war. Aber Eltern wären keine Eltern, wenn sie nicht von Ängsten um ihre Kinder geplagt würden, die der liebe Gott dem Menschen zur Strafe geschickt hat. Als sie etwas von dem Schatz verlangten, gab ihnen der Vater nichts, weil er Angst vor der schlechten Gesellschaft hatte, in die junge und unerfahrene Menschen mit einem großen Vermögen in den Händen geraten müssen. Als sie ein zweites Mal etwas von dem Schatz verlangten, um sich zu vergnügen und das Leben kennenzulernen, gab ihnen der Vater keinen Heller, weil er Angst vor dem verhängnisvollen Einfluß des Reichtums auf den menschlichen Charakter und die menschliche Natur hatte. Das dritte Mal plagte den Vater die Angst vor dem, was jungen und übermütigen Menschen in der Stadt zustoßen könnte, und er erlaubte ihnen nicht, das Haus zu verlassen, wobei er hinzufügte, er könne ihnen den Schatz weder geben noch verbieten, weil er ohnehin ihnen gehöre. Das vierte Mal hatte er Angst um ihre Zukunft und den guten Ruf: Wenn sie in der Stadt mit viel Geld in den Händen auftauchten, bestätigten sie die Gerüchte, daß den Menschen im Roten

Wirtshaus allerlei zustoße, und das brächte die Familie ein für allemal in Verruf und würfe einen Schatten auf ihre Zukunft. Und sie, die Söhne, waren die einzige Zukunft der Familie, die Alten hatten nichts zu befürchten, weil ihre Zeit abgelaufen war. Mit der Zeit wurden die Forderungen der Söhne immer hartnäckiger, die Ängste des Vaters immer seltsamer, immer verrückter und waren immer weniger dazu geeignet, die Verweigerung zu rechtfertigen, so daß ernsthafte Veränderungen einfach unvermeidlich waren.

Als die Söhne es satt hatten, vergebens zu erbitten, was sie als das ihre betrachteten, beschlossen sie, einen Schritt weiter zu gehen und sich selbst zu nehmen, was ihnen gehörte. Sie entdeckten, als sie dem Vater hinterherspionierten, wie man die riesige Haferkiste wegschiebt, die die ganze Wand verdeckte, so daß auch der durchdringendste Blick dahinter nicht den großen, in die Felswand gehauenen Raum erahnen konnte, und ein paar Tage später öffneten die Söhne, während die Eltern die Gäste vom gestrigen Tag verabschiedeten und ihnen vor lauter Arbeit schon die Augen zufielen, selbst das Gemach mit dem Schatz und stopften ihre Satteltaschen mit Dukaten voll. Sie wollten ihre Beute verstecken und an einem der folgenden Tage, wenn sich eine gute Gelegenheit böte, ein bißchen in die Welt hinausgehen. Aber der Vater kam ihnen irgendwie auf die Schliche und lockte am selben Tag, in der ruhigen Zeit, als die Gäste vom gestrigen Tag bereits gegangen und die vom heutigen Tag noch nicht eingetroffen waren, den ältesten Sohn in den Stall, fesselte ihn durch eine List an die Krippe und rief dann die beiden anderen Söhne, damit sie zuschauten, wie er ihren Bruder auspeitschte, und damit ihnen dieser Vorfall eine Lehre wäre.

Von diesem Tag an paßten die Söhne eine günstige Gelegenheit ab, um sich zu rächen, und ein paar Monate später, als der Vater den Vorfall bereits vergessen hatte oder glaubte, sie hätten ihn vergessen, war es soweit. Aber vielleicht hatte er ihn weder vergessen noch geglaubt, sie hätten ihn vergessen, sondern war unvorsichtig wegen der Belastung und Müdigkeit, denn es geschah im Spätherbst, als sie Tag und Nacht arbeiten mußten, um Vorräte für den unendlich langen Winter herbeizuschaffen und anzulegen. An einem dieser Tage schreckte sie ein Schrei von draußen auf, sie stürmten vor das Haus und sahen, wie der älteste Sohn am Rand der Hochebene, auf der ihre Gebäude errichtet waren, mit einem beladenen Maultier kämpfte, das sich wahrscheinlich erschreckt hatte. Sie eilten hinzu, um ihm zu helfen, der Vater allen voran, so daß er als erster zu dem Maultier kam und es mit der linken Hand bei der Mähne packte, während er es mit der rechten Hand am Hals zu streicheln begann, um es zu beruhigen. Daraufhin stieß der älteste Sohn einen bereitgehaltenen Zacken unter den Schwanz des Maultiers, das vor Schmerz zu wiehern begann, aufsprang und den Wirt, der gerade die beruhigenden Worte sprach, mit sich in den Abgrund riß. Alle drei Söhne begannen über den Sprung des Maultiers zu lachen und die gelungene Rache zu feiern, während ihre Mutter schrie, weinte, nach dem besten Mann der Welt rief und Gott zum Zeugen anrief, daß ihre Söhne keine Menschen, sondern Ungeheuer seien. So sehr trauerte und weinte die Arme um ihren Gefährten, daß es auch einen Stein erweicht hätte. Um so mehr erweichte es die Herzen der Söhne, und sie schickten sie ihrem Mann hinterher, damit sie nicht länger litte. So hörten sie auf, Söhne zu sein, und wurden drei Brüder.

Sie wollten das Glück nicht mehr warten lassen und machten sich sogleich ans Werk. Sie führten die Pferde und Maultiere, die sie hatten, aus dem Stall, machten die unum-

gänglichen Vorräte an Speisen und Wasser, Decken und Kleidung fertig und beluden für jeden von ihnen je ein Tier mit dem Schatz, damit sie in der Stadt, in die sie kämen, keinen Mangel litten. Als alles fertig war, fanden sie, es sei zwar nicht das klügste, sofort aufzubrechen, sie könnten es aber wagen, da sie jeden Schritt auf dem Weg nach Comba del Gazel auswendig kannten, viel Erfahrung mit den Bergen hatten und die Ungeduld während all der Jahre sowohl bei ihnen als auch in den Städten, die auf sie warteten, gewachsen war. So zog am frühen Nachmittag dieses Tages eine kleine, aus drei Männern und neun Tieren bestehende Karawane vom Roten Wirtshaus aus in die Welt.

Aber die Berge hatten beschlossen, Launen zu zeigen, als wären sie beleidigt, weil die Brüder gedacht hatten, sie kennten sie gut genug. Keine zwei Stunden nach ihrem Aufbruch verfinsterte sich der Himmel, und eine Flut ergoß sich über sie, die im Nu Himmel und Erde verband. Selbst wenn auf der Welt ein wenig Licht übriggeblieben wäre, hätten sie wegen der Wasserstrahlen, die ihnen das Gesicht hinunterliefen, nichts gesehen, und völlig durchnäßt und in tiefer Finsternis mußten sie auf ihre Augen verzichten, mußten sie sich sammeln und sich auf den Instinkt verlassen, auf ihren eigenen und auf den Instinkt ihrer Tiere, die auf diesem Weg mit ihnen zusammen im Dunkeln gingen. Deshalb meinten sie, es sei am besten, den Weg fortzusetzen, und sich hin und wieder durch einen Ruf, einen Schrei oder eine dritte Art bemerkbar zu machen. Sie konnten kein Lager aufschlagen, um sich so wenigstens ein bißchen vor dem Regen und dem Wind zu schützen, es gab nichts, wo sie abseits des Weges hätten Zuflucht finden und das Unwetter abwarten können, aber sie konnten auch nicht mitten auf dem Weg, dem einzigen in der ganzen Gegend, bleiben und darauf warten, daß in der tiefen Finsternis eine andere Karawane auf sie traf, denn das wäre für die einen wie für die anderen verhängnisvoll gewesen.

Der Wind wurde stärker und ließ die Temperaturen sinken, so daß das Wasser irgendwann gefror, sowohl das Wasser, das an ihnen hinunterrann, als auch das Wasser, das von oben auf sie herabfiel. Geschah das am Tag oder in der Nacht oder vor dem Morgengrauen, wenn die Welt sich auch sonst auf die niedrigste Temperatur abkühlt? Geschah das ein paar Stunden Ritt von Comba del Gazel entfernt, dem Ort, der ihnen zur Orientierung diente, weil er der einzige auf der Welt war, den sie außer ihrem Wirtshaus kannten, wie der älteste Bruder dachte, oder in der Nähe der Siedlung, wie der jüngste behauptete, oder waren sie schon daran vorbeigekommen, ohne es zu bemerken? Sie konnten es nicht wissen, weil sie seit dem Beginn des Wolkenbruches von Finsternis umgeben waren. Als sie der Regenguß überrascht hatte, waren sie abgestiegen, hatten an die Spitze der Kolonne ihr ältestes Pferd gestellt, an seinen Schwanz das Halfter des Maultiers, das das Wasser trug, gebunden, und dessen Schwanz hatte der älteste Bruder ergriffen, der in der anderen Hand die Zügel seines Reitpferdes hielt, an dessen Schwanz das Maultier mit seinem Schatz gebunden war, an dem sich der mittlere Bruder hielt, der wiederum sein Reitpferd führte, und so setzten sie, neun Tiere und drei Brüder, in einer lückenlosen Kette ihren Weg durch die Finsternis und die Wasserfluten fort. Sie verließen sich auf den Instinkt ihres alten Pferdes, sicherten sich aber auch für den Fall ab, daß es versagte, indem sie hinter ihm das Maultier gehen ließen, auf das sie am ehesten verzichten konnten, und niemanden anbanden und nichts Wichtiges aufluden. So tasteten sie sich vorsichtig durch die Finsternis, verloren irgendwann jedes Gefühl für Raum und Zeit, verloren jede Orientierung, verloren vielleicht sogar den Glauben, daß es auf der Welt noch irgend etwas anderes gibt als nur Dunkelheit, Wasser und Pferdeschwänze. Und als sie wieder etwas sehen konnten, befanden sie sich mitten in einer weißen Wüste, ohne jedes Zeichen, ohne irgendeinen Hinweis, wo sie waren und wieviel Zeit seit ihrem Aufbruch vergangen war. Sie wußten nicht einmal, wann das Eis, das der Himmel lange auf sie herabgeworfen hatte, in Schnee übergegangen war, der sie und alles, soweit das Auge reichte, jetzt bedeckte. Sie aßen ein paar Happen und tranken etwas Schnaps, um sich aufzuwärmen und zu stärken, im Stehen, weil sie es nicht wagten, sich auf unbekanntem, unter Schnee liegendem Gelände zu bewegen, und dann setzten sie ihren Weg fort, dem Instinkt ihrer Tiere und der festen Überzeugung folgend, daß der Mensch irgendwann irgendwo ankommen wird, wenn er einmal aufgebrochen und lange genug auf dem Weg geblieben ist. Denn selbst diejenigen, die nicht beharrlich auf dem Weg geblieben sind, und diejenigen, die, nachdem sie geboren wurden, gar nicht aufgebrochen sind, kommen irgendwo an, weil es das Schicksal des Menschen ist, daß er irgendwo ankommt, wenn er nun schon einmal geboren ist.

Sie gingen durch eine weiße Unendlichkeit, in der man vor Gleißen nichts sah, sich am Schwanz eines Tieres haltend und ein anderes mit sich führend, dann gingen sie durch eine finstere Unendlichkeit, in der man wegen des Fehlens von jeglichem Licht nichts sah, ein Tier führend und geführt von einem anderen, sich hin und wieder ausruhend, um etwas zu essen und Kräfte zu sammeln, aber nur soviel, wie man gerade mußte. Sie gingen von Schnee und Wind gepeitscht, sie gingen bei ruhigem Wetter, sie gingen, wenn es schneite und wenn es nicht schneite, sie gingen Tag und Nacht, in der Dämmerung und im Morgengrauen. Sie verloren zwei Maultiere und ein Pferd, verloren jede Möglichkeit, zu berechnen, wann sie aufgebrochen und wie lange sie unterwegs waren, sie verloren jede Vorstellung, wieviel der Mensch ertragen kann, und am Ende verloren sie auch ihre Kraft. Einmal konnten oder wollten sie nach einer kurzen Pause nicht aufbrechen. Der jüngste Bruder, der gerade Wache gehalten hatte, rüttelte sie, redete ihnen zu, schrie und flehte sie an – vergeblich, sie öffneten nur kurz die Augen und schlossen sie danach wieder, um in sich selbst zu versinken, als könnten sie nur noch dort etwas finden, was wert war, betrachtet zu werden. Daraufhin übergoß der kleine Bruder beide mit Schnaps, massierte ihnen lange die Hände und das Genick, zog sie hoch und redete ihnen zu, sich wenigstens auf die Beine zu stellen, was den ältesten Bruder schließlich zu der mürrischen Bemerkung bewog, er solle sie in Ruhe lassen, weil man gegen das Schicksal ohnehin nicht ankomme. Er erinnerte daran, daß das Unheil sie begleite, seit sie aufgebrochen seien, daß es auf jeden Fall irgendeine Gerechtigkeit oder ein Gleichgewicht auf der Welt geben müsse, weil sie sonst auf dem Kopf stünde, und daß sie ihre Eltern umgebracht hätten und jetzt wahrscheinlich von dieser Gerechtigkeit oder dem Gleichgewicht für dieses gute Werk belohnt würden.

Der kleine Bruder antwortete mit einer leidenschaftlichen Rede. Er erinnerte daran, daß sie bis jetzt noch nichts vom Leben gehabt hätten, was bedeute, daß ihnen die Gerechtigkeit oder das Gleichgewicht, die der große Bruder erwähnt habe, viele Jahre des Glücks und des Wohlstands schuldeten. Er bemerkte, daß es keine große Sünde sei, ihre Eltern umgebracht zu haben, die, Hand aufs Herz, abscheuliche Ungeheuer gewesen seien. Er wies darauf hin, daß man eine Sünde durch gute Werke wettmachen könne und sie sich von ihrer Sünde des Hasses sicherlich durch die

Liebe, die sie drei verbinde, loskaufen könnten. Er rief die Brüder dazu auf, den Weg im Namen dieser Liebe fortzusetzen, er erinnerte sie daran, daß die Liebe Wunder tue, und bemerkte, es gebe keinen einzigen Grund, daß die Liebe in ihrem Fall eine Ausnahme mache und davon absehe, Wunder zu tun. Sie setzten ihren Weg fort, und die beiden älteren fühlten lange, wie es ihnen vor Freude und Dankbarkeit über die starke und beredte Liebe ihres kleinen Bruders ganz warm ums Herz war.

Nach vielen Tagen überkam sie jedoch wieder der Kleinmut, denn sie waren zu dem Schluß gekommen, daß es keine Rettung mehr für sie gab. Wie groß die Schneewüste, in die sie geraten waren, auch sein mochte, wenn sie lange genug gingen, mußten sie zwangsläufig an ihr Ende kommen, weil es die Eigenschaft alles Existierenden ist, ein Ende zu haben, und an der Existenz ihrer Wüste war nicht zu zweifeln. Sie gingen lange genug, sie gingen unendlich lange, doch ans Ende der Schneewüste kamen sie nicht einmal annähernd, denn noch sahen sie nichts, was eine Anwesenheit von Menschen, eine Ebene, einen Fluß oder ein Feld, also irgend etwas, was kein von Schnee bedecktes Gebirge war, wenigstens angedeutet hätte. Das war bestimmt nicht deshalb so, weil die ganze Welt dieses vom Schnee zugedeckte Gebirge gewesen wäre, von den Gästen im Wirtshaus hatten sie genug gehört, um sicher zu wissen, daß es auf der Welt noch etwas anderes gab, sondern weil sie irgendwie im Kreis herumgegangen waren und sich nichts nähern konnten, was außerhalb ihrer Bahn lag. Es war ihnen nur ein mit Schatz beladener Maulesel geblieben, ein Pferd mit etwas Essen und ein Pferd zum Reiten, alles andere, auch ihre Kraft, hatten sie unterwegs verloren. Selbst wenn sie sich durch ein Wunder aus dem Gebirge retten und eine Stadt erreichen könnten, wären die

Aussichten, das zu erleben, was sie sich erhofft hatten, schlecht, weil sie jetzt trotz der kostbaren Ladung als Elendsgestalten, die ihr nacktes Leben gerettet haben, ankämen, so daß sie jeder Gewalt, Willkür und Wut ausgesetzt wären. Der erste, der witterte, daß sie ein Vermögen dabeihaben, könnte sie nach Belieben berauben, ermorden, vertreiben oder wie einen leiblichen Bruder bewirten, je nachdem, was und wie es im Belieben des feinen Herrn stünde. Es ist nicht dasselbe, ob du dich rettest oder als Herr kommst, nicht nur, daß es nicht dasselbe ist, sondern es ist nicht einmal ähnlich, und hättest du, wenn du dich rettest, dreimal soviel Geld mitgebracht.

So und ähnlich redeten sie lange zueinander, mit entkräfteten Stimmen, am Fuß einer großen Felswand, die sie vor dem Schneetreiben schützte, und dann stimmten sie miteinander darin überein, daß es am besten wäre, wenn sie jetzt für immer einschliefen. Sie hatten vom sogenannten Weißen Tod gehört, in ihrem Wirtshaus war das jeden Winter eins der häufigsten Themen gewesen, und sie hatten es oft genug gehört, um zu glauben, es sei ein guter, schöner, geradezu prächtiger Tod. Wäre das nicht ein guter Ausweg aus ihrer Lage? Der älteste Bruder schlug vor, die beiden sollten sich dem Schlaf überlassen, während er Wache halten und, wenn sie fest schliefen, still, ohne sie zu wecken, nach und nach die Decken und den anderen Schutz wegnehmen wolle, so daß sie sich bis zu dem Augenblick, da der Weiße Tod sie zu sich nähme, nicht allzusehr quälen müßten. Sie fanden es schön und richtig, daß sich der älteste Bruder opfern wollte, und ließen sich auf seinen Plan ein.

In der Morgendämmerung, als die Kälte am beißendsten war, weckte der kleine Bruder den mittleren auf. Sie waren eingewickelt und zugedeckt, wie sie es gewesen waren, als sie sich hingelegt hatten, nur daß sie jetzt keine Tiere und keinen Bruder, das niederträchtigste Tier, das die Welt je gesehen hat, bei sich hatten. Zum Glück hatten sich der Schnee und der Wind gelegt, so daß sie ohne Probleme seinen verräterischen Spuren folgen konnten.

Kann man ermessen, wie lange sie auf den Spuren ihres Bruders durch die Schneewüste wankten und taumelten? Kann man den Unterschied zwischen der wirklichen Zeit, die sie mit seiner Verfolgung zubrachten, und ihrem Erleben dieser Zeit ermessen und aussprechen? Wie viele Jahre, wie viele Jahrzehnte sind nötig, damit sich die Menschen so verändern, wie sie sich veränderten, während sie wankend den Spuren des Bruders folgten? Kann jemand sagen, wie viele Male einer von ihnen seinen Bruder aufrichtete oder aus dem Schnee zog? Wie viele Male einer von ihnen in der Felswand hing und sich nur mit erstarrten Fingern oder zusammengebissenen Zähnen an einer Decke festhielt, die ihm sein Bruder zugeworfen hatte? Wie viele Male sie vor Wut, Schwäche und Ohnmacht weinten? Wie viele Male sie seufzten aus Sehnsucht nach dem rettenden Tod oder aus Trauer, weil sie sich ihm jetzt nicht überlassen durften, zumindest nicht, solange sie jenem Schurken nicht den Garaus gemacht hatten? Aber ihr glücklicher Haß richtete sie immer wieder auf, trieb sie voran, zog sie aus dem Abgrund, gab ihnen die Kraft zurück und einen Grund, auszuhalten. Er und nur er vermochte sie in die Nähe einer Stadt zu führen, die sie eines Tages, kurz vor der Dämmerung, unerwartet erblickten.

Sie beeilten sich, sosehr ihre Kräfte es zuließen, und es gelang ihnen, noch bei Tageslicht die Stadt zu betreten. Sie betrachteten die Häuser und Paläste, zeigten einander die Aufschriften und Bilder an den Wänden, begrüßten den Rauch, der aus den Schornsteinen emporstieg, rufend und winkend wie einen lieben Verwandten, und lachten die ganze Zeit und trampelten ungeschickt, wenn sie vor Freude und Verwunderung aufzustampfen versuchten. Das hielt sie in Bann, bis sie sich davon überzeugt hatten, daß sie in einer richtigen Stadt waren und nicht in einem Trugbild, wie sie seit ihrem ersten Blick auf die Stadt befürchtet hatten, ohne die Kraft oder einen Grund zu finden, ihre Befürchtung auszusprechen. Sobald sie überzeugt waren, daß alles um sie herum wirklich war, wurde ihnen auch wieder das Wichtigste in ihrem Leben bewußt: Bestimmt würden sie ihn hier finden, sie müßten sich nur beeilen, damit er ihnen nicht entwischte, hierher waren sie auf seinen Spuren gekommen, so daß er hier sein mußte. Und wenn sie ihn erwischten …!

Ihr heiliger Haß, den die Verwunderung und Freude nur für einen Augenblick zu verdrängen vermochte, war nun stärker als jemals und erinnerte sie, daß Eile geboten war. Sie schauten sich um und erblickten auf der rechten Seite des Platzes, auf dem sie sich befanden, das prachtvoll beleuchtete Portal eines Palastes, in dem sich eifrig Leute in karminroten Hemden und Jäckchen gelb wie Safran bewegten. Sie gingen auf einen der Fackelträger, die im Portal standen, zu und fragten, ob sich für sie beide bei seinem Herrn Arbeit oder ein Almosen für diese eine Nacht finden lasse. Er gebot ihnen zu warten, ging in den Palast, und im Handumdrehen eilten zwei der Safrangekleideten auf sie zu und freuten sich über sie wie über die liebsten Verwandten. Sie führten sie in einen schön eingerichteten und geheizten kleinen Saal, in dem ein prächtig hergerichteter Tisch prunkte, und da eilte vom oberen Tischende mit einem Freudenschrei ihr geflüchteter Bruder auf sie zu. Es stellte sich während des Gespräches, das erfolgte, heraus, daß ihr Glück sie vor den reichsten Gasthof der Stadt, den man hier Hotel nannte, geführt hatte, daß die safran-

gekleideten Leute zum Hausgesinde des Hotels gehörten und daß ihr Bruder, der hier tagelang auf sie gewartet hatte, befohlen hatte, jeden Hilfsbedürftigen, der im Hotel oder in der Nähe auftauchte und nach Arbeit oder Almosen fragte, zu ihm zu bringen, und Hilfsbedürftige, die zu zweit auftauchten, unbedingt und sei es mit Gewalt, zu ihm zu bringen.

Wie konntest du wissen, daß wir kommen würden? fragte ihn der kleine Bruder, als der älteste seine Geschichte beendet hatte.

Ich habe es nicht gewußt, ich habe es gehofft, antwortete der große Bruder. Ich habe nur eins gewußt: Wenn es irgend etwas gibt, was euch die Kraft geben könnte, aus der Not herauszukommen, ist es der Haß, das Stärkste im Menschen. Deshalb habe ich alles getan, was ich konnte, um in euch den Haß zu wecken. Zum Glück ist es mir gelungen! Laßt uns dieses Gelingen jetzt feiern.«

Der Hauslehrer ließ das Buch sinken und verneigte sich, die Diener flitzten in dem großen Saal hin und her, um die Becher, die die Gäste während des Vorlesens geleert hatten, aufs neue zu füllen. Unter den verwirrten Gästen erhob sich ein Gemurmel, und dann richteten sich alle Blicke auf den Hausherrn, der der Lesung bequem zurückgelehnt auf einem Sofa am oberen Ende des Saals gelauscht hatte. Der Hausherr richtete sich auf, als ginge er den Blicken entgegen.

»Das, meine Herren, ist die Geschichte, die mein ältester Bruder unserem Diener diktiert hat«, erklärte er, wobei er mit der Hand auf den Hauslehrer zeigte. »Sie erklärt die Herkunft meines Vermögens besser, als ich es vermocht hätte. Und die Fortsetzung der Geschichte kennt ihr auch ohne meine Erklärungen, hier sind wir unter uns, wir kennen

und verstehen uns ohne Worte. Kurz nach der glücklichen Begegnung bemerkte ich, daß meine Brüder viel kosteten. Der kleine hatte sich Erfrierungen zugezogen, die die Ärzte erfolglos kurierten, dafür aber erfolgreich kassierten, und der große war verrückt nach Frauen, die, wie ihr wißt, noch teurer sind als Erfrierungen. Deshalb habe ich meinem kleinen Bruder lange und beharrlich erklärt, das mit dem Haß sei eine dumme Geschichte, mit der der Schuft nur seinen Verrat gerechtfertigt habe, und wahr sei in Wirklichkeit, daß uns unser lieber Bruder zurückgelassen habe, damit wir verreckten. Der Kleine war zum Glück ein Kind der Liebe, er vermochte nicht entschieden genug zu zweifeln und Mißtrauen zu hegen. Am Ende hatte ich Erfolg, und wir haben unseren ältesten Bruder gemeinsam beseitigt, dann beseitigte ich allein den jüngsten, der immer mehr kostete. Nebenbei gesagt, meine Herren, habe ich in den Gesprächen mit meinem kleinen Bruder die Wahrheit gesagt: die Lehre meines verstorbenen Bruders vom Haß ist tatsächlich eine dumme Geschichte, weil der Haß natürlich nicht das Stärkste im Menschen ist. Die größte Kraft des Menschen ist der Verstand, der uns eine ruhige Gleichgültigkeit schenkt gegenüber allem, was nicht unserem eigennützigen Interesse dient. Ich bin der lebende Beweis dafür, denn ich habe als einziger von uns drei Brüdern all unser Elend überlebt.«

11

Die Enthauptung

»Das nenne ich Meisterschaft«, sagte Milorad Kordo und klopfte Simon auf die Schulter, als drückte er ihm seine besondere Anerkennung aus. »Es muß ein einziger Hieb mit einem stumpfen Gegenstand auf eine exakt bestimmte Stelle an einer exakt bestimmten Naht am Hinterkopf gewesen sein. So was gelingt nicht ohne lange Erfahrung und Ausbildung, anders gelingt es nicht, selbst wenn Gott sagen würde, es sei möglich.«

»Führ den Namen Gottes nicht leichtfertig im Munde, Milo«, tadelte ihn der Gastgeber Jovo Klepelić.

»Da hab ich mich mal wieder vergessen, und das auch noch auf deiner Slava.«

»Die im übrigen gar keine richtige Slava ist, sondern eher ein Anlaß, die Freunde zusammenzurufen. Wie du siehst, gibt es nicht einmal Slava-Kuchen«, wandte sich Jovo an Simon, als schuldete er gerade ihm eine besondere Erklärung, wohl weil sie alle bei ihm zu Hause saßen und Simon gestern von Landeka persönlich eingeladen worden war. Dann sagte er zu Kordo. »Slava hin oder her, so was macht man einfach nicht.«

»Entschuldige, ich will's nicht wieder tun«, lenkte Kordo versöhnlich ein, obwohl die übertriebene Achtung, die Jovo ihm ansonsten erwies, den Eindruck erweckte, er sei Jovos Vorgesetzter. Um seinem Versprechen gebührenden Nachdruck zu verleihen, begann er zu singen, mit einem Lächeln im Gesicht, als triebe ihn eine kaum zurückzuhaltende Freude dazu an.

»Ich will's nicht wieder, will's nicht wieder, will's nicht wieder tun. Jovo, Jovan, Jovanchen, Jovanlein, unser Freund! Einer wie du wird nicht alle Tage geboren. Prost, Jovo! Los, Doktor, lassen wir ihn hochleben, hoch, hoch, hoch! Auf die Gesundheit!«

Alle prosteten Jovo Klepelić zu und tranken aus. Ein Mann, der auf einem Holzstuhl in der Ecke saß, schrie laut auf, beruhigte sich aber wieder, als ihn die anderen verwundert ansahen. Kordo hob seine ausgebreiteten Arme in die Höhe und seufzte laut, als wollte er ein starkes Entzücken, das in seinem Inneren wallte, herauslassen. Dann nahmen die Leute ihre Gespräche wieder auf, die sie unterbrochen hatten, um auf den Gastgeber zu trinken, und auch Kordo kehrte zu seinem Gespräch mit Simon zurück.

»Ich liebe saubere Arbeit, Doktor, ich bin das, was man neuerdings einen Perfektionisten nennt. Ich bin nun mal so, was soll ich machen. Wenn das keine saubere Arbeit sein soll, dann weiß ich auch nicht. Hast du gesehen, wie sein Schädel am Hinterkopf zerschmettert ist, ohne daß sich sein Gesicht verkrampft hat?! Hast du den schönen Anblick gesehen? Von der einen Seite würdest du sagen, er schläft, von der anderen Seite siehst du, daß er nie wieder aufwachen wird. Sag bloß, das ist kein perfekter Hieb! Los, Doktor, auf die perfekten Hiebe! Ich liebe es perfekt, so bin ich nun mal.«

Kordo lachte über seine Witze, während er Schnaps in ihre Gläser goß, sie stießen wieder miteinander an und tranken, und dann hob Kordo, wahrscheinlich von seiner Begeisterung hingerissen, abermals die Hände in die Höhe und machte laut »Uuupps«, wie Leute, die einen Schwips haben. Simon hatte erstaunlicherweise keinen, obwohl er seit seinem Eintreffen neben Kordo auf der Couch gesessen und mit ihm getrunken hatte; nur die angenehme, leicht euphorische Stimmung, die ihn seit heute morgen umfing, hatte sich etwas verstärkt. Er war in einem Zustand sanfter Entzückung aufgewacht, der ihn den ganzen Tag vor allem, was ihm zugestoßen war, geschützt hatte, als hätte er einen Panzer um ihn gebildet, und er schützte ihn auch vor dem Schwips. Als wirkte der Traum, der diesen angenehmen Zustand wahrscheinlich hervorgerufen hatte, immer noch nach, ja, als dauerte er an.

Er hatte sich ein Bett auf der Veranda aufgeschlagen, unmittelbar nach der Lektüre der langen Geschichte von Vojin Stanimirović, weil er in seinem Zimmer wegen der Seufzer und Flüstertöne, die von überall herkamen, nicht hatte einschlafen können, und kurz vor dem Erwachen, wahrscheinlich vor dem Morgengrauen, träumte ihm, ein wahrer Sternenregen gehe auf die Erde nieder. Er stand neben einem Baum mit einer riesigen Krone, die ihn wohl schützte, und schaute, wie es Sterne vom Himmel regnete, als käme ein großer Komet oder gleich der ganze Himmel auf die Erde zu. Er schaute, wie sich die Sterne in Trauben feuerwerksartig vom Himmel lösten, wie diese Trauben ein wenig später in Hunderte, Tausende von Sternen zerstoben, von denen jeder einzelne hell genug war, um die Welt zu beleuchten, und wie sie dann herabkamen und allmählich erloschen. Er schaute sich das voller Freude und Erregung an, wie ein Kind ein Feuerwerk anschaut, und jedes neue Zerstieben und jeder aus diesem Zerstieben entstandene Stern vergrößerte seine Freude und gab ihm die Gewißheit, daß alles gut würde. Das Leben ist gut, und alles ist gut, man muß leben. Leben! Er sah sich selbst, in Weiß gekleidet, ähnlich den weißen Anzügen der Judokas, und freute sich, weil er jetzt hätte losrennen, von der Erde abheben, fliegen können. Und besonders freute er sich, weil Barbara wieder mit ihm spielte. Er weiß, daß sie da irgendwo ist (im Traum weiß man so gut wie alles ganz sicher) und sich im Spiel vor ihm versteckt hat, so wie sie es vor langer Zeit getan hatte, ganz am Anfang ihrer Liebe. Es ist gut, daß sie wieder spielt, es ist gut, daß sie spielt, wie sie es getan hat, als sie jung waren. Und sie spielt, hat sich versteckt und tut, als sei sie nicht da, als könnte er von ihrer Anwesenheit nichts wissen, wenn er sie nicht sieht. Er weiß natürlich, daß sie da ist, nicht nur, weil man im Traum auch das weiß, was man nicht sieht, sondern weil er ganz deutlich ihren Körper spürt und wie sie sich an ihn schmiegt, warm und nah, näher als seine eigene Haut.

Er erwachte und spürte, wie ihn ihr wunderschöner, leicht gewölbter Bauch berührte, ihr Bauch mit der gleichmäßigen, trichterförmigen Vertiefung des Nabels in der Mitte, wo sich ihr Duft sammelte und so stark und intensiv wurde wie an keiner anderen Stelle ihres Körpers. Er stand auf und spürte an seinem Bauch diese heilsame Berührung und den Schutz, den sie ihm bot. Ich danke Dir, Gott, daß Du in Deiner unermeßlichen Güte den Bauch der Frau erschaffen hast, diesen wärmsten und mildesten Ort auf der Welt, fühlte, dachte und sprach sein ganzes Wesen. Und sein Verstand verdichtete die Empfindungen unwillkürlich zu der Erkenntnis, daß es keine Kälte gibt, die ein sanft angeschmiegter weiblicher Bauch nicht zu mildern und auf ein erträgliches Maß zu reduzieren vermöchte.

Er beschloß, das Bettzeug nicht von der improvisierten Liege auf der Veranda zu räumen, vielleicht könnte es als weiteres Argument in seiner Auseinandersetzung mit Ibrahim taugen und den skeptischen Nachbarn überzeugen, daß er Simon ernsthaft bei der Durchsuchung des Hauses helfen müsse. Gleich nach der Morgentoilette würde er zu Ibrahim gehen, doch auf dem Weg ins Badezimmer spürte er ein starkes Kribbeln in den Beinen, das ihn auf dem Fleck festhielt und dann in ein unangenehmes und unerträgliches Gefühl überging, das man vielleicht als eine Mischung aus Reißen und Kitzeln in den Knochen und Beinmuskeln beschreiben könnte. Ohne zu wollen und ohne zu wissen, warum, begann er, auf der Stelle zu hüpfen und nach kurzer Zeit auch ein Bein vors andere zu setzen, wie es Leute tun, wenn sie Reigen tanzen, als würden seine Beine von einer ihm unbekannten Macht, der er sich nicht widersetzen und die er nicht beeinflussen konnte, gelenkt. Dieser Macht war zum Glück nur kurz an seinem Tanz gelegen, so daß er weitergehen konnte. Er putzte sich die Zähne, befeuchtete den Rasierpinsel und löste damit die Seife in der Schale auf, wobei er einen üppigen Schaum machte, dann richtete er sich auf, genoß im voraus die Berührung seines Gesichts mit dem Rasierpinsel beim Auftragen des Schaums – und kam zu dem Schluß, daß der Spiegel noch immer verrückt sei. Darin sah er nämlich nicht sein eigenes, sondern ein anderes Gesicht, ein von irgendwoher bekanntes Gesicht, das ihm früher bestimmt einmal vertraut gewesen war, zweifelsohne aber ein Gesicht, das nicht das seine war und das demzufolge nicht im Spiegel sein konnte, während er davor stand. Verwundert senkte er seinen Blick auf die Schale mit der Rasierseife, sah sich um, wie für alle Fälle, dann kehrte sein Blick zum Spiegel zurück, und er sah sich selbst, bereit zum Rasieren. So konnte er sich rasieren und empfand ein paar Augenblicke lang jenen Genuß, den ihm mehr als alles andere das Rasieren bereitete, wobei er darüber philosophierte, daß das Rasieren, wenn man den Schaum von Hand aufs Gesicht aufträgt oder einen elektrischen Apparat benutzt, nichts weiter war als ein Enthaaren des männlichen Gesichts, während es sich beim Rasieren mit dem Pinsel um ein genußvolles, sinnliches Ritual handelte, mit dem wir die Spuren des Schlafs und der intimen Berührungen beseitigen, als legten wir dadurch unsere Verletzlichkeit ab und errichteten eine Grenze zwischen unserem Haus und der Welt, zwischen uns als intimer und als öffentlicher Person, zwischen dem persönlichen und dem öffentlichen Raum, dem frühen Morgen und dem Tag. Dabei wußte er, daß er sich jenes Gesicht nicht eingebildet hatte, sondern daß es wirklich in seinem Spiegel gewesen war und daß ihn im Flur nicht sein eigener, sondern ein fremder Wille, der vielleicht sein Spiel mit ihm trieb, zum Tanzen gebracht hatte. Aber bei dem Gedanken daran überkam ihn weder Wut noch Grauen, weil ihn davor und vor allem anderen die Berührung seines Bauchs mit dem von Barbara schützte beziehungsweise jenes positive Entzücken, das ihn im Traum innerlich erfüllt und äußerlich umfangen hatte.

Mit einer Scheibe Brot und Käse, seinem Frühstück, in der Hand ging er zu Ibrahim hinüber, der ihm wortlos folgte. Gemeinsam wollten sie das Haus durchsuchen, um herauszubekommen, was sich dort eigentlich abspielte. Simon brauchte Ibrahim nicht vom Ernst seiner Probleme mit dem Haus zu überzeugen, weil die Kälte, die ihnen in den Zimmern entgegenschlug, Ibrahim zuerst irritierte und dann verstörte. Er behauptete, ein Haus wie dieses, mit soviel Holz und Mörtel gebaut, könne nicht einmal im tiefsten Winter, wenn man einen Tag nicht geheizt habe, so kalt sein. Auch das spöttische Knarren, das nur in der Küche und im Badezimmer nicht ständig zu hören war, sei eigentlich nicht möglich, eine Behauptung, die er dadurch bewies, daß er in den Zimmern an verschiedenen Stellen und auf unterschiedliche Art gegen den Fußboden drückte, wobei er Simon auf den Unterschied zwischen den Tönen, die der Fußboden unter seinem Druck von sich gab, und jenem spöttischen Ton, der zu hören war, wenn sie ruhig waren, aufmerksam machte. Er klopfte an die Wände und schlug dann mit der flachen Hand dagegen, um zu beweisen, daß sie überhaupt nicht knarren können, auch nicht spöttisch, aber jener Ton, den Simon als spöttisches Knarren bezeichnete, weil ihm das die treffendste Beschreibung schien, kam auch weiterhin aus den Böden, aus den Wänden, aus jedem Möbelstück, wenn in ihm größere Holzanteile waren. »Komm, sei vernünftig«, faßte Ibrahim die Resultate seiner Untersuchung nicht ohne Wut in der Stimme zusammen. »Du weißt, es kann nicht sein, aber du siehst, daß es doch so ist.« Dabei machte er eine Bewegung und gab ein Geräusch von sich, als spuckte er aus, dann ging er ins Erdgeschoß, damit sie sich mit der Kellertür beschäftigten. Auch da hatten sie nicht mehr Glück, weil sich die Tür nicht öffnen ließ und auch nicht nachgab, sosehr sie sich auch mit vereinten Kräften dagegenstemmten. Ibrahim brachte Hammer und Meißel, und wieder quälten sie sich lange bei dem Versuch, den Meißel zwischen die Tür und den Türstock zu klemmen, um irgendeine Bewegung zu verursachen. Danach versuchten sie es mit einer Axt, wieder ohne Erfolg. Von den Schlägen, die das ganze Haus hätten erschüttern können, ging die uralte Tür nicht auf, sie ging auch nicht entzwei und gab auch nicht nach. Als handelte es sich nicht um eine normale Holztür, sondern um einen Granitfelsen.

Schließlich fiel Ibrahim ein, daß es an der Südwand des Hauses eine Art Oberlicht gab, eine winzige verglaste Öffnung, durch die sie in den Keller schauen und vielleicht das Geheimnis der Tür lüften könnten. Sie gingen auf den Hof hinaus, dann um die Ecke des Hauses und gelangten in den

Garten, der sich über ein paar hundert Meter erstreckte und am Zaun zur Baumschule endete, in der die Forstverwaltung Setzlinge für die Aufforstung zog, und dann gingen sie um eine weitere Ecke und kamen auf die Südseite, von der aus man sonst nicht auf das Haus zuging, weil etwa zehn Schritte weiter eine steile Schlucht abfiel. Sie fanden unten an der Mauer eine kaum sichtbare Öffnung, nicht ganz einen halben Meter lang und kaum eine Spanne hoch, die offensichtlich hergestellt worden war, indem man aus der fertigen Wand einen Stein herausgeschlagen hatte, damit etwas Licht in den Keller käme. Sie legten sich auf die Erde, schoben sich zum Fensterchen und erblickten in der Scheibe das Spiegelbild ihrer Gesichter. Ibrahim spuckte ärgerlich aus, richtete sich auf und lief ins Haus, um wenig später mit der Axt zurückzukehren. Er erklärte Simon, die ganze Mühe werde nichts nützen, weil das Fensterchen zu dicht unter der Kellerdecke angebracht sei, trotzdem müßten sie es versuchen. Er schlug mit der Axt die Scheibe ein und fegte die Scherben nach innen. Sie streckten sich wieder auf der Erde aus und schoben sich, einander buchstäblich wegdrängend, an das Loch heran, um möglichst schnell Einblick in das Geheimnis des Kellers zu bekommen. Drinnen herrschte die kaum gemilderte Finsternis eines unterirdischen Raums, draußen heller Tag, so daß sie nichts erkennen konnten. Also legten sie sich auf die Seite und schoben sich direkt an die Wand und schirmten die Augen mit den Handflächen ab, um sie vor dem Tageslicht zu schützen. Die ungünstige Perspektive gab den Dingen, die sich schemenhaft abzuzeichnen begannen, ein leicht verzerrtes Aussehen, aber sie konnten doch so viel erkennen, daß sich dort unten nichts befand, was man in einem gewöhnlichen Kellerraum nicht erwarten würde. Auf jeden Fall sahen sie, daß die Kellertür weder verbarrikadiert noch zugeschüttet, sondern frei war, sich also problemlos hätte öffnen lassen müssen. Und doch hatte sie keinen Millimeter nachgegeben, nicht einmal soviel, um die Spitze der Axt oder den Meißel zwischen sie und den Türstock zu klemmen! Mehr noch verwirrte sie eine andere Entdeckung: An der Ostwand des Kellers, an der Wand zur Baumschule hin, konnte man zwar nicht gestochen klar, aber doch hinreichend deutlich eine Tür sehen – eine Tür wie in alten Magazinen, eine große dunkle zweiflüglige Metalltür mit bogenförmigem oberen Rand und einem großen Riegel in der Mitte. Bestürzt blickten sie einander an, um sich zu vergewissern, ob der andere dasselbe gesehen hatte. Wenn es auf dieser Welt mit rechten Dingen zuginge, hätten sie das hier nicht sehen dürfen, weil dort, an jener Wand, nie eine Tür gewesen war.

»Großer Gott!« schrie Ibrahim auf und lehnte sich mit dem Rücken schwer an die Hauswand. Was hätte er auch anderes sagen sollen?

Sie gingen zu Ibrahim ins Haus, müde und verwirrt, eher um sich zu sammeln als weil sie hungrig gewesen wären. Nach dem Mittagessen erbat sich Ibrahim ein wenig Zeit, »um Atem zu schöpfen« und »einen Kaffee zu schlürfen«, doch dann beschloß er, daß es nicht schlecht wäre, sich auch »ein wenig hinzulegen«. Alles, was er aufzählte, war dazu angetan, eine Rückkehr in Simons Haus zu verschieben, in Wirklichkeit aber zu vermeiden. Simon, geschützt durch seinen weißen Traum und das sanfte Entzücken, das er in ihm hervorgerufen hatte, war die ganze Zeit ruhig geblieben, erfüllt von dem Gefühl, daß alles gut war oder zumindest gut werden würde. Als Ibrahim ankündigte, daß er »sich doch ein bißchen hinlegen« wolle, verabschiedete sich Simon von ihm und Nusreta und kehrte in sein Haus zurück. Er ging geradewegs ins Badezimmer und stellte sich vor den Spiegel. Er sah sein Gesicht, was ihn ein wenig verwunderte, vielleicht sogar enttäuschte. Natürlich hatte er auch nichts anderes erwartet, aber irgendwo am Rand seines Bewußtseins hatte er gedacht, er werde vielleicht das Gesicht vom Morgen sehen und Gelegenheit haben, es etwas länger zu betrachten, lange genug, um sich daran zu erinnern, woher er es kannte und warum der Gedanke an dieses Gesicht gute Gefühle in ihm weckte. Es ließ ihm den ganzen Tag keine Ruhe, es war ihm bekannt und vertraut, blieb aber bis jetzt einfach namenlos. Sicher würde er sich erinnern, wenn er es noch einmal sähe. Wohl deshalb wußte er jetzt nicht, ob er sich freuen oder sich betrogen fühlen sollte, ob es ein gutes oder ein schlechtes Zeichen war, daß sein Spiegel widerspiegelte, was vor ihm stand, ob es etwas Gutes über seinen Zustand aussagte oder etwas Schlechtes, daß ihn das ein wenig überraschte.

Vom Bad aus wollte er in sein Zimmer gehen, aber er drehte sich in der Tür um und schaute noch einmal zum Spiegel, als überprüfte er ihn und sich selbst. Über die silberne Oberfläche huschten blitzartige Lichter wie Reflexe einer ungewöhnlich starken Flamme, die im Wind flackert. Hatte sich dieser Spiegel eben noch, als er normal aussah, nur verstellt, oder spielte auch er mit ihm und benahm sich mal so und mal anders? In seinem Zimmer ging er als erstes zum Fenster, um sich zu vergewissern, daß ihn das Geräusch, das von draußen kam, nicht getäuscht hatte – vom verhangenen Himmel fiel ein eintöniger Nieselregen, der in Foča tagelang dauern konnte und eine sichere Ankündigung des Herbstes war. Er ging zum Schreibtisch und stellte fest, daß der Brief an Barbara, den er am Abend seines ersten Tages in Foča angefangen hatte, nicht mehr dort lag. Er erinnerte sich ganz genau, daß er einen Stoß Briefpapier hervorgeholt und auf den Tisch gelegt hatte, daß er ein paar Blätter herausgenommen und zu schreiben angefangen, sie dann aber wieder auf den Packen zurückgelegt hatte. Jetzt lag auf dem Tisch nur ein Stoß ordentlich aufeinandergeschichteter Briefbögen, ohne die Blätter, die er unachtsam auf den Packen geworfen hatte. Der begonnene Brief fehlte. Wohl wissend, daß es sinnlos war, weil ihn dieses Mal seine nicht immer zuverlässige Erinnerung mit Sicherheit nicht trog, griff er dennoch zur Schublade, in die er ihn nicht hatte legen können, weil sie sich nicht öffnen ließ. Aber er kam nicht dazu, sich davon zu überzeugen, daß er den Brief nicht in die Schublade geräumt hatte – die er ja gar nicht geöffnet hatte –, weil von der Straße ungeduldiges Hupen und dann Schläge gegen sein Tor zu hören waren. Unten stand der Mann, der ihn zu Jovo Klepelić' angeblicher Slava fahren sollte.

»Sprich nicht so respektlos über die Nase«, sagte Jovo zu einem unbekannten Mann, der auf einem Stuhl links von Kordo und Simon saß, »die Nase ist, um genau zu sein, ein sichtbares Symbol der Seele.«

»Darf sie auch etwas weniger sein, Jovo, bitte!?« lachte die korpulente Dichterin Milijana.

»Du müßtest über Nasen mehr wissen als er«, wandte der Mann ein, den Jovo gerade belehrte.

»Ja, natürlich, die Nase ist auch ein Symbol des Charakters, an der Nase siehst du gleich, mit wem du es zu tun hast«, erläuterte Jovo. »Eine große und ebenmäßige Nase spricht für einen starken Charakter. Wer eine gesunde und starke Nase hat, holt mit jedem Atemzug soviel Odem wie ein guter Blasebalg, und da, wo man gut und tief atmet, ist alles gut und tief, da ist Kraft und Charakter und menschlicher Ernst. Was willst du denn von einem, der Luft schnappt wie ein Spatz?!«

»Bei Männern leuchtet mir das ein, lieber Freund, ihr haltet euch mit dem Atem an der Welt fest. Doch was machen wir mit den Frauen, womit halten die sich an der Welt fest?« rief Milijana lachend, doch ihr Gesicht verkrampfte sich, als unterdrückte sie einen Aufschrei oder kämpfte mit den Tränen.

»Ich nehme mal an, daß du mir nicht zustimmst?« vergewisserte sich Kordo und sah Simon aufmerksam ins Gesicht. »Aber das ist so, mein Guter, glaub mir.«

Der Mann, der auf dem Holzstuhl in der Ecke gesessen und hin und wieder aufgeschrien hatte, erhob sich, und mit strengem Blick auf die Anwesenden verkündete er übertrieben laut: »Wir gehen!«, während er mit dem rechten Zeigefinger zuerst auf sich, dann auf die Tür deutete. Unsicheren Schritts, sich an den Leuten, am Tisch, an den Stuhllehnen festhaltend, unterwegs ein paar Gläser und eine Flasche umstoßend, unentwegt vor sich hinmurmelnd stolperte er zur Tür. Es dauerte eine halbe Ewigkeit, bis er aus dem Zimmer war, in dem die ganze Zeit über Schweigen herrschte, weil ihn alle wie gebannt anstarrten, und erst, als er schon draußen war, ertönte eine verwirrte Stimme, die, nach allem zu urteilen, unabsichtlich »Was für Idioten!« rief und dadurch die anderen Stimmen weckte und Leben in das Zimmer zurückbrachte.

»Ich weiß es aus eigener Erfahrung«, versicherte Kordo, dem anscheinend sehr daran gelegen war, daß Simon mit ihm in etwas übereinstimmte, was er im vorigen Gespräch dargelegt hatte. Simon mußte es überhört haben, jedenfalls wußte er nicht, worin er übereinstimmen sollte. »Wenn du wüßtest, unter welchen Bedingungen und in welcher Armut wir bei der Volksmiliz nach dem Krieg gearbeitet haben! Unsere besten Tage waren die, an denen wir halb verhungert waren, aber trotzdem haben wir mit Begeisterung Banditen gejagt und waren guter Dinge. Weil wir die Volksmiliz waren, wir waren ein besonderer Menschenschlag, wir durften offen unsere Verachtung und unseren Haß auf die Großbauern und die Bourgeoisie, auf die Königstreuen und die Kollaborateure zeigen. Wir waren etwas Besonderes und durften öffentlich unsere Verachtung kundtun, deshalb waren wir stolz und glücklich. Solange der Mensch denkt, er gehöre einer auserwählten Gruppe an, und öffentlich Verachtung und Haß auf eine andere Gruppe zeigen darf, wird er alles ertragen und sicher sein, daß es ihm gutgeht. Das mußt du berücksichtigen, wenn du die Regierung bist oder werden willst. Du brauchst den Leuten weder Brot noch Wasser zu geben, überzeuge sie nur, daß jemand schlechter ist als sie, und gib ihnen das Recht, ihn anzuspucken und mit Füßen zu treten, glaub mir, sie werden dir ergeben sein wie nur irgend möglich. Zeig mir, wen ich hasse, und erlaube mir, ihn anzuspucken, das Brot wird sich schon finden. Steck mich, wohin du willst, ins Gefängnis, oder steck mich in die Scheiße, wenn du willst, nur gib mir jemanden, der schlechter ist als ich und es schwerer hat als ich, und ich werde nie auf die Idee kommen zu fliehen und werde dein ergebenster Diener sein. Die Hunde haben schon gewußt, was sie taten, als sie den Menschen zähmten, mein Guter.«

Von draußen drangen Geräusche herein, erregtes Stimmengewirr, wildes Gerenne, und dann stürzte eine aufgelöste Frau ins Zimmer und meldete, die Tekija, das Kloster auf dem Schwarzen Gipfel, stehe in Flammen. Daraufhin brach auch im Zimmer das Chaos aus. Die einen sprangen auf, um loszulaufen, die anderen hielten sie fest, zogen sie an den Händen und Ärmeln und redeten auf sie ein, zu bleiben, wo sie waren, weil für den Brand nicht die Polizei, sondern die Feuerwehr zuständig sei. Die einen wie die anderen sprachen schnell und sehr laut. Schließlich hob ein Simon nicht bekannter Mann ein Glas und begann mit seinem Dolch dagegen zu schlagen, wodurch sich allmählich alle anderen Geräusche legten.

»Es ist gut, Leute, Ruhe! Wir haben bisher genug geübt, wir werden doch wohl imstande sein, das Haus geordnet zu verlassen«, sagte er. Dann zeigte er mit den Augen auf ein paar Leute, unter ihnen auch Kordo, und verkündete: »Gehen wir. Alle anderen auseinander.«

»Und der Polizeichef? Vielleicht kommt sogar der Kommandant«, warf Jovo mit besorgter Stimme ein.

»Du bleibst hier, du kannst auf sie warten und es ihnen erklären. Aber ich denke sowieso, daß sie schon dort sind.«

»Soll ich mitkommen?« fragte Simon – es waren die ersten Worte, die er sprach, seit er gekommen war.

»Du gehst nach Hause, und zwar auf dem direkten Weg«, entgegnete Kordo grob. Er mußte sich mit der Hand an die Wand lehnen, um sich auf den Beinen zu halten.

Als Simon aufzustehen versuchte, merkte er, daß er ebenfalls unsicher auf den Beinen war. Aber er zwängte sich ohne größere Probleme zwischen den Leuten und den Möbelstücken, mit denen das Zimmer vollgestopft war, hindurch und gelangte in den Flur, in dem sich noch einige Leute voneinander verabschiedeten. Eine Frau kam auf ihn zu und drückte ihm eine Taschenlampe und einen Regenschirm in die Hand. »Damit du dich zurechtfindest«, sagte sie, und auf Simons fragenden Blick fügte sie hinzu: »Bring die Sachen einfach irgendwann zurück. Und wenn nicht, ist es auch nicht weiter schlimm.« Daraus schloß Simon, daß es Jovos Frau sein mußte.

Draußen nieselte es, zu schwach, um den Nebel, der sich im Tal zusammengeballt hatte, auseinanderzutreiben, aber stark genug, um einen bis auf die Haut zu durchnässen, wenn man längere Zeit ohne Schutz draußen zubrachte. Simon beschloß dennoch, den Regenschirm nicht aufzuspannen, in der Hoffnung, der Regen und das Gehen würden ihn vom Schnaps und Tabakqualm befreien. Aber die Taschenlampe konnte er gut gebrauchen, das schwache Licht der spärlichen Straßenlaternen hätte ihm nicht einmal geholfen, von Jovos Haus ins Stadtzentrum hinunterzugehen, geschweige denn, nach Hause zu kommen. Auch so, mit der Taschenlampe, die ihm zwar nicht dabei half, herauszubekommen, wo er war und wohin er gehen mußte, ihm aber zumindest den Asphaltweg zeigte, den er nicht verlassen durfte, war sein Abstieg ins Zentrum ein langes, trauriges Umherirren. Wenn es nicht geregnet hätte, hätte er an der Existenz des Himmels zweifeln müssen, weil sich über seinem Kopf alles zu einem unbeweglichen und undurchsichtigen Klumpen aus Finsternis komprimierte. Um ihn herum Nebelschwaden und hier und da Blöcke besonders dichten Dunkels – Häuser oder Bäume –, bis zum Zentrum das einzige Zeichen für die Existenz von Gebäuden in dieser Stadt, weil nirgendwo ein beleuchtetes Fenster zu sehen war. Den Straßenlaternen gelang es, in ihrer unmittelbaren Nähe das Dunkel ein wenig zu lichten, so daß man die spärlichen Nebelschwaden sah. Wo war dieser Schwarze Gipfel, und was für ein Feuer war das wohl, wenn weder ein ferner Widerschein noch ein Fünkchen hier herunterdrangen? Wie war es möglich, daß das Dunkel Anfang September so dicht und so tief war? Auch kein Wind, der einen Zweig bewegt hätte, so daß jeder Baum, an dem er vorbeikam, aussah, als wäre er aus Pappe gemacht. Nirgendwo ein Passant, nirgendwo eine Katze oder ein Nachtvogel, nur zwei Hunde, die abwechselnd irgendwo hinter seinem Rücken aufheulten. Aber auch sie heulten irgendwie künstlich, wie ein gut eingeübtes Duett, als unterhielten sie sich oder als spielten sie. Dem Klang nach hätte man meinen können, sie meldeten sich immer von derselben Stelle aus, aber Simon schien es zeitweise dennoch, als begleiteten sie ihn und als wären sie immer gleich weit von ihm entfernt.

Er hatte keine Vorstellung, wieviel Uhr es war, aber an allem war zu erkennen, daß es sehr spät sein mußte. Deshalb war die Frage müßig, ob er gleich zu sich nach Hause gehen oder vorher noch bei Ibrahim einkehren sollte, um zu Abend zu essen und sich aufzuwärmen. Er hob die Taschenlampe, als wollte er abschätzen, wie viele Schritte es noch bis zu seinem Tor waren, und beleuchtete eine menschliche Gestalt, die plötzlich auftauchte, als wäre sie aus den Brettern, aus denen das Tor gemacht war, herausgetreten. Im selben Moment fuhr ihm durch den Kopf, daß das, was er sah, natürlich nicht wirklich geschah, daß es sich um eine Irreführung seiner müden Augen, um ein Spiel aus Licht und Schnaps zu später nächtlicher Stunde handeln mußte, dennoch blieb er wie angewurzelt stehen und starrte die Gestalt an, die, nachdem sie aus seinem Tor gekommen war, im Licht der Lampe klare Konturen annahm. Zum Glück begann die Gestalt mit einer angenehmen, ihm bekannten und vertrauten Stimme zu sprechen, bevor sein erschrockenes Herz völlig stehenblieb.

»Wo hast du um Gottes willen die ganze Zeit gesteckt, ich bin vom Warten schon ganz versteinert!?« begann der Unbekannte, der so tat, als wäre er hier mit Simon verabredet.

Die Stimme, an die sich etwas in ihm erinnerte, veranlaßte Simon, dem Unbekannten ins Gesicht zu leuchten, und er schrie auf. Das war das Gesicht, das er heute morgen im Spiegel gesehen hatte, jenes Gesicht, das später nicht mehr erscheinen wollte und ihn den ganzen Tag mit der Frage verfolgt hatte, woher er das Gesicht kenne.

»Was zum Teufel schreist du so, Simon?« begann die tiefe Stimme des Unbekannten wieder.

Er kannte diese Stimme, wie er auch das Gesicht kannte. Er erinnerte sich an beides, und beides war ihm lieb. War ihm lieb gewesen. Aber woher und wann? Wie?

»Enver?«

»Wer denn sonst?« fragte der Unbekannte zurück.

Simon überflutete eine solche Freude, daß es ihm den Atem verschlug, nur deshalb schrie er nicht wieder auf. Er stand wie gebannt da, unfähig, ein Wort herauszubringen oder sich zu rühren, atemlos und unfähig, Atem zu holen, noch immer das Licht der Taschenlampe auf das Gesicht seines unerwarteten Gastes richtend. Vor dem Tor hatte Enver Pilav auf ihn gewartet, der beste Freund, den er je gehabt hatte, der Kamerad, der in allen Klassen der Grundschule und des Gymnasiums neben im gesessen hatte, der unzertrennliche Gefährte seiner Jugend, mit dem er nur deshalb keinen Kontakt mehr hatte, weil auch Enver ein paar Jahre nach Simon spurlos aus Foča verschwunden war. Als der erste Schock vorüber war, als er wieder einatmen konnte, brach Simon in ein lautes Lachen aus, das ihn nur so schüttelte. Er lachte laut und heftig, er lachte so sehr, daß er Bauchkrämpfe und Seitenstiche bekam. Am Ende blieb ihm wieder die Luft weg, und so mußte er sich allmählich beruhigen. Er machte die Taschenlampe aus, atmete tief ein, und als er wieder sprechen konnte, schrie er laut und breitete vor lauter Freude die Arme aus.

»Enver, altes Haus!«

»Und ich dachte schon, ich müßte die ganze Nacht mit deinem blöden Licht in den Augen hier stehen«, sagte Enver vorwurfsvoll und als hätte er Simons Freude und

Aufregung nicht bemerkt. »Willst du mich vielleicht in dein Haus einladen?«

»Ach, ich Idiot!« rief Simon, begann aber wieder aus reiner Freude zu lachen und beleuchtete mit der Lampe Envers Gesicht wie ein Junge in einem übermütigen Spiel. Das war das Gesicht seines Freundes, ohne jeden Zweifel, aber die Augen … Zu dunkel, völlig schwarz, als wären sie ohne das Weiße, mit großen schwarzen Ringen darum herum, die fast bis zu den Backenknochen gingen.

»Geh mir weg mit dem Licht!« zischte Enver wütend, und Simon knipste, obwohl er durch das Gefühl, das sein Blick in die Augen des Freundes ausgelöst hatte, von neuem erstarrt war, die Taschenlampe aus und öffnete hastig das Tor zum Hof, wobei er Enver aufforderte einzutreten und sich gleichzeitig wegen des dummen Scherzes rechtfertigte.

Simon beeilte sich, die Haustür zu öffnen und das Licht vor dem Haus anzumachen, und überließ es Enver, das Tor zu schließen, aber dann wartete er doch in der Haustür auf ihn und spürte, wie ihn die Freude über die Begegnung mit dem Freund überkam und wie das Gefühl vom Morgen, daß alles gut würde, sich erneuerte. Sie gingen ins Haus und schlossen die Eingangstür, machten das Licht an und standen der weit geöffneten Kellertür gegenüber, durch die ein schwacher Walnußgeruch heraufdrang. Keine Spur von jener trockenen Kälte, keine Spur von Gewalt an der Tür, keinerlei Hinweis darauf, wie sie geöffnet worden war und wer sie wohl geöffnet hatte. Simon bat Enver, ihn zu begleiten, und mit dem Versprechen, ihm später alles zu erklären, ging er in den Keller und machte Licht. An der Wand zur Baumschule hin war jetzt deutlich die große zweiflüglige Metalltür zu sehen, nur weit offen, dahinter Dunkelheit, undurchdringlich wie eine Mauer. Vor der

Tür, etwa zwei Schritte von der Wand, war ein kleiner Steinhaufen zu sehen, wahrscheinlich die Steine, die die Metalltür verdeckt hatten, damit sie aussähe wie ein Stück Wand. Sie gingen zu der aufgesperrten Tür und überzeugten sich, daß dahinter keine Wand, sondern ein dunkler leerer Raum war, in den das Licht, das den Keller erleuchtete, aus irgendeinem Grund nicht eindrang. Simon holte die Taschenlampe hervor, knipste sie an und richtete den Lichtstrahl auf die Wand aus Dunkelheit, die sich vor ihm erhob, aber nichts geschah. Kein einziger Strahl drang hinein, und es wurde auch keiner zurückgeworfen. Es war klar, daß sich hinter der Tür, das heißt dort, vor seinen Augen, ein leerer Raum erstreckte, sonst aber war nichts klar, schon gar nicht, wie es möglich war, daß kein Licht in diesen Raum drang, obwohl es auch nicht zurückgeworfen wurde.

»Da, siehst du das?« fragte Simon Enver resigniert und machte mit der Hand eine Kreisbewegung, mit der er wohl alles Schreckliche und Verwirrende um sich herum umfassen wollte.

»Nein«, antwortete Enver ernst. »Was sollte ich denn sehen?«

»Dasselbe wie ich! Eine geöffnete Tür, Dunkelheit und Kälte, Walnußgeruch … und alles quietscht, vielmehr knarrt. Zum Verrücktwerden!« brach es aus Simon hervor.

»Und wieso willst du deswegen verrückt werden? Du hast doch die Dunkelheit nicht gemacht, du quietschst doch nicht, im schlimmsten Fall hast du die Tür geöffnet. Was regst du dich auf?«

»Diese Tür ist hier nie gewesen«, Simon zeigte empört auf die Metalltür. »Und die da drüben habe ich drei Tage lang vergebens zu öffnen versucht, und jetzt hat sie sich von selbst geöffnet … Ich verstehe das alles nicht!«

»Brauchst du auch nicht.«

»Verstehst du es vielleicht?« fuhr Simon Enver wütend an, durch dessen ruhigen Ton und die unbekümmerten Äußerungen genervt.

»Nein, wie sollte ich!?« beeilte sich Enver zuzugeben. »Aber es gibt viele Dinge zwischen Himmel und Erde, die unser schulmeisterlicher Verstand nicht versteht, das hat man uns schon vor langer Zeit gesagt. Nur haben wir uns abgewöhnt, es zuzugeben.«

»Das hier hat überhaupt nichts mit Verstand zu tun, das ist reiner Wahnsinn!« tobte Simon weiter, als wollte er Envers Anwesenheit und seine große Geduld ausnutzen, um all seine Zweifel, seine Wut und seine Ängste, die sich in ihm seit seiner Ankunft angestaut hatten, abzureagieren. »Das hier ist ohne Verstand, jenseits des Verstandes, das hat keinen Sinn, und da sagst du mir … Klugscheißer!«

Simon schrie, Enver warf von Zeit zu Zeit einen beschwichtigenden Satz ein, so daß sich Simon irgendwann beruhigte und auf die Idee kam, daß sie wieder ins Haus gehen könnten. Enver schloß die Metalltür, die fürchterlich knarrte, als wäre sie seit Jahrhunderten nicht geöffnet worden. Simon machte das Licht aus und schloß die Kellertür, die jetzt ganz zahm war, dann gingen sie in die Küche hinauf. Enver wollte weder etwas essen noch trinken und erklärte, er brauche nur das Gespräch mit einem Freund und die Gewißheit, sich in der Gesellschaft eines echten Menschen zu befinden. Er blinzelte ungewöhnlich stark, weil ihm das Licht der Deckenlampe in der Küche zu hell war, und bat Simon, es zu löschen, wenn er sich das Abendessen gemacht habe, und beim Lichtschein aus dem Flur zu essen. So machten sie es dann auch, setzten sich am Küchentisch einander gegenüber, nachdem Enver mehrmals wiederholt hatte, es bereite ihm Vergnügen, dem Freund Gesellschaft zu leisten, während er esse.

»Hat sich dein Weggang gelohnt?« fragte er Simon nach langem Schweigen. »Hast du erreicht, was du wolltest?«

»Was habe ich denn gewollt?« fragte Simon verwundert zwischen zwei Bissen.

»Das heißt, du hast es vergessen«, seufzte Enver. »Du hast mir gesagt, daß du aus Foča abhaust, um so weit wie möglich von deinem Vater wegzukommen. Du hast gesagt, er sehe und achte in der Welt nur das, was er aufessen oder anziehen könne, aber für das, was er weder in sich hinein- noch auf sich drauftun könne, habe er weder einen Blick, noch messe er ihm einen Sinn bei, selbst wenn er es sehe. Als Beweis hast du unter anderem angeführt, daß er so laut und mit so viel Genuß ißt, daß allen um ihn herum nach einer Minute der Appetit vergeht. So ein Mensch, und dazu noch ein Sieger! Wie soll man mit so jemandem leben können!? So hast du mir das damals gesagt.«

»Und daran erinnerst du dich, während du mir beim Essen zusiehst und zuhörst?« fragte Simon, und es klang wie Widerspruch und Drohung zugleich. Sie lachten und spürten, wie die Erinnerungen, ihre Freundschaft und die Müdigkeit sie überwältigten. »Ganz im Ernst: hätten wir uns darauf eingelassen, erwachsen zu werden, wenn wir gewußt hätten, wie sehr wir unseren Eltern gleichen würden, sobald wir ein wenig älter sind?«

Nachdem Simon seine improvisierte Junggesellenmahlzeit beendet hatte, unterhielten sie sich noch lange, schläfrig und herzlich. Sie gestanden einander, welche Ähnlichkeiten mit ihren Eltern sie an sich festgestellt hatten, erzählten einander, was sie seit jener goldenen Zeit alles erlebt und getan hatten, worüber sie nachgedacht und was sie gelernt hatten. Simon überzeugte Enver davon, daß sich sein Weggehen aus Foča sehr gelohnt hatte und es sich in jedem denkbaren Fall gelohnt hätte, weil er dort seine Barbara getroffen hatte, »es gibt keinen größeren Gewinn und nichts Wichtigeres auf der Welt als die eigene Frau«. Enver erzählte Simon, er sei keine zwei Jahre nach ihm weggegangen, aber nach Osten, immer weiter nach Osten. Zuerst in die Osttürkei, dann in den Iran, nach Afghanistan, nach Kaschmir, und er habe die ganze Zeit unter Sufis gelebt und bei geistlichen Würdenträgern, die in der Abgeschiedenheit lebten und in der Stille lehrten, gelernt. Er sei erst vor ein paar Jahren zurückgekehrt und lebe seither allein in der Bayazit-Baba-Tekija, angenehm von der Welt abgeschirmt.

»Du warst schon immer verdreht«, bemerkte Simon lachend. »Während alle Leute in den Westen gerannt sind, bist du nach Osten gerannt.«

Wieder lachten sie und diskutierten darüber, ob Simon es Enver mit diesem Witz zurückgegeben oder ob er Envers freundschaftliche Bosheit mit dem Essen noch übertroffen habe, aber dann beschlossen sie irgendwann, daß morgen auch noch ein Tag sei und sie jetzt schlafen gehen könnten.

12

Indien ist fern

Wasser, soweit das Auge reicht, klares schönes Wasser von der Farbe frischen Silbers. Aus irgendeinem Grund geriet die unendliche Wasseroberfläche in Bewegung, sie begann zu wogen, als würde tief unten ein riesiges Kind in den Schlaf gewiegt. Das Kind schien nicht einschlafen zu wollen, so daß die silberne Oberfläche anfing, ein finsteres Gesicht zu ziehen, die Stirn zu runzeln und in Falten zu legen, und da sich das Kind weiterhin weigerte einzuschlafen, ballte sich die Wasseroberfläche wütend zusammen – lauter Klumpen überall, nichts als Klumpen. Nur daß diese Klumpen eigentlich Gesichter sind, unzählige menschliche Gesichter unterschiedlicher Größe und Farbe, die breit werden und lachen, schmollen und gähnen, sich verkrampfen, erstarren und drohen, sich verzerren, wachsen und schrumpfen, ihre Nasen heben und senken. Gute und böse, rosarote und grüne Gesichter, mit dicken Lippen und mit schmalen, mit Lippen, die anschwellen und zerplatzen, Gesichter mit dünnen Lippen, die beben. Auf eins der Gesichter, auf das blaue Gesicht eines mongoloiden Bankers, fliegt ein Riesenvogel und küßt ihn lange und leidenschaftlich. Die Stelle rechts neben der Nase wölbt sich vor, und heraus springt ein gepanzerter Schmetterling. Unmerklich verwandelten sich die Gesichter in die großen, fleischigen und zitternden Blätter einer zitronengelben Pflanze, aus ihrem Zittern wurde Trauer geboren. Warum ist alles taub? Wenn doch nur etwas rascheln, rauschen, flattern, schreien würde, wenn doch nur irgendein

Geräusch ertönte – alles wäre besser als diese Hörlosigkeit. Aus einem Blatt krochen Eidechsen in Reih und Glied und flogen davon.

Vermutlich war Simon erwacht, weil die Stille unerträglich geworden war. Vielmehr, er war nicht erwacht, sondern aus seinem Alptraum in einen Dämmer geglitten, in jenen Zustand des Halbbewußtseins, in dem die Traumbilder noch präsent sind, der Träumende aber wieder in seinem Körper wohnt und irgendwie von sich weiß, zumindest weiß er, daß diese Bilder nur ein Traum und nicht die Wirklichkeit sind. Alptraumvisionen waren das, die sich an andere, vergessene Alptraumvisionen gereiht hatten, die ihn schon wer weiß wie lange plagten. Aber warum fühlte er auf dem Gesicht, rechts von der Nase, den Kuß des Riesenvogels? Er hatte doch den mongoloiden Banker geküßt, warum schob sich sein Gesicht da hinein? Das war alles Blödsinn, er mußte nur richtig aufwachen, dann würde sich auch sein Gesicht nicht mehr an die Küsse erinnern, die es im Traum bekommen hatte. Er streckte die Hand aus, ergriff die Uhr, um einen Grund zu haben, die Augen zu öffnen. Es war vier. Vier Uhr morgens konnte es nicht sein, dafür war es zu hell für diese Jahreszeit. Aber wie konnte es vier Uhr nachmittags sein, wo er doch gerade erst aufwachte? »Was kümmert sich die Welt um mich«, dachte eine vorwurfsvolle Stimme in Simon. »Draußen ist es später Nachmittag, niemand würde mich fragen, wie spät es für mich ist.« Aber es war doch verrückt, nach einer nüchternen Nacht spätnachmittags einen verkaterten Morgen zu erleben! Wie lange waren er und Enver denn aufgeblieben? Wie lang war die Kette seiner Alpträume, die offenbar stundenlang aufeinander folgten, ohne daß ihm eine Pause, ein Aufwachen vergönnt gewesen wäre?

Er stand auf, zog den Morgenmantel über und ging ins

Bad, streng darauf achtend, nicht in den Spiegel zu schauen. Er putzte sich nachlässig die Zähne (suggerierte sich, die Zähne geputzt zu haben) und bespritzte sein Gesicht ein paarmal mit Wasser. Zu einer größeren Morgentoilette war er heute nicht fähig. In der Küche spürte er, daß sein Magen bestenfalls ein wenig Kräutertee vertragen würde. Ihm war nicht übel, er war einfach nicht vorbereitet auf Essen, Arbeit, auf alles, was der Selbsterhaltung diente. Auch sein Magen war heute irgendwie verzagt, oder was konnte es sonst sein? Im ersten Moment wollte er mit dem Tee ins Bett zurück, sah aber davon ab, aus Angst, er könne erneut in Alpträume versinken. Es war viel besser, schläfrig in der Küche Tee zu trinken, als sich im Bett mit Vögeln zu küssen.

Der heiße Tee tat ihm gut. Mit jedem Schluck erholte er sich ein wenig. Nach der zweiten Tasse fühlte er sich in der Lage, den Tag zu ertragen, von dem nicht mehr viel übriggeblieben war. Er sah durchs Fenster und überzeugte sich davon, daß es vier Uhr nachmittags gewesen war, als er auf die Uhr geschaut hatte, denn der Hof, die Pflanzen, wahrscheinlich die ganze Welt sahen durch und durch nachmittäglich aus, nur er war unleidlich wie am frühen Morgen. Aber wach und lebendig, jetzt schon bereit für den Tag und ziemlich hungrig, mit dem Gefühl, daß sein Magen munter war. Jetzt würden ihm Brot und Zwiebeln am besten schmecken, und so schälte er zwei kleine Zwiebeln, brach ein Stück Brot ab, holte das Salzfäßchen aus der Kredenz, stellte es auf den Tisch und begann zu essen, aufrichtig verwundert über sich selbst. Gut möglich, daß irgendwer einmal irgendwann Brot und Zwiebeln gegessen hat, aber es ist ganz unwahrscheinlich, daß es zum Frühstück war. Warum aß dann er, Simon, der sich noch vor zehn Minuten für zurechnungsfähig gehalten hatte, jetzt Brot und dazu in Salz getunkte Zwiebeln – auf leeren Magen? Doch das fragte sich nur der Verstand, der Rest genoß die ungewöhnliche Mahlzeit so sehr, daß Simon sich fast wohl zu fühlen begann – abgesehen von den starken Fieberstößen, die ihn zwischendurch schüttelten. Sein Gesicht und seine Handflächen glühten, als wollten sie auflodern, und dann durchströmte ihn ohne Vorwarnung die Kälte, durchzuckte eine kalte Welle wie ein eisiger Blitz seinen Körper, so daß er wie von der Tarantel gestochen aufsprang. Und nach dem Kälteschock aß er weiter, das Gesicht und die Handflächen überzogen sich mit einem leichten, unangenehm riechenden Schweiß.

Plötzlich hielt seine Hand auf halbem Weg zum Mund inne, weil er spürte, daß ihn jemand ansah. Er legte das Brot auf den Tisch, sah sich um, schaute auch unter den Tisch und sagte sich, daß es nur die Tischbeine sein konnten, die ihn betrachteten. Früher waren sie auch mal lebendig gewesen, das brachten sie ihm jetzt aufdringlich zur Kenntnis. So ein Blödsinn, unmöglich! Aber warum eigentlich nicht? Wann hätten sie denn lebendig sein sollen?! Jemand konnte sie orange angestrichen haben, konnte ihre Farbe so oft geändert haben, daß sie selbst vergessen haben, welche ihre richtige Farbe war, jede Spur einer Erinnerung an die Zeit ihres Lebens konnte getilgt sein. Na und? Was willst du damit sagen? Nichts, nur daß sie tot sind. Ja, sie sind nur deswegen tot, weil sie einmal lebendig waren, der Tod ist eine unabdingbare Eigenschaft des Körpers, soviel müßte ein Arzt doch wissen. Was hat jetzt mein Beruf mit der Farbe zu tun? Nichts, es geht darum, daß die Beine lebendig waren. Sollen sie, nur warum tun sie so wichtig damit? Weil das Leben der Erinnerung wegen im Körper gespeichert wird, sie können ihr Leben nicht vergessen, und es kann sie nicht vergessen.

Auch dein Leben bezeugt das, wir alle bezeugen es einander.

Ein weiterer Kälteanfall unterbrach diesen Disput in Simons fiebrigem Kopf. Er kehrte zu seinem seltsamen Frühstück zurück. Wer hatte sich in seinem Inneren gestritten? Er und ein unbekanntes Selbst? Er und die Tischbeine, denen er nicht zugestehen wollte, daß sie lebendig sind? All das kam vom Fieber – aber woher dieses starke Fieber? Vom Regen? Vom Schnaps, den er getrunken hatte, als er mit Kordo zusammensaß? Von dem Walnußgeruch, der ihn ganz durchdrungen hatte und ihn seit Tagen berauscht machte? Nichts war wirklich überzeugend. Er beschloß, daß ihm eine weitere Tasse heißen Tees guttun würde, nicht nur um das Fieber, sondern auch um die Hitze in seinem Magen zu lindern, in den er nüchtern zwei übermäßig gesalzene Zwiebeln gestopft hatte. In der Zwischenzeit war es ziemlich dunkel geworden. Ohne viel zu sehen, machte er den Herd an, um den Tee zu erhitzen, aber dann mußte er doch das Licht anknipsen, um die Reste des Frühstücks wegzuwischen. Gerade hatte er sich an den Küchentisch gesetzt, um seine neue Tasse Kräutertee zu trinken, als Enver Pilav in der Tür erschien.

»Wenn ich nur wüßte, was für eine Finsternis du vertreiben willst, wenn du in solch einem Licht sitzen mußt«, scherzte Enver, anstatt zu grüßen, und dann fragte er, ob er wie gestern abend das Licht in der Küche ausmachen und das im Flur anschalten dürfe, er habe nicht die Absicht, etwas zu essen oder zu trinken, und Simon brauche das Licht in der Küche ja nicht mehr. Während Enver sich ihm gegenüber an den Küchentisch setzte, fragte Simon, ob er sich an die Finsternis der vergangenen Nacht erinnere und ob er irgend etwas von alldem verstehen könne.

»Welche Finsternis?« fragte Enver.

»Die aus dem Keller. Eigentlich die aus der Unterwelt, das ist ja nicht mehr unser Keller, das hinter der Metalltür. Normales Licht dringt nicht durch, das Licht der Taschenlampe dringt nicht durch, mir scheint, auch die Töne sind nicht durchgedrungen, weil unsere Stimmen dort keinen Nachhall hatten.«

»Wahrscheinlich nicht. Ich glaube auch nicht, daß ein Ton durchdringt, wo das Licht nicht durchdringen kann«, stimmte Enver zu.

Aber er teilte nicht Simons Verwunderung, er war vollkommen ruhig und sprach über alles, als handelte es sich um die alltäglichsten Erscheinungen. Nein, er habe keine Erklärung und verstehe es genausowenig wie Simon, aber er denke nicht, daß man sich darüber den Kopf zerbrechen solle, weil sie es ohnehin nicht verstehen könnten. Enver sagte, der Koran führe Beispiele für sieben Arten oder Typen der Zeit an, vermutlich so viele, wie die Menschen verstehen, erleben, erproben, erahnen oder auf andere Weise erfahren können. Sicher könne man auch von verschiedenen Arten des Raums sprechen, ein Sufi-Lehrer am Hindukusch habe behauptet, es würden Beispiele für zehn Typen des Raums angeführt, aber er, Enver, habe die Auslegungen des Lehrers nicht richtig verstanden, so daß er sie nicht wiederholen und weitergeben könne. Auf jeden Fall sei doch die logische Folgerung, daß es so viele Arten des Raums gebe wie Arten der Existenz. Wo halten sich die Prismen und Kreise auf? Sicher nicht in unserem, dem menschlichen Geist, sondern irgendwo außerhalb. Woher kommen sie und wohin kehren sie zurück? Sie existieren objektiv, weil sie für uns alle gleich sind, sie sind real, weil wir sie kennen, und wenn sie objektiv und real sind, müssen sie irgendwo existieren. Wo? Wo halten sich die Gestalten aus unseren Träumen auf? Wo halten wir uns auf, bevor wir geboren werden? Wohin gehen wir, nachdem sich unser Leben vom Körper gelöst hat? Warum sollte der Unbewegte Beweger einen Raum wie unseren brauchen, durch den das Licht und der Klang weitergeleitet werden, und warum sollte Er sich in einem solchen Raum aufhalten? Um uns anzuschauen und unsere Schönheit zu bewundern? Die Wesen, die über Gefühle oder geistige Bilder miteinander kommunizieren, brauchen weder Licht noch Klang, sie brauchen auch keinen Raum, wie wir ihn kennen. Es ist aber eine logische Notwendigkeit, daß solche Wesen existieren, weil sogar Menschen sie sich vorstellen können. Auch die materielle Welt entsteht unablässig aus dem Geist, so daß existiert, was man sich vorstellen, was man ahnen, glauben kann. Haben die Menschen in der Welt nicht immer genau das entdeckt, was sie gesucht haben, und sich davon überzeugt, daß die Welt genauso ist, wie sie sie sich vorgestellt haben? Ein Raum, aus reinem Licht erschaffen, durch den alles in einer für uns unvorstellbaren Schnelligkeit weitergeleitet wird – ist er nicht logisch notwendig? Dem Menschen, der in diesen Raum geriete, käme es so vor, als trüge er das, was er vor sich sieht, in sich und als nehme er die Worte seines Gesprächspartners in Gedanken vorweg.

»Ich bin nicht sicher, ob ich dich verstehe«, unterbrach Simon seinen Freund.

»Ich bin sicher, daß du mich nicht verstehst, weil ich mich selbst nicht so verstehe, wie es nötig wäre. Ich habe dir schon gesagt, daß ich damals nicht verstanden habe, was mein Sufi-Lehrer Tufail erklärt hat, ich war mir nur sicher, daß ich ihm glauben konnte. Wenn ich ihm zuhörte, war ich davon überzeugt, daß er die Wahrheit aussprach, ich stimmte vollkommen mit ihm überein, aber als ich zum ersten Mal einem andern erklären wollte, was er uns erklärt hatte, merkte ich, daß ich es nicht wiederholen konnte, ja, daß ich es gar nicht richtig verstanden hatte. Aber dir dürfte auch ohne meine Auslegung klar sein, daß es viele Arten von Raum geben muß, wenn es viele Existenzweisen und viele Arten von Zeit gibt.«

Simon lachte laut auf. Enver sei ihm nie wie ein Religionsbeamter vorgekommen, sagte er und entschuldigte sich, daß er mit diesem Lachen herausgeplatzt sei, aber die Vorstellung sei einfach zu komisch. Doch schon diese kurze Entschuldigung mit ernster Stimme vorzubringen fiel ihm schwer, weil ihn eine verrückte Fröhlichkeit überkam, die er kaum zügeln konnte. Der Kampf mit dem Lachen hinderte ihn daran, Envers Antwort von Anfang an zu hören, der ihm klarmachen wollte, daß er weder jetzt noch jemals sonst ein offizieller Glaubenslehrer gewesen sei (»das heißt so, und nicht Religionsbeamter«, betonte Enver), weil er bei den Sufis gelernt und sein Leben unter ihnen verbracht habe, deren Lehre sich oft genug von der offiziellen unterscheide. Er bemühe sich sehr, ein guter Muslim zu sein, aber er fürchte, wegen der Fragen, die ihn quälten, müsse er in jeder Religion, sogar im Islam, der keine Kirche und offiziellen Glaubenslehrer habe, in Konflikt mit den orthodoxen Glaubenshütern geraten. In allen Religionen wird unentwegt so getan, als wäre diese Frage beantwortet oder als stellte sie sich gar nicht oder als wäre sie nicht wichtig, dabei bemühten sie sich aber, sie vor uns zu verstecken oder uns einzureden, daß wir uns das gar nicht fragten. Aber wir fragen uns, ich frage mich, sagte Enver aufgeregt. Die Frage lautet: Warum hat Judas gelitten und wozu dient sein Leiden?

Sowohl im Islam als auch im Christentum gilt Judas als Verräter, der wegen seines Verrats entsetzliche Qualen erleiden muß. Nach der islamischen Überlieferung erleidet

Isa keinerlei Qualen, weil Allah ihn vor der Kreuzigung zu sich in den Himmel holt, während der Verräter Judas gekreuzigt wird und unter entsetzlichen Qualen stirbt, ohne Hoffnung, ohne Gnade, für alle Ewigkeit gleichgesetzt mit Schande und Verrat. Nach der christlichen Überlieferung erleidet Judas beim Anblick der Leiden Jesu entsetzliche seelische Qualen und erhängt sich. Das heißt, nachdem er sich durch den irdischen Verrat zu ewiger Schande verurteilt hat, verurteilt er sich auch noch zu ewigen Höllenqualen. »Meine dumme, verzweifelte Frage lautet in beiden Fällen: warum?« rief Enver, der immer glühender und euphorischer sprach. »Mir ist klar, daß er in beiden Traditionen wegen des Verrats bestraft wird, aber mir ist nicht klar, wozu sein Verrat notwendig war – und für wen. Wenn ich Christ wäre, würde ich an die Leiden Jesu glauben, sie wären mir klar, und sie wären gerechtfertigt, denn ich wüßte, daß er uns mit seinem Leiden von allen jemals auf Erden begangenen Sünden freikauft, ich wüßte, daß dieses Leiden eine direkte Vorstufe von Gloria und Auferstehung ist, mir wäre klar, daß gerade sein Leiden zeigt, wie wenig Jesus fähig ist, Böses zu tun … Aber Judas!?«

Für die Mechanik der Geschichte ist der Verrat von Judas unnötig, es war völlig überflüssig, den Wächtern zu sagen, wer Jesus sei, und ihn zu denunzieren. Jesus hat öffentlich gepredigt, er besuchte observierte Orte und verkehrte mit observierten Menschen, denen er Gnade brachte, er vertrieb die Händler und Wechsler aus dem Tempel. Er war eine bekannte Persönlichkeit. Selbst wenn in der Patrouille unerfahrene oder dumme Menschen gewesen wären, die den sanften Prediger nicht gesehen, ihn sich nicht gemerkt haben sollten – er war ja ganz anders als die glühenden Weltverbesserer, an denen nirgends Mangel herrscht –, selbst wenn die Wächter aus dieser Patrouille sich unsicher gewesen wären, hätten sie doch nur einen von denen mitnehmen müssen, zu denen Jesus gepredigt hat, oder einen der unzähligen Spitzel, die ihm, untergetaucht in der Menge, zugehört haben, wenn er den Ausgestoßenen die frohe Botschaft brachte. Aber nein! Sie kommen allein und wissen nicht, wer der sanfte Prediger ist, und dann muß ihnen Judas zeigen, was sie eigentlich längst wissen müßten. Warum? Wer braucht seinen Verrat? Wozu dient er? Warum muß er ein Verräter werden und dafür eine so fürchterliche Strafe erleiden?

Es handelt sich um eine heilige Geschichte, um eine Reihe von Geschehnissen, in der selbst das winzigste Detail von der Vorsehung bestimmt wurde und daher absolut notwendig ist. Ob sich einem Wächter oder Soldaten der Riemen seiner Sandale löste, ob einem Hahn die Feder gekrümmt oder gebrochen wurde, ob eine Fliege in einem Haus, an dem Jesus mit seinem Kreuz vorbeiging, in die Milch fiel – all das mußte genau so geschehen, damit die Welt heute so sein wird, wie sie ist. Alles, was zu einer bestimmten Zeit in einem bestimmten Raum, in jenem Abschnitt der Zeit und des Raums nämlich, der Schauplatz der heiligen Geschichte war, geschah, jede Kleinigkeit war absolut notwendig. Und wenn es eine absolute Notwendigkeit war, daß um drei Uhr sechzehn nachmittags ein Mauersegler über dem Berg Golgatha kreiste und nicht ein anderer Vogel, so heißt das nur, daß am zentralen Ereignis dieses Geschehens, am zentralen Ereignis aller Existenz nicht ein Iota verändert oder auch nur in Frage gestellt werden konnte. Wie will man Jesus denn von seinem Schicksal trennen, wenn auf diesem Schicksal das Fortbestehen der Welt gründet? Aber was für einen Sinn hat es dann, daß Judas durch seinen Verrat das, was ohnehin geschehen muß, ermöglicht oder zumindest begünstigt?! Warum sollte man jemanden dazu zwingen, einen Stein den Berg hinunterzustoßen, der schon mit voller Geschwindigkeit hinabrollt?

Der Verrat von Judas konnte weder etwas verhindern noch beschleunigen. Am Gang der Ereignisse konnte er nichts ändern, er konnte nichts begünstigen, geschweige denn vereiteln. Dieser Verrat hatte weder einen Grund noch ein Ziel, noch einen Sinn, der mit dem menschlichen Verstand zu erfassen wäre. All das muß auch Judas klar gewesen sein. Er muß gewußt haben, daß die Wächter wissen, wer Jesus ist, und dennoch hat er ihnen geholfen, das zu tun, was auch ohne sie und ohne ihn geschehen mußte, dennoch zeigte er ihnen jenen, den sie kannten, dennoch tat er das, was für niemanden und nichts notwendig war. Er muß gewußt haben, daß Jesus nicht eingewilligt hätte, an seinem Schicksal auch nur ein Iota zu ändern, selbst wenn er hätte können. Dennoch tat er so, als hülfe er dabei, das Schicksal zu erfüllen. Warum? Es kann nicht die Liebe zu Jesus gewesen sein, denn Judas wußte, daß Jesus nicht eingewilligt hätte, auch nur irgend etwas von dem, was ihm beschieden war, zu umgehen. Außerdem, was hätte ihm Judas durch seinen Verrat erleichtern können? Wenn Jesus zum Haß fähig gewesen wäre, vielleicht hätte er seine Qualen leichter ertragen, wenn er jemanden des Verrats hätte beschuldigen und dafür hassen können. Aber Judas wußte, daß Jesus nicht hassen kann und auch ihn, den Verräter, nicht hassen würde. Rachsucht kann es auch nicht gewesen sein, warum hätte er Angst haben sollen, daß der sanfte Prediger fliehen oder der unverdienten Strafe auf andere Art entgehen würde. Nein, alles deutete darauf hin, daß passieren würde, was vorherbestimmt war, ob die Akteure nun mit dem Schicksal kollaborierten oder nicht.

Es war klar, daß passieren würde, was passieren mußte, ob er ihn nun verriet oder nicht, ob sie alle fliehen würden oder nicht. Er verriet ihn auch nicht aus Angst, er hatte nichts zu befürchten. Nicht er war es gewesen, der Liebe gepredigt, Skandale im Tempel verursacht, die Bürger gegen sich aufgebracht hat, indem er mit den Armen und Dirnen wie mit Menschen umging. Es waren keine modernen Zeiten, noch wurden nicht ganze Familien für die Tat eines ihrer Mitglieder bestraft oder eine Gruppe für den Glauben ihres Anführers umgebracht. Judas wußte, daß ihm der Umgang mit Jesus keine persönlichen Nachteile brachte. Materielle Vorteile allerdings auch nicht, was hätte er sich vom Verrat eines Armen versprechen sollen? Aber warum tat er es dann?! »Das ist meine, das ist eine menschliche Frage. Das Leiden Jesu ist sonnenklar, aber das nützt mir nichts. Jesus ist nicht meine Frage. Ich bin weder Gottes Gesandter noch Gottes Sohn, ich bin ein normaler Mensch, deshalb frage ich nach Judas«, rief Enver.

Wer hat diesen Verrat gebraucht? Wofür war er gut? Für die Fortdauer der Welt, weil die Welt auf dem Leiden Unschuldiger gründet und auf Verrat, der das Leiden rechtfertigt? Für die Rechtfertigung der Fortdauer, weil das Leben selbst Verrat ist? Hat Judas gewußt, was er mit seinem Verrat anrichten würde? Hat er gegen das Schicksal angekämpft, das ihm zugedacht war, hat er wenigstens versucht, den Verrat zu vermeiden, den er begehen mußte? Hat sich etwas in ihm aufgelehnt? Oder hat er aus freien Stücken Verrat geübt, weil er das aus uns unbegreiflichen Gründen wollte? Im Islam nimmt man an, daß die Freiheit eine elementare Eigenschaft des Menschen ist, weil er das einzige Geschöpf ist, das den Schöpfer verleugnen kann. Alles Erschaffene preist den Schöpfer – die Berge und Meere, die Pflanzen und Tiere, die Wasser über und unter der Oberfläche, alles preist Ihn durch sich und durch seine Existenz. Nur dem Menschen ist die Freiheit gegeben, den Schöpfer mit Worten zu verneinen. Aus dieser Freiheit entspringen alle anderen Freiheiten, deshalb ist der Mensch auch das einzige zur Sünde fähige Geschöpf. Ist Judas' Verrat ein Akt der Freiheit? Ist er vielleicht die Apologie und das Fundament der menschlichen Freiheit? Hat Judas beschlossen, Verrat zu üben, um seine Entscheidung für die Sünde, das Böse, die Unwirklichkeit zu demonstrieren? Hat er gewollt, was er getan hat, oder hat er passiv ausgeführt, was er tun mußte, als folgte er einem inneren Programm? Ist er vom Charakter oder vom Schicksal her Verräter, d. h., hat er den Verrat in sich getragen, wie man seine Niere in sich trägt oder so wie man die Verdammnis in sich trägt? In welchem Fall trägt er eine größere Schuld, in welchem Fall hat er mehr gelitten? Bin ich schuld, wenn meine Niere beschlossen hat, sich zu entzünden?

»Du weißt, daß ich schon damals, zu unserer Zeit, glauben wollte. Du kannst dir denken, wie sehr ich es auch jetzt möchte«, sagte Enver. »Ich akzeptiere ja, daß alles sich so abgespielt hat, wie es die heilige Überlieferung berichtet, ich weiß ja, daß die Vorsehung ihre Gründe gehabt hat, Judas den Verrat aufzuerlegen, aber all das hilft mir nicht, mich damit abzufinden. Der Mann tut mir leid. Ich weiß nicht, warum er sich das angetan hat. Und er hat nur sich Böses zugefügt, darin stimmen wir gewiß überein. Wie soll ich die Welt bejahen, wenn es mein elementarer Wunsch ist, anständig zu sein, meine elementare Eigenschaft aber, Verräter zu sein? Wie soll ich leben, wenn mir beschieden ist, ein Verräter zu sein, ich aber auf keinen Fall ein Verräter sein will? Wer kann mir beweisen, daß es bei Judas anders war? Wer kann sicher sein, daß etwas Ähnliches nicht auch ihm zugedacht ist?«

»Das sind also deine Probleme?« fragte Simon, als Enver abbrach, vielleicht weil er fertig war, vielleicht aber auch nur, um Atem zu holen.

»Genau. Deshalb habe ich immer Probleme gehabt, mit allen Religionen. Es wird so getan, als sei der Fall Judas völlig klar und gelöst, aber der Mann tut mir von Herzen leid. Warum hat er gelitten? Kann es schlimmere Qualen geben? Zu leiden ohne jeden Grund und Sinn?«

»Und du bist bis zum Hindukusch gegangen, um Antworten auf diese Fragen zu finden?« fragte Simon weiter, der sich kaum das Lachen verbeißen konnte.

»Ich bin es.«

Da gewann seine Heiterkeit noch einmal die Oberhand, und er brach in ein so fröhliches und ansteckendes Lachen aus, daß auch Enver irgendwann anfing.

»Weißt du, was dir meine Frau sagen würde, wenn sie jetzt durch einen glücklichen Zufall hier wäre?« fragte Simon, als er sich ein wenig beruhigt hatte und wieder zu Atem gekommen war. »Du hättest dein Leben auch auf bequemere Weise verpfuschen können, zu Hause, mit einer verschleppten Kieferentzündung zum Beispiel und ihren endlosen Komplikationen. Bestimmt würde sie so etwas sagen, ich kenne sie.«

Enver bat Simon, ihm von seiner Frau zu erzählen, dieser ließ sich kein zweites Mal bitten, so daß der Rest des Gesprächs Barbara gewidmet war. Er erzählte, wie sie sich kennengelernt und durchgeschlagen hatten, wie sie ihre Probleme mit dem Kochen gelöst hatte, er machte vor, wie sie durchs Haus ging, wenn sie wütend war, imitierte ihren Gesichtsausdruck, wenn sie etwas Saures aß, und lachte wie verrückt, erstaunt darüber, daß Enver nicht mitlachte. Er erzählte von ihren Reisen, von ihren Diskussionen über die verschiedensten Themen, von Barbaras Leidenschaft für

Schuhe, und natürlich erwähnte er auch das Kind, das sie zur Welt gebracht hatte und das sie zusammen erzogen hatten. Und die ganze Zeit wunderte er sich über Envers Kunst, die richtige Frage zu stellen.

Damit begann eine lange – unbekannt wie lange – Reihe von Tagen und Nächten, die unterschiedslos ineinander übergingen. Simon wachte gewöhnlich am späten Nachmittag oder bereits in der Abenddämmerung aus nicht enden wollenden Alpträumen auf, müde und weinerlich, mit einem Gefühl der Benommenheit wie bei einer starken Erkältung und mit einem Unwohlsein im Kopf – nicht direkt Kopfweh, aber kurz davor. Nach dem Aufwachen ging er in die Küche, trank seinen Kräutertee und frühstückte, bis die Dunkelheit hereinbrach und Enver auftauchte. Manchmal waren seine Alpträume so realistisch und so geordnet, daß sie seinen Geist stärker ermüdeten, als wenn das Geträumte Wirklichkeit gewesen wäre, einfach deshalb, weil ein Traum mehr Möglichkeiten hat, einen zu ermüden und zu quälen, als die Wirklichkeit. Einmal zum Beispiel war er lange um eine Pyramide herumgegangen, auf der Suche nach dem Eingang, der existieren mußte, den er aber nicht finden konnte. Stunden, vielleicht sogar Tage ging er um sie herum und erörterte einem unsichtbaren Gesprächspartner, man könne in die Pyramide hineingehen, wie man in jeden geschlossenen Raum hineingehen könne, und untermauerte seine These mit Formeln, die die Existenz des Eingangs mathematisch beweisen sollten. Mit diesen Formeln gab es einige Probleme. Das erste war, daß sie präzise sein mußten und er sie herleiten mußte – er, der keine größere Zahl dividieren konnte. Das zweite war, daß er sich die ganze Zeit unendlich über seine Fähigkeit wunderte, all diese schweren Formeln herzuleiten und sie jetzt, im Traum, zu verstehen, während er sich dabei zuhörte, wie er sie einem Unsichtbaren erklärte. Das dritte war, daß er auch jetzt, im Traum, genau wußte, daß er diese schweren Formeln nicht herleiten und als Zuhörer nicht verstehen konnte und daß allem ein schreckliches Mißverständnis zugrunde liegen mußte. Aber das größte Problem war, daß ihn die Anstrengung, seine Formeln herzuleiten, zu erklären und zu verstehen, sowie die Anstrengung, zu verstehen, warum und wie er all das machte, wo doch auch einem Idioten klar war, daß er dazu nicht fähig war, daß ihn all das so viel geistige Energie kostete, daß er sich selbst da, im Schlaf beziehungsweise in seinem Dämmerzustand, todmüde fühlte. Nach der unendlich langen Suche nach dem Eingang hob sich die Spitze der Pyramide, aus der Öffnung kam eine große Plattform hervor, die aussah, als wäre sie aus Brettern gemacht wie die Formen zum Gießen von Beton, und auf ihr erschien ein dunkelbrauner Junge mit einem riesigen Kopf, der sich rhythmisch vor und zurück bewegte. Ohne Gruß und irgendwelche Fragen erklärte der Junge Simon, sie seien in Wirklichkeit eine Person, aber Simon sei erwachsen und er ein Junge, weil der eine draußen gewesen sei, in der Welt, und der andere drinnen, in der Pyramide, wo die Zeit ganz anders vergehe. Und dann begann er noch schlimmer mit Formeln zu prahlen als Simon kurz zuvor, ohne die verzweifelten Ausrufe seines anderen Ichs, also Simons, zu beachten, er sei Arzt und verstehe von all diesem mathematischen Hokuspokus nicht ein verdammtes Iota. Und dabei war der Junge mit seinem riesigen Kopf und seiner dunkelbraunen Haut wirklich widerlich, so daß sich Simon schrecklich schämte, weil aus allem klar hervorging, daß der Kleine tatsächlich er, Simon, war. Ein anderes Mal bestanden seine Alpträume aus einer Abfolge von Bildern, dummen, bösen, lächerlichen oder schrecklichen. Wahrscheinlich weil es die ganze Zeit um ihn und sein Schicksal ging, erwachte er aus diesen Alpträumen zerschlagen und lustlos.

Mit der Zeit wurde er immer müder – ein Grund war sicher, daß er immer weniger aß, als hätte er sich Enver angepaßt, der seit jener nächtlichen Begegnung vor dem Tor nichts zu sich genommen hatte. Die Alpträume dauerten inzwischen vom frühen Morgen, wenn sie schlafen gingen, bis zum Erwachen am späten Nachmittag. Die Müdigkeit und die Dämmerzustände hatten ihn irgendwann derart ausgelaugt, daß er aufhörte, sich zu rasieren, und wahrscheinlich wäre er gar nicht mehr ins Badezimmer gegangen, wenn er sich ohne Waschen von den dumpfen Kopfschmerzen, mit denen er aufwachte, hätte befreien können. Vor lauter Müdigkeit hörte er auch auf, sich über das, was im Haus geschah, zu wundern, geschweige denn, Nachforschungen anzustellen. Immerhin braucht man so etwas wie Lebenskraft, um sich zu wundern und Fragen zu stellen, genau das, was Simon kaum noch besaß. Und das Haus führte sich auch weiterhin seltsam auf. Auch während er träumte, nahm er mit all seinen inneren und äußeren Sinnen die Seufzer wahr, die den Raum, in dem er lag, erfüllten. Die ganze Zeit, Tag und Nacht, allein und während der langen Gespräche mit Enver spürte er unablässig, wie ihn eine Wolke milden Walnußgeruchs umgab. Unnatürliche, in einem normalen Haus ganz unvorstellbare Töne, wie spöttisches Knarren und Quietschen, ächzendes und fast wimmerndes Knistern und Flüstern, waren pausenlos in allen Räumen zu hören. Er ertrug es und dachte, daß es ihn wahrscheinlich genauso auszehrte und betäubte wie der Hunger oder die Alpträume, aber er konnte sich nicht dagegen wehren und nichts dagegen unternehmen, so schwach und gleichgültig, wie er war. Es konnte zum

Beispiel passieren, daß in der späten Dämmerung, wenn er sich mit heißem Tee ins Leben zurückholte, das Küchenfenster kurz aufblitzte, als wäre ein Schwarm ungewöhnlich heller Glühwürmchen die Scheibe hinuntergelaufen, und dann vibrierte das Fenster, und alles versank wieder in dichtes Dunkel. Währenddessen hielt Simon mit allem inne, der Schluck Tee blieb im Mund, die Hand mit der Tasse verharrte in der Luft, er wartete ab, daß alles vorüberginge, viel zu kraftlos, um sich zu fragen, was eigentlich los war. Er ließ es einfach geschehen, gleichgültig und fern, als passierte es einem Unbekannten. Um die Wahrheit zu sagen, er wurde auch sich selbst fern und irgendwie unbekannt. Gleichgültig.

Die Ruhe, in die Simon versank, wurde nur durch Anwandlungen von Fröhlichkeit während der nächtlichen Gespräche mit Enver unterbrochen. Wenn das Dunkel die Welt vollkommen beherrschte, pflegte Enver aus dem Elternschlafzimmer aufzutauchen, lautlos wie ein Gedanke. Er setzte sich im Halbdunkel an den Tisch, Simon gegenüber, und wartete darauf, daß er zu sprechen begann. Nie war er es, der das Gespräch anfing und das Thema bestimmte, als wäre es ihm am liebsten, nichts als das Echo seines Freundes oder der Widerhall seiner Fragen, Probleme, Gedanken zu sein. Auch während des Gesprächs blieb er bei dem von Simon vorgegebenen Thema, mit der Ausnahme, daß er bei jedem nur denkbaren Gegenstand immer wieder zu Judas zurückkehrte und Wege fand, das Phänomen des Verrats, des Verrats an der Freundschaft, des Vertrauens, mit dem wir einen lieben Menschen zerstören können, wenn wir es ihm schenken, ohne sich und ihn zu fragen, ob er es ertragen kann, in jeden möglichen Kontext einzuflechten. Einmal schien es Simon, als hätte Envers obsessives Nachdenken und

Nachforschen über Judas etwas mit ihm, Enver, selbst zu tun, ihm schien, als spräche er allzu persönlich und auch über ihre Freundschaft, freilich ohne sie beim Namen zu nennen, um etwas zu überprüfen und zu bestätigen, so daß er ihn unvorsichtigerweise fragte, ob er persönlich denn verraten worden sei und hierhergekommen sei, um sich mit einer wahren und unerschütterlichen Freundschaft zu trösten. Enver reagierte sehr gereizt, aber er beendete seinen angefangenen Satz und philosophierte weiter, wobei er sich immer weiter von ihnen beiden entfernte, bis es möglich wurde, das Gespräch auf ein anderes Thema zu lenken.

Dann redeten sie über sich und ihre Altersgenossen, eine verlorene Generation, zumindest in den Augen ihrer Eltern, so Simon, was daran liege, daß sie die Kinder von Siegern waren. Die Angehörigen ihrer Generation hatten keine Karriere gemacht, nicht nach Macht und Geld gestrebt, sie sind keine großen Direktoren und Manager internationaler Konzerne geworden. Statt von Macht und Reichtum träumten sie von Liebe und Freiheit, sie wollten keine politischen Wortführer werden, sondern lieber diejenigen als Lügner entlarven, die es bereits geworden waren, sie häuften kein Vermögen an, sondern waren stolz darauf, ererbten Reichtum vergeuden oder verteilen zu können. Sie fragten nach der Herkunft des Reichtums und wie er erworben wurde, eine Karriere bewunderten sie nicht, sondern fragten nach den menschlichen Kosten. Wahrscheinlich war es deshalb so einfach gewesen, ihrer Revolution eine Niederlage zu bereiten. Obwohl es unsinnig war, von Niederlage zu sprechen, weder sie noch ihre Revolution wollten den Erfolg, sie hatten keine Macht erobern und die Gesellschaft nicht nach ihren Bedürfnissen umgestalten wollen, sondern ihren Verzicht auf die Macht und die Welt, die jene gestaltet hatte, zum Ausdruck gebracht. Sie wollten nicht Gott die Eintrittskarte zurückgeben, sondern ihren Eltern die Kündigung überreichen. Überall in der Welt, mit Ausnahme Deutschlands, waren die Träger dieser Revolution Kinder von Siegern gewesen, Menschen, die am Beispiel ihrer Väter gesehen hatten, wie man in dieser Welt zu Macht kommt und wie man sie erhält. »Die Mächtigen denken, wir seien eine verlorene Generation, weil wir uns nicht bemüht haben, Spuren zu hinterlassen«, sagte Simon, »sie können nicht begreifen, daß wir nur für sie, für die blöden Sieger, eine verlorene Generation sind, denn nur sie können glauben, uns sei etwas entgangen. Wir haben begriffen, daß auf ihrer Welt derjenige die tiefste Spur hinterläßt, der am meisten Blut vergießt, und haben beschlossen, ihr zu kündigen. Ohne uns. Das war das Programm unserer Revolution und unseres Lebens. Ohne uns, meine Herren. Wir hinterlassen Spuren allein in den anderen Menschen und nicht in der Außenwelt, deshalb werdet ihr eure Spuren ohne uns und gegen uns hinterlassen müssen. Vielleicht haben wir zu schnell verzichtet, mit der Zeit denke ich immer häufiger, daß das vielleicht unser Fehler war. Wahrscheinlich hatten wir es allzu eilig, uns in unsere verschiedenen Indien aufzumachen, oder was war es sonst? Ist dir aufgefallen, daß wir uns gar nicht mit ihrer, mit der realen Welt befaßt haben? Jeder von uns hatte ein Indien für sich allein, und uns interessierte nichts anderes, als so bald wie möglich hinzukommen. Ich weiß nicht, vielleicht hätten wir nicht so schnell auf ihre Welt verzichten sollen. Trotzdem, ich bin stolz darauf, einer Generation anzugehören, die kein Blut vergossen und keine epochalen Verbrecher hervorgebracht hat. Unsere Leitfiguren waren Sänger und Schauspieler, nicht Herrscher und Generäle. Allerdings haben sie (noch einmal) gesiegt, unsere Väter. Sie haben unsere Kinder an sich gerissen und sie nach ihrem Ebenbild erzogen, denn wir haben es nicht verstanden, den Kindern unsere Indien zu öffnen. Ich weiß nicht, vielleicht hätten wir unsere Kinder den gealterten Siegern nicht einfach so ausliefern sollen, vielleicht hätten wir sie auch für Indien begeistern können. Ich denke, wir hätten es versuchen müssen. Ich bin trotzdem stolz auf unsere Generation – darauf, daß wir nichts getan haben. Genau wie man uns vorwirft. Nichts zu tun ist zwar nicht viel, aber es ist das Höchste und Beste, was auf dieser Welt möglich ist. Und uns ist es gelungen, Alter!«

Daraufhin brachte Enver das Gespräch wieder auf sein ewiges Thema. Manchmal komme ihm der Gedanke, Jesus sei nur deswegen auferstanden, damit Judas die Welt beherrschen könne. »Liegt es nicht in der Natur unserer besten Freundschaften, daß ein Freund den anderen verrät«, fragte Enver, »so offensichtlich, daß du an der Freundschaft zu zweifeln beginnst, wenn sie noch nicht verraten wurde?« Und das klang so persönlich, daß Simon nicht umhinkonnte zu denken, Enver spreche aus eigener Erfahrung, und er fragte ihn, ob er hergekommen sei, um sich vom Verrat bei einem wahren Freund wie ihm, Simon, der nicht zum Verrat fähig sei, zu trösten.

»Komm jetzt nicht damit«, sagte Enver ziemlich ungehalten und begann herumzuphilosophieren, ein Verrat und eine Freundschaft seien nur dann wahr, wenn der verratene Freund daran verzweifle, den verräterischen Freund zu verstehen und zu entschuldigen. Es klang, als hätten sie, er oder Enver oder beide, persönlich etwas mit der Geschichte vom Verrat zu tun. Aber dann entfernte sich Envers Monolog von ihnen. Er wurde so sachlich und ruhig, daß er sich auf jeden x-beliebigen beziehen konnte. Danach wurde Simon von seiner Heiterkeit überflutet, und er begann sich daran zu erinnern, wie er und Enver auf Zuhras Liebe verzichtet und sie edelmütig einer dem andern angeboten hatten, als hinge es nur von ihnen ab, wem Zuhra sich an den Hals werfen würde. Enver freute sich, daß ihre Jugendliebe in ihrem Gedächtnis aufgetaucht war, er selbst erinnerte sich an eine Reihe komischer Details, die zeigten, was für ungeschickte und gutmütige Trottel sie beide gewesen waren, dann redeten sie lange voll Liebe und Trauer über Zuhra, bis der Morgen anbrach und Enver verkündete, man könne schlafen gehen.

13

Brot ohne Spiele

»Du bist definitiv nicht normal, Mihailović«, brüllte Landeka, als Simon in sein Büro vorgelassen wurde. Der ehemalige Sportlehrer stand mit dem Rücken zur Tür und sah aus dem Fenster. »Es kommt einem so vor, als würdest du absichtlich alles tun, um möglichst verdächtig zu erscheinen.«

Simon blieb in der Tür stehen und wußte nicht, ob er eintreten oder wieder gehen solle. Nach einer langen Pause begann Landeka zu sprechen, mit einer etwas ruhigeren Stimme als in seinem Begrüßungssatz, aber immer noch zitternd vor Zorn.

»Jetzt werde ich dir alles verdeutlichen, Mihailović. Paß auf. In einer Zeit angespannter Beziehungen zwischen den einzelnen Nationalitäten im Lande kehrt ein Mann in deine Stadt zurück, der vor einem Vierteljahrhundert aus Gründen und unter Umständen, die bis heute nicht geklärt sind, aus dem Land geflohen ist. In der kurzen Zeitspanne von nicht ganz einem Monat nach seiner Rückkehr verlieren vier Personen gewaltsam das Leben. Alle vier ermordeten Personen standen dem Rückkehrer nahe, jeder der vier gehörte einer anderen Nationalität an, um so wichtiger ist es, diese Fälle zu lösen. Alle Umstände deuten darauf hin, daß der besagte Rückkehrer der Mörder ist, aber du schützt ihn aus Patriotismus und Liebe zu deinem Volk. Du läßt ihn zwar überwachen, nimmst ihm seine Papiere ab, damit er nicht fliehen kann, aber du verhaftest ihn nicht und legst überall, wo du Zutritt hast, ein gutes Wort für ihn ein. Du befiehlst ihm, sich alle zwei Tage bei dir zu melden, und wartest darauf, daß sich die Dinge aufklären. Du weißt, daß es drei mögliche Varianten gibt. Er ist Agent einer fremden Macht und in einer Mission hierhergekommen, sagen wir, um Konflikte zwischen den Nationalitäten zu provozieren. Eine ganze Reihe von Indizien sprechen für diese Variante, ich brauche sie dir nicht aufzuzählen, du kennst sie so gut wie ich. Sicherlich wirst du mir zustimmen, daß dies die plausibelste Variante ist. Die zweite Variante ist weniger plausibel, aber in so verrückten Zeiten wie heute durchaus möglich, nämlich daß der Rückkehrer gekommen ist, um Rechnungen aus seiner Jugend zu begleichen, und der Reihe nach Menschen umbringt, denen er etwas schuldig geblieben ist. Die dritte Variante ist die unwahrscheinlichste, für sie habe ich keinen einzigen Beweis und kein einziges Indiz, aber ich versuche hartnäckig, mir und allen anderen einzureden, daß sie möglich ist, weil ich es mir von Herzen wünsche: daß nämlich mein Rückkehrer nichts mit den Morden zu tun hat. Du setzt deine Ehre, dein Ansehen und deine Arbeit aufs Spiel, indem du ihn frei herumlaufen läßt, weil er aus deinem Volk stammt und jeder Sohn deines Volkes für dich wie ein Bruder ist. Seit dem Tag seiner Rückkehr in die Stadt sind seine erste Liebe, der Verlobte der Ermordeten (der auch sein Schulfreund war), der beste Freund seines Vaters und sein eigener bester Freund gewaltsam ums Leben gekommen, aber er lebt dank deines Schutzes völlig normal, einzig mit der Verpflichtung, sich ab und zu bei dir zu melden. Aber er hält auch diese Verpflichtung nicht ein, er verschwindet plötzlich und versteckt sich, und in der Stadt bricht eine Serie von Bränden aus, und zwar an den Orten, wo die Opfer umgebracht wurden. Anscheinend sollten Spuren beseitigt und vernichtet werden. Benimmt sich so ein normaler Mensch, Mihailović?! So benimmst du dich, das brauche ich dir also nicht zu sagen.«

Landeka drehte sich langsam um, als habe er etwas über die Maßen Schweres und Außergewöhnliches zu vollbringen, wodurch er die Bedeutung seiner Worte und seiner Persönlichkeit unterstrich. Aber bei seinem ersten Blick auf Simon verflog die ganze Schwere und Bedeutsamkeit.

»Wie siehst du denn aus?! Was hast du bloß mit dir gemacht? Soll das also, soll das ein Doktor sein?!« schrie Landeka verstört und sich verhaspelnd, wahrscheinlich erschüttert von Simons ausgemergeltem Gesicht. »Setz dich, Mihailović, setz dich, Mann, ruh dich aus, komm zu dir.«

Simon setzte sich gern, weil ihn der Weg von zu Hause hierher und dann das lange Stehen im Gang und in der Tür von Landekas Büro sehr ermüdet hatten. Er sah seinen ehemaligen Lehrer ruhig an und war auch mit den Gedanken viel mehr bei sich selbst als bei ihm. Landeka war bestimmt wütend und besorgt, schloß Simon, aber sicher nicht seinetwegen. Landeka legte Mitleid und Betroffenheit an den Tag, war aber in Wirklichkeit nur irritiert, ihm wurde vielleicht auch ein wenig übel von Simons Anblick. Diese Fähigkeit, mit untrüglicher Sicherheit schon am Tonfall zu erkennen, wie ehrlich die Worte des anderen gemeint sind und was wirklich in seinem Geist vorgeht, war Simon völlig neu. Bis jetzt hatten ihm die entgegengesetzten Eigenschaften Probleme bereitet, nämlich sein kindisches Vertrauen, von dem er sich auch in seinen reifen Jahren nicht befreit hatte. Alles, was sein Gesprächspartner sagte, ungeachtet dessen, um wen es ging, nahm Simon stets wörtlich und äußerst ernst, als handelte es sich jedesmal um Erklärungen von letzthinniger Glaubwürdigkeit. Wahrscheinlich im Zusammenhang mit seiner Arbeit, bei der es keine Halbwahrheiten geben darf, hatte er sich den Menschen immer ganz geöffnet und dabei angenommen, sie öffneten sich ihm gegenüber in der gleichen Weise, so daß er erst im nachhinein, oft erst aus der Distanz von einigen Tagen, verstanden hatte, daß ein Gesprächspartner übertrieben, das eine gesagt und das andere gedacht oder einfach gelogen hatte. Aber jetzt wußte er sofort, noch während sein ehemaliger Lehrer seinen Satz aussprach, wie ehrlich das Gefühl war, das der Satz und die Bewegungen, die ihn begleiteten, ausdrücken sollten, was für Gefühle und was für Gedanken wirklich hinter den Worten und Bewegungen steckten, was wirklich in dem Geist vorging, der sich in diesen Worten und Bewegungen ausdrückte. So etwas hatte er früher nicht einmal ansatzweise gekannt, Barbara hatte sogar Witze über seine Naivität gemacht, so daß er sich jetzt über seinen Scharfblick wunderte und mehr mit der Frage beschäftigt war, woher er die neue Fähigkeit hatte, als mit Landeka und dessen Worten, die er sozusagen nur mit halbem Ohr hörte.

»Wie siehst du denn aus, Mann!?« fragte Landeka erneut, als sie sich setzten, aber Simon, der sich daran erinnerte, daß man auf die Frage eines Menschen antworten muß, zuckte nur die Achseln. Es war offensichtlich, daß der ehemalige Lehrer aus echtem Interesse fragte, aber Simon wußte genau, daß Landeka mit seinen Gedanken dennoch anderswo war. Außerdem hatte er keine Ahnung, wonach Landeka fragte und wie er denn aussah, weil er sein Gesicht schon weiß Gott wie lange nicht mehr gesehen hatte, so daß ein Achselzucken die einzig mögliche Antwort war.

»Warum hast du dich all die Tage nicht gemeldet, wie man es dir befohlen hat?« fragte Landeka nach einer kürzeren Pause, und Simon zuckte die Achseln; Landeka würde ohnehin kein Wort verstehen, selbst wenn er versuchte, ihm all seine verrückten Alpträume und die noch verrückteren Gespräche mit Enver Pilav zu erzählen.

»Hast du dich wirklich die ganze Zeit über im Haus versteckt?« fragte Landeka und überlegte, ob ein Achselzucken als Antwort in einem Polizeiverhör akzeptabel sei. Daraufhin zuckte Simon wieder die Achseln, denn er konnte diese Frage nicht beantworten. Erstens wußte er noch gar nicht, daß er sich versteckt hatte. Zweitens war er nicht sicher, wo und wie er die Zeit seit seinem letzten Treffen mit Landeka zugebracht hatte, weil er einen guten Teil dieser Zeit einfach nicht bei Bewußtsein gewesen war. Hatte er all diese Tage nur zu Hause verbracht? Welche Tage, d. h. wie viele? War er während seiner Alpträume, in denen er verrückte Bilder gesehen und Flüstern, Rufen, Ächzen und Stöhnen gehört hatte, wirklich allein im Zimmer gewesen? War er aufgewacht, als das Blitzen am Fenster die Bilderfolge in seinen Träumen unterbrochen hatte? Hatte er wirklich Schatten gesehen, die im Halbdunkel aus Holzflächen herauskommen und wieder in sie hineingehen? Da gab es keine Antwort, und wenn es eine gäbe, wüßte er sie nicht, deshalb war stummes Achselzucken die einzig ehrliche Antwort, die er geben konnte.

»Jetzt ist der Moment gekommen, die Karten auf den Tisch zu legen, Mihailović«, verkündete Landeka nach einer weiteren, ziemlich langen Pause. »Die Ereignisse drängen, wir können uns Verzögerungen nicht mehr leisten, ich kann dich nicht mehr decken. Sag mir jetzt offen und ehrlich: Bist du ein Serbe, wirst du bis zum Ende mit uns sein?«

Auf diese unerwartete Frage antwortete Simon zuerst bestätigend mit einem Kopfnicken, doch dann wurde er unsicher und zuckte die Achseln, weil ihm eingefallen war, daß er gar nicht wußte, mit wem er denn hätte sein sollen, geschweige denn, ob mit ihm und wie und was überhaupt. Sein ewiges verlegenes Achselzucken ärgerte den ehemaligen Lehrer, der mit der Hand ausholte, um auf den Tisch zu schlagen, aber irgendein Gedanke brachte seine hoch erhobene Hand dazu, innezuhalten; schließlich lockerte er sie und strich über sein zurückgekämmtes Haar.

»Du bist jetzt nicht fähig, eine vernünftige Entscheidung zu fällen, Mihailović«, sagte Landeka ruhig, als seine Hand wieder vor ihm auf dem Tisch lag. »Ich bin Sportler und Polizist, also Psychologe bis ins Mark, sozusagen Psychologe im Quadrat, weil du es ohne Psychologie weder im Sport noch bei der Polizei weit bringen wirst. Ich sehe, daß du heute psychisch nicht in der Lage bist, eine Entscheidung zu fällen, und deshalb gebe ich dir eine Frist von vierundzwanzig Stunden, oder sagen wir, achtundvierzig, um mir deine endgültige Entscheidung mitzuteilen. Wenn du bis dahin nicht bei mir auftauchst und mir mitteilst, daß du uns zur Verfügung stehst, verhafte ich dich. Ich habe längst ausreichende Indizien dafür, und es würde sich auch so manch handfester Beweis finden lassen, keine Sorge. Also dann, mein Freund, und denk nach. Denk gut nach.«

Simon mußte sich ernsthaft anstrengen, um vom Stuhl hochzukommen, aber nachdem er fest auf den Beinen stand, machte ihm das Gehen keine besondere Mühe mehr. Er meisterte die Treppen, indem er, sich am Geländer festhaltend, vorsichtig hinabstieg, und auf der Straße bestand ohnehin keine Notwendigkeit zu Bewegungen, die sein Gleichgewicht hätten stören können. Mit großer Freude atmete er die Luft ein, die frei war von allen Gerüchen, sauber und gut, vertrauensvoll wie die Seele eines Mädchens. Ihm schien, als ob ihn jeder Atemzug irgendwie von innen weitete, vergrößerte und vertiefte. Ja, es ist wahr, daß sich der Mensch nur mit dem Atem an der Welt festhält, das hat unlängst jemand gesagt. Gut gesagt, aber wer war es nur, lieber Gott?! Und was hat das mit der Seele eines Mädchens zu tun?

Ihm wurde schwindlig von der reinen Luft, die wahrscheinlich im Übermaß in ihn einströmte, jedenfalls nahm er sie geradezu gierig auf. Als hätten sich, während er auf der Polizeiwache saß, sämtliche seiner Lungengefäße zusammengeschnürt, um sich vor dem starken, strengen Tabakgeruch zu schützen, den der Lehrer Landeka verströmte, und lösten sich jetzt und freuten sich. Der Schwindel und die Betäubung durch die reine Luft machten ihm nichts aus, weil er den sanft abfallenden Hang zum Zentrum auch benommen und auf unsicheren Beinen hinabgehen konnte, die inzwischen schon kaum mehr ans Gehen gewöhnt waren.

Ohne besondere Absicht ging er durch das Stadtzentrum und gelangte zur Post, hinter der man jetzt das abgebrannte Haus von Selimbegović sah. Er ging an der Post vorbei und überzeugte sich, daß ihn seine Augen nicht getrogen hatten. Das wunderschöne Haus des besten Freundes seines Vaters war ein verkohlter Trümmerhaufen. Gut, daß er in diesem Haus nur ein paarmal in seinem Leben gewesen war, nichts gab es jetzt, worum er hätte trauern müssen. Hatte sein Lehrer Landeka vorhin nicht irgendwelche Brände erwähnt? Wie dumm und gefährlich, mitten in der Stadt ein Haus anzuzünden.

Als er an der Brandstätte vorbeiging, spürte er, wie ihn jene Heiterkeit durchflutete, die er aus seinen Gesprächen mit Enver kannte. »Viel Glück, Reisegefährte!« jauchzte eine Stimme in ihm, als er etwa zwanzig Schritte von den rauchenden Ruinen entfernt war, und Simon wußte, daß diese Stimme Musa Selimbegović gute Wünsche zurief, Musa, den er in einem Lichtstrahl erkannt hatte, der von dem abgebrannten Haus zum Friedhof auf dem Tekija-Berg unterwegs war. Er fragte sich nicht, wie er denn die Brandstätte, von der er sich bereits entfernt, der er den Rücken zugekehrt hatte, habe sehen können, er fragte sich nicht, wie er in einem Lichtstrahl so zweifelsfrei den Freund seines Vaters habe erkennen können, er fragte sich nicht, was Musa bisher an der Brandstätte getan habe und warum er erst jetzt zum Friedhof aufgebrochen sei, nichts fragte er sich und konnte sich auch gar nichts fragen, weil alles in ihm nur so vor Heiterkeit schäumte, die ihn zu ersticken drohte.

Am Ende eines kleinen Platzes bog er links in die Karalić-Gasse ab und ging auf einen Barbierladen zu. Mit dem Barbierladen von Sadik Karalić war untrennbar sein Heranwachsen verbunden gewesen, wie das Heranwachsen aller Jungen in der Provinz untrennbar gerade mit den Barbierläden verbunden ist, viel offensichtlicher und viel entscheidender als mit anderen wichtigen Orten des gesellschaftlichen Lebens in Provinzstädten. In diesem Barbierladen war er durch die drei Stadien seines Heranwachsens gegangen, die er in Foča erlebt hatte, bei Sadik Karalić hatte er die Initiation zum Schüler, dann zum Knaben, dann zum jungen Mann durchgemacht. Als sein Vater begann, ihn zum Haareschneiden zu Sadik zu bringen, bedeutete das, daß er bald in die Schule kommen, also kein Kleinkind mehr sein würde und ihm seine Mutter nicht mehr wie bisher die Haare würde schneiden können. Als er begann, allein zum Haareschneiden zu gehen und mit dem Geld, das man ihm am Abend zuvor gegeben hatte, zu bezahlen, bedeutete das, daß er kein Dummerjan mehr war, sondern ein ernster Knabe. Als Sadik zum ersten

Mal einwilligte, ihn zu rasieren, war Simon gerade in der zweiten Gymnasialklasse, und er verhielt sich dabei zu ihm fast wie zu einem normalen Kunden, das bedeutete, daß er erwachsen geworden war und sein Leben in die eigenen Hände nehmen mußte. Das war die dritte Stufe der Initiation, die er in Foča erklommen hatte, und alle drei waren in Sadiks Barbierladen sichtbarer gewesen als an jedem anderen Ort seiner Kindheit und Jugend. Um Sadiks Barbierladen ging es auch in seinem ersten literarischen Versuch, in der Geschichte »Barbier-Elegie«, die ihm nicht gerade geglückt war und somit einen ersten Hinweis darauf gab, daß er vielleicht doch kein Fočaer Isak Samokovlija, Schriftsteller und Arzt, werden würde. In der Erzählung sprach er über das Verschwinden der alten Barbierläden und Barbiere, darüber, daß die neuen Generationen junger Männer in den Großstädten nicht mehr die Möglichkeit hatten, ihr Heranwachsen zu verfolgen, weil es keine festen Barbiere und Barbierläden mehr gab, an denen sie wie an einer Latte mit Zahlen und Maßen ablesen konnten, wieviel sie gewachsen waren, daß der moderne Herrensalon unmöglich Zentrum und Kultstätte im Leben eines Mannes und einer Stadt sein konnte, wie das zweifellos die alten Barbierläden gewesen waren.

In dem kleinen Raum, der ihm früher einmal riesig vorgekommen war, saß kein einziger Gast, nur der gealterte Sadik Karalić lag auf der Sećija, auf der er, Simon, einst aufgeregt gesessen und gewartet hatte, bis er an der Reihe war, und auf der die Erwachsenen die Zeitung »Befreiung« gelesen oder sich mit Sadik oder miteinander unterhalten hatten. Jetzt gab es auch keine »Befreiung« mehr, weder auf der Sećija, auf der Sadik lag, noch auf den Stühlen, die vor der Wand mit den Spiegeln standen. Der alte Mann erhob sich schwerfällig und sah Simon fragend an, und dieser bedeutete ihm mit einer Handbewegung, daß er rasiert werden wollte, und ging dann, ohne eine Antwort abzuwarten, an ihm vorbei und setzte sich auf den rechten Stuhl, der bedeutend niedriger als der linke und für Erwachsene vorgesehen war. Sadik legte ihm mit sichtlich zitternden Händen ein schneeweißes Tuch um den Kragen, seifte ihn gut ein, um den Bart weich zu machen, probierte das Rasiermesser aus und hielt einen Augenblick lang inne, als dächte er nach, dann schärfte er es für alle Fälle an dem dicken, dunkel gewordenen Lederriemen, der schon zu jener Zeit, genau so einer, an seinem Platz rechts vom Spiegel gehangen hatte. Nachdem er ein, zwei Minuten lang mit der Geschwindigkeit und Eleganz eines wahren Virtuosen mit der Rasierklinge über den Riemen gegangen war, erst mit der einen, dann mit der anderen Seite und dabei ein angenehmes klatschendes Geräusch erzeugt hatte, ließ er den Riemen los, überprüfte noch einmal das Rasiermesser und trat dann zu Simon, den er offensichtlich nicht wiedererkannte. Mit der stumpfen Seite des Rasiermessers beseitigte er den überflüssigen Schaum von der linken Schläfe, atmete tief ein, als müsse er sich einen Augenblick konzentrieren, und näherte sich dem Gesicht mit dem scharfen Ende des Rasiermessers. Im selben Moment hörten seine Hände zu zittern auf, so daß das Rasieren ohne Stockung vonstatten ging. Als er fertig war, fuhr Sadik mit den Fingerspitzen über Simons Gesicht, um zu überprüfen, ob irgendwo noch Barthaare stehengeblieben waren, rasierte die Stellen, die sich stachelig anfühlten, und forderte dann seinen Kunden mit einem sanften Druck auf die Schulter auf, sich über das Waschbecken zu beugen. Er wusch das Gesicht, trocknete es mit dem Tuch ab, mit dem er den Kragen geschützt hatte, und rieb die Haut unter sanftem Massieren mit »Pitralon« ein. Danach öffnete er eine große blaue Dose mit »Nivea«, trug die Creme sparsam auf dem Gesicht auf und massierte es dann wieder lange. Simon, der sich während dieser Prozedur im Spiegel betrachtete, bemerkte, daß er mager, schmal und ungewöhnlich bleich – vielmehr weiß war, das hier war kein bleiches, sondern buchstäblich ein weißes Gesicht, und wahrscheinlich hatte dies seinen Lehrer Landeka derart verstört. Es war weiß wie Papier, wie »Nivea«. Aber wovon nur?

Er zahlte und verließ den Barbierladen, ohne eine Spur jener Heiterkeit, mit der er hereingekommen war. Gerade hatte er sich von einem seiner Lebensträume verabschiedet, gerade hatte er wahrscheinlich die letzte Gelegenheit versäumt, einen der wichtigsten Wünsche seiner frühen Jugend zu erfüllen: daß ihn Sadik rasierte und nebenbei mit ihm über Fußball, über die Teuerungsrate, über Politik redete, so wie er es mit seinem Vater und anderen wirklich erwachsenen Männern getan hatte. Es stimmte, er hatte ein paar Mal hier mit den Erwachsenen zusammengesessen, gewartet und Zeitung gelesen, Sadik hatte ihn einige Male rasiert, aber schon zu jener Zeit war klar gewesen, daß es nicht seine endgültige und wirkliche Aufnahme in die Welt der Erwachsenen bedeutete. Sein Benehmen im Barbierladen und Sadiks Verhalten hatten gezeigt, daß er an die Grenze der Erwachsenenwelt gelangt war und ihn ganz wenig von dem Wirklichen trennte, von dem, was jetzt hätte geschehen können, wenn Sadik ihn wiedererkannt, wenn er sich vorgestellt und sich Sadik in Erinnerung gebracht hätte, wenn in ihm noch immer der Wunsch und die Kraft zu einer Wiederbelebung jener Zeit wach gewesen wäre. Vielleicht hätte es sein können, wie es richtig gewesen wäre: daß er Zeitung liest, bis er an die Reihe kommt, und dann noch ein wenig hinausschiebt, sich auf den Stuhl zu setzen, um den angefangenen Artikel rasch zu Ende zu lesen, nach dem Sadik ihn, wenn er schließlich auf dem Stuhl sitzt, fragen wird, und sie dann zusammen über das schwadronieren, was er gelesen hat, und darauf warten, daß sich die anderen anschließen ... Aber ein nächstes Mal würde es nicht geben, da brauchte man sich keine Illusionen zu machen, niemals wieder würde ihn Sadik rasieren, das war jedem klar, der sie betrachtet hatte. Der Kreis wollte sich nicht schließen, oder was war es sonst?

Simon fiel auf, daß Ibrahim in der ganzen Zeit, die er in der Isolation mit Enver verbracht hatte, nicht vorbeigekommen war, und das wunderte ihn. Ibrahim wußte nicht, daß Enver da war, aber auch wenn er es gewußt hätte, wäre er vorbeigekommen, um zu fragen, ob sie etwas bräuchten, und hätte sich, ohne zu stören, zurückgezogen, wie er es sein Leben lang getan hatte. Bestimmt hätte er es wieder so gemacht, er war ein Mann, der nicht zu stören vermochte. Ihnen war doch wohl nichts passiert? Er hätte in Enver keinen Grund gesehen, nicht vorbeizukommen, es war nicht möglich, daß sich die beiden nicht kannten und nicht leiden mochten. Aber warum war eigentlich Enver gekommen? Gott weiß, wie viele Stunden sie plaudernd miteinander verbracht und wie viele Nächte sie zusammengesessen hatten, ohne daß er mit einem einzigen Wort angedeutet hätte, warum er auf so geheimnisvolle Weise aufgetaucht war, warum er bei ihm wohnte, wo doch sein Zuhause nur eine halbe Stunde entfernt sein sollte, warum hatte er, Simon, ihn weder nach seinen Eltern gefragt noch nach dem Grund, warum er gerade jetzt aufgetaucht war, oder woher er kam, während sie unentwegt, versteckt vor der Welt und dem Tageslicht, zusammengesessen hatten. Niemand, auch Enver nicht, konnte es als normal ansehen, Freunde nach hundert Jahren wie der verdichtete Schatten eines Torbogens zu erwarten und sich dann in ihrem Haus zu verstecken. Er hat mir nicht einmal die Hand gegeben, fuhr es Simon plötzlich durch den Kopf. Aber dann glitt sein Augenmerk auf ein paar dicht nebeneinander hängende reife Pflaumen, die in sein Blickfeld gerückt waren, ihn berührte die einzigartige Farbe der reifen Pflaumen, in der sich in einem geheimnisvollen Gleichmaß Dunkelblau und Grün vermischten, und alle Fragen lösten sich auf, bevor sie richtig formuliert waren.

Er ging zu Ibrahim, kam aber nicht ins Haus hinein, weil der Alte, gerade als er die Haustür hinter sich zugemacht hatte, oben auf der Treppe, die ins obere Stockwerk führte, erschien, als hätte er ihn zum Tor hereinkommen sehen und sich beeilt, ihn abzufangen, bevor er ins Haus käme. Sie befanden sich in einer unerträglich albernen Situation – Ibrahim auf der Treppe, oben, und Simon mit der Türklinke in der Hand am Fuße der Treppe, beide peinlich berührt, unfähig, ihre Verlegenheit zu verbergen. Ibrahim fragte steif und unfreundlich von oben, ob Simon etwas brauche.

»Nein, eigentlich nicht«, antwortete Simon, so verlegen, daß er sich nicht einmal beleidigt fühlte, »ich bin nur vorbeigekommen, um zu sehen, wie es euch geht, ob etwas mit euch ist.«

»Nein, Gott sei Dank, bisher ist alles in bester Ordnung«, antwortete Ibrahim so neutral er konnte, wobei er seine Augen von links nach rechts schweifen ließ und es beharrlich vermied, den Gast anzusehen. »Danke für die Nachfrage.«

Dann standen sie wieder da, gefangen in der dummen Situation, aus der sie sich nicht befreien konnten. Ibrahim wünschte ganz offensichtlich nicht, daß Simon in sein Haus kam, brachte es aber nicht fertig, den unerwünschten

Gast zum Gehen aufzufordern – er, der sein Leben lang ein offenes Haus gehabt hatte. Deshalb bemühte er sich, so neutral zu reden, als richtete er seine Worte an niemanden oder an alle, deshalb sah er an seinem Gesprächspartner vorbei und stand da wie aus Holz und verlagerte sein Körpergewicht von einem Bein aufs andere, ratlos, was er mit sich anfangen sollte. Deshalb bat Simon, der Ibrahim jetzt dank seiner neuen Fähigkeit verstand, wie er zuvor schon Landeka verstanden hatte, ihm zu sagen, was er denn verbrochen habe. Ibrahim lag etwas auf dem Herzen, das ihm nicht auf die Zunge kam, geschweige denn über die Lippen, und Simon mußte seine Frage mehrere Male in verschiedenen Formulierungen wiederholen. Ebensooft rief Ibrahim »Komm, hör auf!« und winkte ab, »Du weißt es doch selbst«! und verzerrte das Gesicht, »Geh mir weg!« und »Es ist nicht an mir, zu urteilen«, aber dann, als er einmal ins Reden gekommen war, erklärte er Simon in kurzen und schnellen, wie abgerissenen Sätzen, worum es ging.

Am Donnerstag, dem 29. August, als man die arme Zuhra beerdigt habe, sei in der Bayazit-Baba-Tekija auf dem Schwarzen Gipfel Enver Pilav ermordet worden, ein herzensguter Mann, der dort gewohnt habe, weil er keinen anderen Zufluchtsort gehabt hatte (»du kennst ihn, er hat dich öfter besucht, ihr wart befreundet«). Die Leute hätten gesehen, daß die Mörder in einem großen dunkelblauen Auto mit ausländischem Kennzeichen, irgendwann zwischen halb neun und neun Uhr abends, vorgefahren seien. Ibrahim habe von seinem Fenster aus gesehen, wie vor Simons Haus zwischen acht und halb neun am Abend desselben Tages ein großes dunkelblaues Auto mit ausländischem Kennzeichen abgefahren sei. Simons Auto nämlich, das bis ins kleinste Detail der Beschreibung des Autos entspreche, mit dem die Mörder vorgefahren seien. Dieses

Auto sei später, im Laufe der Nacht, Ibrahim wisse nicht genau, wann, wieder links vom Tor abgestellt worden. In der Zeit, als das Auto nicht vor dem Haus gestanden habe, sei auch Simon nicht zu Hause gewesen, und später, als das Auto wieder dagewesen sei, habe Simon nicht aufgemacht und sich nicht gemeldet, als hätte er sich von etwas ausruhen oder sich erholen müssen. Dafür könne er, Ibrahim, sich persönlich verbürgen. Seine kurze Erklärung beendete Ibrahim mit der Bemerkung, Simon habe nicht zurückzukommen brauchen, wenn er deswegen zurückgekommen sei, aber »uns fragt ja keiner«. Man sah, daß ihm Simon irgendwie leid tat, auch weil er ihn nicht ins Haus lassen konnte, und daß er sich selbst leid tat, weil er Menschen von der Schwelle seines Hauses fortschicken mußte, und daß ihm überhaupt alles leid tat, besonders die Welt und das arme Menschengeschlecht, weil die Menschen ein Schicksal haben und es nicht lenken können.

»Deshalb hat Enver unentwegt über Judas gesprochen!« fuhr es Simon durch den Kopf, als er wortlos davonstürzte. Die Verbitterung gab ihm eine Kraft, die er lange nicht mehr verspürt hatte, so daß er voller Energie über Ibrahims Hof eilte, in der Absicht, sich mit seinem Freund auszusprechen, der glaubte, er habe ihn verraten und sich an seiner Ermorderung beteiligen können. Hinderte ihn diese Verbitterung oder etwas anderes daran, zu bemerken, wie verrückt das alles war, was ihm Ibrahim erzählt hatte? Er erinnerte sich, daß er nach Zuhras und Feslijas Beerdigung vom Friedhof aus ins Hotel gegangen und dort im Hinterzimmer versackt war. Er erinnerte sich, daß seine Autoschlüssel gar nicht bei ihm, sondern bei der Polizei waren, und dann erinnerte er sich, daß Kordo kurz nach seiner Ankunft im Hotel irgendwohin gegangen war und der Lehrer Landeka ihn, Kordo, auf etwas hingewiesen hatte. Hatte er ihm etwa auch die Autoschlüssel zugesteckt? Simon wußte es nicht, er hätte nicht mit Gewißheit behaupten können, daß Landeka Kordo seine, Simons, Autoschlüssel gegeben hatte, obwohl es eindeutig der Fall gewesen war. Im übrigen konnte all das warten, er würde Ibrahim das Ganze schon noch erklären, jetzt war am dringendsten, sich mit Enver über Judas auszusprechen.

Das Bett im Zimmer seiner Eltern war nicht abgedeckt und unberührt, man sah, daß jahrelang niemand darin gelegen hatte, nur eine dichte Wolke von Walnußgeruch, die im Zimmer hing, bezeugte, daß sich Enver Pilav hier aufgehalten hatte. Außer dem Geruch gab es nicht die leiseste Spur seines Aufenthalts hier, aber auch der Geruch war nicht gerade ein sicherer Beweis, weil es im Haus von irgendwoher, schon bevor Enver aufgetaucht war, nach Walnüssen gerochen hatte. Auch in der Küche konnte es keine Spuren geben, während er hier gewesen war, hatte er weder gegessen noch getrunken, sondern nur am Tisch gesessen und geredet. Aber nein, es war dumm, daran zu zweifeln, natürlich war Enver hiergewesen und natürlich hatten sie bis zur Bewußtlosigkeit miteinander geredet, selbst wenn fünf Millionen vertrauenswürdiger Personen behaupten würden, er sei umgebracht worden, bevor er vor Simons Tor auftauchte. Er fühlte deutlich, daß es leichter wäre, daran zu glauben, daß die Toten umhergehen und reden, als daran, daß er all die Tage nicht mit Enver Pilav, seinem besten Freund aus der Jugendzeit, verbracht hatte. »Den Wissenschaften alle Ehre, aber der Mensch muß auch ein bißchen an sich glauben«, dachte eine Stimme in Simon. Er war fast sicher, daß es dafür eine Erklärung gab, Enver war, sagen wir, nicht genug oder überhaupt nicht ermordet worden, während es den Zeugen so vorgekommen war, als wäre er es ganz, vielleicht war es etwas Drittes oder Viertes, aber auf keinen Fall konnte man in Frage stellen, daß er hier gewesen war und Simon nächtelang am Küchentisch gegenübergesessen und herumphilosophiert hatte.

Während sich so, in der offenen Tür zum Zimmer seiner Eltern, ein neuer Simon gegen den alten Simon und seine Wahrheiten auflehnte, war ein kaum vernehmliches Flüstern zu hören. Eine unsagbar sanfte und traurige Stimme sagte etwas. Man konnte nichts verstehen, es ließ sich nicht einmal mit Sicherheit sagen, daß überhaupt ein Flüstern zu hören war, aber Simon wußte sofort, daß es sich um eine Aufforderung handelte. Er ging dem Flüstern nach, schloß die Tür zum Zimmer seiner Eltern und ging in sein Zimmer hinüber. Er sah sich um, ließ den Blick ein paarmal durchs Zimmer schweifen, um die Ecken, den Fußboden, die Möbel zu untersuchen, konnte aber nicht herausfinden, warum ihn das Flüstern hierhergeführt hatte. Er sah aus dem Fenster und überzeugte sich davon, daß draußen alles so normal war wie im Zimmer. Danach setzte er sich ein wenig enttäuscht auf den Stuhl am Schreibtisch. Sein Blick fiel zufällig auf den Stoß Briefpapier, den er vor kurzem in der Hand gehabt hatte, als er den angefangenen Brief an Barbara gesucht hatte. Obenauf lag ein eng beschriebenes Blatt, das das letzte Mal garantiert nicht dort gewesen war. Er nahm das Blatt und las:

Liebe Barbara, schade, daß sich hier nichts an Dich erinnert. Wenn Du wenigstens einmal hier gewesen wärst, würde sich alles an Dich erinnern und nach Dir verlangen, so wie ich mich an Dich erinnere und nach Dir verlange, und dann ginge es mir viel besser, denn ich wäre nicht mehr allein. In der Sehnsucht nach Dir würden meine Isolation und meine Einsamkeit einfach ausgelöscht, und ich wäre ein normaler Teil der Welt, die nach Dir verlangt und sich nach Dir sehnt, weil sie sich an Dich erinnert. (Ist eins ohne das andere möglich? Sich an Dich zu erinnern bedeutet, sich nach Dir zu sehnen und nach Dir zu verlangen, oder nicht?) Mach jetzt kein schlaues Gesicht, nenn mich nicht Dialektiker, wie Du es immer tust, wenn Du denkst, daß ich geheime Ziele verfolge. Ich verfolge keine geheimen Ziele, ich brauche Dich so wahnsinnig, verdammt! Außerdem habe ich gerade ein geschnittenes Burek gegessen.

Bestimmt habe ich dir viele Male den Unterschied zwischen einem geschnittenen und einem normalen Burek erklärt. Er ist für die Bosnier so wichtig, daß man ihn mit den fundamentalen Oppositionen vergleichen kann, auf denen die Welt beruht: Tag und Nacht, Sommer und Winter, weiblich und männlich. Gewöhnliches Burek unterscheidet sich von geschnittenem so, wie bloße Nahrung sich von einem Werk der gastronomischen Kunst unterscheidet, die zugleich Nahrung und eine Botschaft ist, in der man Liebe, Inspiration, Achtung zum Ausdruck bringt. Ein gewöhnliches Burek dient der Lebenserhaltung, ein geschnittenes verleiht dem Leben zusätzlichen Sinn, weil man durch es immer etwas sagt. Man bereitet es nämlich für diejenigen zu, die man achtet und liebt, für die man keine Mühe und Zeit scheut, denen man sich offenbaren will.

Ein Burek ist, wie Du weißt, eine Pita mit Fleisch. Das Fleisch wird mit Zwiebeln vermischt und auf dem ausgezogenen Teig verteilt, der zu einer Art Teigdarm aufgerollt und in Form einer Spirale, die aussieht, als bemühte sie sich vergebens, ein Kreis zu werden, aufs Blech gelegt und gebacken wird. Gewöhnliches Burek wird mit Hackfleisch gefüllt, geschnittenes mit von Hand geschnittenem Fleisch. Bei dieser Erklärung ist mir nicht wohl, weil ich weiß, daß Du Dir ohne direkte Erfahrung nicht vorstellen kannst, wie groß der Unterschied zwischen diesen beiden Varianten eines Gerichts ist. (Nebenbei gesagt, ist es ähnlich mit der Kartoffelpita, die in der bosnischen Gastronomie einen fast emblematischen Wert besitzt. Kartoffelpita mit gehobelten Kartoffeln servieren wir denen, die uns gleichgültig sind, für die wir keine Botschaft mehr haben. Für die anderen machen wir Kartoffelpita, für die wir die Kartoffeln von Hand schneiden. Von eigener Hand.) Wie ist es möglich, daß ein so unwichtiges technisches Detail, wie es die Verarbeitung des Fleisches ist, einen derart gewaltigen Unterschied ausmacht?

Kluge Leute haben eine technische, mit dem Verstand zu begreifende Erklärung gefunden. Die maschinelle Verarbeitung des Fleisches ist zu grob, sie preßt den Saft aus dem Fleisch heraus und beraubt es seines Charakters. In der Maschine gemahlenes Fleisch ist ein Nahrungsmittel zum Überleben, aber nicht zum Genießen, etwas, das Nutzen, aber keine Freude bringt. Im geschnittenen Burek ist dagegen Fleisch, das eine Menschenhand ausgesucht und in Stückchen geschnitten hat, und zwar die Hand eines Menschen, der keine Zeit und Mühe gescheut hat, um das Beste zu finden, was sie kriegen konnte. Die Hand, die die köstlichsten Fleischstückchen direkt vom Knochen abgezupft und mit dem teuren Fleisch von der Keule vermengt, die es mit Gewürzen veredelt und weich gemacht, mit Zwiebeln vermischt und durchgeknetet, die den Teig auseinandergezogen und alles darauf verteilt hat – diese Hand übermittelt dir mit dem Burek, das du gerade ißt, eine Botschaft. Sie ist im übrigen auch irgendwie in dem Burek enthalten, das sie für dich zubereitet hat, du kannst mit deiner Hand nicht stundenlang etwas bearbeiten, ohne daß dabei ihre Spur zurückbleibt und eine Erinnerung an sie. Man weiß, für wen man ein geschnittenes Burek zubereitet und wann, man weiß, wie man jemandem sagt und wann, daß man speziell für ihn ein geschnittenes Burek zubereitet hat, man weiß ... Alles weiß man, nicht zufällig hat die bosnische Kultur ein ganzes System komplizierter Regeln entwickelt, wann, wem und wie man welches Gericht zubereitet.

Stell Dir vor, was für einen Geschmackssinn man haben muß, um schon beim ersten Bissen zu wissen, ob man ein gewöhnliches oder ein geschnittenes Burek, eine gehobelte oder eine geschnittene Kartoffelpita ißt! Wie stark und wie organisch die Verbindung des Menschen zu seiner gastronomischen Kultur sein muß, um solche Unterschiede so rasch und sicher erkennen zu können. Darüber wollte ich Dir etwas sagen und über die Achtung, die ich gegenüber so sensiblen Sinnen empfinde. Das gibt es nicht ohne jahrhundertelange Tradition.

Während ich das hier schreibe, kommt mir eine unserer Urlaubsreisen in den Sinn. Wir hatten von Palermo aus einen Ausflug nach Neapel gemacht, wo Dir die Handtasche gestohlen wurde, so daß wir zwei Tage in der Stadt verbringen mußten, bis von unserer Bank aus Berlin der Garantiebrief eintraf. In diesen zwei Tagen aßen wir Brot und gönnten uns einmal ein Bier, um unsere Laune zu bessern. Am Abend des zweiten Tages, als das Geld bereits da war und wir in einem Restaurant speisten, hattest Du einen Deiner Anfälle von Redseligkeit. Ich habe mir gut gemerkt, was Du gesagt hast, ich glaube, ich habe keinen Deiner verbalen Überfälle so intensiv erlebt wie diesen.

Ich kann es nicht wörtlich wiederholen, aber ich erinnere mich, daß Du gesagt hast, im Süden Italiens begreife der Mensch, warum sich Gott immer den Armen offenbare, für sie sorge, zu ihnen spreche. Das sei deshalb so, hast Du behauptet, weil die Armen und die Armut Geist, Inspiration, Erleuchtung bräuchten, mit einem Wort, all das, was allein der Geist schenken kann. Wir hatten in den zwei Tagen zehn Sorten Brot gegessen, dem Anschein nach immer dasselbe, weil alle Sorten aus Weißmehl gebacken waren, manchmal mit etwas Olivenöl oder einer Olive im Teig. Vom Geschmack her aber waren diese Brote einander nicht einmal ähnlich. Wie sehr sie sich äußerlich auch glichen, im Mund waren es zehn verschiedene Speisen. Ja, das ist Kunst, für so etwas braucht man Inspiration, braucht man etwas mehr als das bloße vermittelbare Wissen, man braucht den Geist und seine Gnade, um aus Weißmehl, Wasser, Salz und Hefe, hin und wieder einem Täßchen Olivenöl Dutzende unverwechselbar schmeckender, köstlicher Speisen herzustellen. Das ist den armen Leuten in Süditalien von der Hand gegangen, sie haben Dutzende, vielleicht Hunderte Sorten von Brot und Brötchen aus den ewig gleichen Rohstoffen und in der immer gleichen Verarbeitung hergestellt, vom Geschmack so unterschiedlich, daß sie nicht einmal ein Ausländer verwechselt. Oder das noch überzeugendere Beispiel – die Pizza: Man kann nicht ohne Geist und Kunst ein bißchen Brot mit draufgestrichenen gekochten Tomaten in einen Leckerbissen verwandeln, der die Welt erobert. Es ist keine Kunst, ein gutes und schmackhaftes Essen aus dem besten Stück Rindfleisch zuzubereiten, es wäre eher eine Kunst, aus diesem Fleisch kein gutes Essen zu machen. Aber aus ein wenig Teig und Tomaten ein gutes Essen zu bereiten, aus Teig ohne Tomaten Dutzende von guten und geschmacklich verschiedenen Speisen herzustellen – das geht nicht ohne Geist und Kreativität. Reichtum ist buchstäblich sich selbst genug, er braucht keinen Geist. Für die Armut ist er unumgänglich, dem ärmlichsten Dasein auf der Welt Vornehmheit und Würde, Schönheit und Anziehungskraft, Glanz und Erhabenheit verleihen – das kann einzig der Geist, also die

Kreativität, die Inspiration, die Kunst, das kann der Armut auf der Welt eine Kultur verleihen, die sich erinnert und dauert, die keinen Raum erobert, sondern die Zeit bewahrt und gestaltet.

So ungefähr hast Du in jener Nacht in Neapel gesprochen, verzeih meine Vereinfachungen und Ungenauigkeiten. Wenn Du nur wüßtest, wie ich das, was Du gesagt hast, hier in Bosnien sehe, aufnehme, allerorten wahrnehme! Wenn Du wüßtest, daß mir Deine Worte, seit ich hier bin, nicht aus dem Kopf wollen! Wie sie von allem, was ich sehe, bestätigt werden und wieviel sie von dem, was ich sehe, erklären.

Dennoch gibt es etwas, das tiefer und beständiger in mir ist als Deine damaligen Worte. Das ist Deine Stimme, das sind Deine Bewegungen, Dein Geruch, das ist die Musik, die ertönt, wenn meine Haut die Deine berührt. Ach, teures Raubtier, wie tief und unentfremdbar bist Du in mir!

Aber darüber will ich in einem Brief nicht reden, ich will über nichts reden, bis ich Dich nicht wieder in meinen Armen halten kann. Und bis dahin werden sie leer sein, ganz leer. *S.*

Er starrte auf den Brief und las ihn zum hundertsten Mal, ohne sich wirklich zu wundern. Wann und wie hatte er entstehen können? Es war seine Handschrift, und im großen und ganzen waren es seine Worte, alles war von ihm – bis auf die Unterschrift mit der Initiale. Er unterschrieb nie mit einer Initiale, schon gar nicht eine Botschaft an Barbara, die es ausgesprochen unhöflich fand, mit dem Namenskürzel zu unterschreiben. Doch Barbaras Rede über den Geist und die Armut stimmte, und auch der Tonfall des Briefes war seiner. Aber er hatte den Brief unmöglich geschrieben, soviel war sicher.

Er streckte die Hand aus, um ihn auf den Papierstapel zurückzulegen, von dem er ihn genommen hatte, aber über der Schublade, die zu öffnen ihm unlängst nicht gelungen war, öffnete sich ein Fach, als forderte es ihn auf, den Brief hineinzulegen. Bis jetzt hatte er nicht einmal gewußt, daß es dieses Fach gab. Das heißt, er wußte es insofern, als sich über der ersten Schublade ein Brett mit einem Griff befand, etwas schmaler als die Stirnseite einer normalen Schublade, aber dieses Fach hatte sich schon damals, als er den Tisch bekam, nicht öffnen lassen. Seinetwegen hatten sich wohl auch die Schubladen nicht schließen lassen, weil mit ihm der Mechanismus verbunden war, der das Schließen der Schubladen regulierte. Er legte den Brief in das Fach und machte es zu, dann probierte er ohne echte Neugier die Schubladen aus, eine nach der anderen. Alle ließen sich mühelos öffnen. Er begann, den Inhalt der Schubladen durchzusehen, als hätte er den Wunsch, sich an seine Schulzeit zu erinnern, obwohl in ihm weder eine Sehnsucht noch ein Verlangen nach dieser Zeit war. In der ersten Schublade fiel ihm eine Kladde mit Zitaten in die Hand, ein dickes, großformatiges Heft, in das er Sätze, Gedanken und besonders schöne und seiner Meinung nach erinnerungswürdige Passagen aus Büchern abgeschrieben hatte. Ohne Neugier blätterte er das Zitatenbuch, wie er es zu jener Zeit genannt hatte, durch, aber als er versuchte, die Namen der zitierten Autoren zu lesen, als wollte er sich daran erinnern, was er als Gymnasiast alles gelesen hatte, bemerkte er, daß im Zimmer Dunkelheit herrschte. Er streckte die Hand aus und drehte am Schalter, aber das Licht funktionierte nicht. Er ging in die Küche, überprüfte den Herd und den Eisschrank und stellte fest, daß der Strom weg war.

Es traf ihn entsetzlich, daß es keinen Strom gab, diese Erkenntnis nahm er fast wie ein Urteil auf. »O Gott!«

wimmerte etwas in ihm, und sein Hals schnürte sich zu vor Anstrengung, einen Schluchzer zu unterdrücken. »Schade, daß Enver heute nicht kommt, das wäre ihm jetzt gerade recht«, dachte eine andere Stimme in ihm, ganz ruhig, fast gleichgültig. In der Speisekammer fand er eine Kerze und Streichhölzer, er ging zurück in sein Zimmer und zündete die Kerze an. Sie loderte hell auf und erfüllte den kleinen Raum mit einem warmen Licht, so daß sich auch Simons feuchte, würgende Trauer ein wenig legte. Er setzte sich wieder auf den Stuhl, legte das Zitatenbuch an seinen Platz zurück, schloß die Schubladen und nahm eine Körperhaltung an, als ob er wartete. Vielleicht war es gut, daß es keinen Strom gab, elektrisches Licht hatte nicht diese verspielte Wärme. Obwohl ... Gab es irgend etwas auf der Welt, das ihn jetzt wärmen könnte?

Irgendwann begann die Flamme der Kerze kleiner zu werden und sich rot zu färben, als ginge im Zimmer der Sauerstoff aus. Nach ein paar Sekunden war oben auf der Kerze statt der Flamme ein vollkommen bewegungsloser kleiner roter Kreis, der nicht erlosch, nicht kleiner wurde und nicht wuchs. Davon konnte die Dunkelheit im Zimmer nicht vermindert oder aufgehellt werden, sie färbte sich lediglich rot. Die Kerze schien nicht zu schmelzen, aber der ruhige rote Kreis auf ihr erlosch dennoch nicht.

Dann breitete sich im roten Dunkel des Zimmers ein Flüstern aus, das ihn zu etwas aufforderte. Simon hörte es nicht deutlich und verstand die Aufforderung nicht, aber er wußte, daß er ihr folgen würde.

14

Ikonenmaler, wie weit reicht dein Auge?

Er ließ die Kerze mit dem kleinen runden Kreis statt einer Flamme auf dem Tisch stehen, er wußte, daß er keinen Nutzen von ihr haben würde, daß er sie auf dem Weg, auf den ihn das kaum hörbare Flüstern gerufen hatte, nicht brauchte. Seine Bewegungen waren langsam, wegen der Dunkelheit, wegen seiner Kraftlosigkeit, wegen eines undeutlichen Gefühls, und diese Langsamkeit verlieh seinem Gang durch das Zimmer, den Flur und über die Veranda etwas Feierliches. Beim Hinabsteigen der Treppe lehnte er sich nicht an die Wand, brauchte er seine Hände nicht nach vorne zu strecken, um das Gleichgewicht zu halten und mögliche Hindernisse zu umgehen, streckte er den Fuß, mit dem er gerade ausschritt, nicht heraus und tastete mit ihm nicht nach der nächsten Stufe. Er ging aufrecht, mit entspannt am Körper herabhängenden Armen, feierlich, als wäre sein Abstieg Teil eines Rituals. Kurzum, er ging so, wie man in völliger Finsternis Treppen, die der Körper nicht kennt, nicht hinuntergehen kann. Als er am Fuß der Treppe angelangt war, hörte er, wie sich die Kellertür geräuschvoll öffnete, ging hindurch und schritt weiter feierlich durch den Keller, in dem dasselbe rötliche Dunkel herrschte wie in seinem Zimmer, als hätte auch im Keller irgendwo eine Kerze gestanden, die nicht brannte, sondern an der Spitze rot war. Gerade war er ungefähr durch den halben Keller gegangen, als sich mit einem Knarren und Krachen jene Metalltür auftat, die unlängst aufgetaucht war. Ein deutliches Zeichen, daß er dort hineinmußte, wo das Licht unlängst nicht hineingewollt hatte.

In der Tür überfiel ihn ein schrecklicher Schmerz, von dem sich ihm alles zusammenkrampfte, und sein Bewußtsein schwand, wie es in Momenten der Ekstase schwindet. Wahrscheinlich wegen dieser Ähnlichkeit mit der Ekstase war auch Lust in diesem Schmerz, jene starke und tiefe Lust, die ohne Schmerz nicht möglich ist, und wie er, Simon, sie manchmal mit Barbara zu ahnen vermocht hatte. Aber das hier war stärker, das hier war so schmerzhaft und tief, daß es nur dann möglich gewesen wäre, wenn sich ihre brennenden Eingeweide, ihre Knochen und all das, was noch tiefer liegt, vermischt hätten, aber das wäre auf dieser Welt nicht einmal bei ihm und Barbara gegangen. Das hier war so tief, daß sie sich nach dergleichen gar nicht hatten sehnen können, nicht nur, weil sie nichts davon wußten.

Als er zu sich kam, tappte er unsicher vorwärts, auf taub gewordenen Beinen, die von dem noch immer nicht ganz gelösten Krampf schmerzten, getrieben von einer starken unbegreiflichen Sehnsucht nach etwas, das irgendwo ein paar Schritte vor ihm sein könnte, von der Begierde, sich diesem Unsichtbaren zu nähern, aber vielleicht auch von der Hoffnung, daß dort vorne der Schmerz nachlassen würde, der von seinem Körper Besitz ergriffen hatte. Nach dem ersten unsicheren Schritt, der ihm gelang, hörte er irgendwo von rechts und wie von hinten eine Stimme, die er gleich erkannte.

»Ich weiß nicht, woher du kommst, aber ich freue mich, Simon«, sagte Envers Stimme. »Ich freue mich, sogar hier, mein Freund.«

»Ach, da bist du!« drehte sich Simon nach rechts und bemerkte, wie sich die dunkle Wand, die ihn von allen

Seiten umgab, auflöste und eine Tiefe bekam, in der sich Envers Gestalt abzeichnete. Seine Überraschung hinderte ihn nicht daran, seinem Freund, der sich so freute, beleidigt zuzuwerfen: »Ich habe dich oben im Haus gesucht!«

»Zu Recht«, stimmte Enver sogleich zu. »Verzeih mir, ich konnte es nicht wissen.«

»Hast du begriffen, daß ich kein Judas bin?« fragte Simon streng.

»Ja, entschuldige.«

»Schon gut«, beendete Simon versöhnlich das Thema.

Seltsam, wie gut sie sich verstanden. Enver hatte sofort gewußt, was er meinte, er wiederum hatte Envers Bedauern, ihn mit einem unbegründeten Verdacht beleidigt zu haben, geradezu körperlich gespürt. Es bestand keine Notwendigkeit zu Erklärungen, keine Angst vor Mißverständnissen, alles war auch so klar, ohne ein einziges Wort – auch warum Enver oben, bei ihm, so beharrlich das Licht gemieden hatte. Hier sah man, daß seine Augen ausgestochen waren.

»Du bist tot, oder?« fragte Simon.

»Ja, was sonst?« bestätigte sein Freund.

»Ich meine, du warst schon tot, als du mich besucht hast?«

»Ja, sicher war ich tot. Aber ich komme nicht zur Ruhe, weil ein anderer von meinem Blut gekostet hat. Wahrscheinlich der Mörder, einer seiner Leute, ich weiß nicht.«

Enver erklärte, daß die Menschen, das heißt ihre Seelen, nach dem körperlichen Tod im Barzakh zur Ruhe kommen, in einem Zwischenraum, also in einem Gebiet zwischen zwei Räumen, oder in einer Zwischenwelt, in dem, was zwischen zwei Welten ist. In den Barzakh kommt man nach dem körperlichen Tod, wenn man die Zeit hinter sich gelassen hat, aber noch nicht in der Ewigkeit angelangt ist, um auf das Jüngste Gericht und das Eingehen in die Welt ohne Formen, in die Ewigkeit oder zumindest in die Welt jenseits der irdischen Zeit zu warten. Dort ruht man sich aus, dort wartet man, das ist eine Haltestelle, so etwas wie ein Vorzimmer oder ein Wartesaal. Das ist gut für die müden Seelen – viel Ruhe. Nur vor großen Katastrophen und Massakern werden die Seelen von Selbstmördern und denen, deren Blut andere Menschen gekostet haben, unruhig und müssen an den Ort zurückkehren, wo sie gelitten und den Tod gefunden haben.

»Aber von wo aus bist du hierhergekommen?« fragte Enver. »Das hast du mir nicht gesagt.«

»Von meinem Zimmer aus.«

»Wie meinst du das?«

»Ich saß in meinem Zimmer, als ich gerufen wurde. Ich weiß nicht, wie stark es war, vielleicht hätte ich mich widersetzen können, aber ich bin gegangen.«

»Das heißt, du bist ... Du bist nämlich nicht ...«

»Nein, ich bin nur der Aufforderung nachgegangen, ich bin ihr gefolgt, als sie sich mir offenbarte«, erklärte Simon.

»Und wenn ich dich gar nicht wirklich verdächtigt habe?« fragte ihn Enver mit Hoffnung in der Stimme. »Vielleicht wurde ich mit einem bestimmten Ziel zu dir gesandt, sagen wir, als Bote oder um so etwas wie dein Führer hier unten zu sein? Warum nicht?«

Simon wollte nicht mehr über den Verdacht reden, der seinem Freund gekommen war, und mutmaßen, ob er ihn wirklich verdächtigt hatte oder ob man ihm den Verdacht eingepflanzt hatte, um ihn mit irgendeiner Mission zu betrauen. Darum wandte er sich nach links und tat unabsichtlich einen Schritt in die finstere Wand, die wie ein Vorhang oder ein schwarzer Spiegel vor ihm stand. Im selben Augenblick erhellte sich diese Wand, als hätte sie sich aufgelöst, so daß sich vor Simons Augen statt der finsteren Fläche ein beleuchteter tiefer Raum von unbestimmten Dimensionen erstreckte, wie ein riesiges Bauwerk mit quadratischem Grundriß, auf dem man einen Kranz in Form eines Oktogons errichtet und auf diesen Kranz dann eine eindrucksvolle Kuppel gesetzt hatte. Simon versuchte es mit dem Blick zu erfassen und fragte sich, woher es ihm bekannt war. Er kannte und liebte diese Formen, genau so etwas, nur viel kleiner, hatte er schon einmal gesehen, er kannte es gut. Außerdem war das, was er gesehen hatte und noch immer irgendwo in sich trug, in die Höhe gebaut worden, aber dieses hier, was er jetzt vor sich hatte, schien in den Berg bzw. in einen unendlichen Felsen hineingegraben worden zu sein. Dies war das Spiegelbild eines normalen Bauwerks, seine Umkehrung, so etwas wie sein Negativ. Oder sein geistiger Archetyp? Aber auch dieser von dem Bauwerk ausgehöhlte Felsen verhielt sich unnatürlich, er schien sich vor den Augen zu krümmen und immer weiter zu öffnen, je länger man hineinsah. Zum zweiten oder dritten Mal nahm er diese Eigenheit der unterirdischen Stadt wahr und wandte sich Enver zu, um ihn zu fragen, ob er etwas darüber wisse, verzichtete aber auf jede Frage, als er den Gesichtsausdruck seines Freundes sah. Er wandte seinen Blick dorthin, worauf die Löcher in Envers Gesicht gerichtet waren, und sah eine seltsame Gestalt von unregelmäßiger Form. Sie benahm sich so, wie sich bis jetzt alles in der unterirdischen Welt verhalten hatte – sie näherte sich, als hätte man sie gerufen, als zöge sie der Anblick eines Menschen an. Simon konnte sehen, daß es sich um einen Mann handelte, den man an ein Kreuz geschlagen hatte und dem man von der Mitte des Bauches an aufwärts, über der ganzen Brust die Haut abgezogen, sie dann über das Gesicht bis unter die Augen gestülpt und mit einem Draht am Hinterkopf zusammengebunden hatte, so daß der Unglückliche eine Art Schleier aus der eigenen Haut trug. Der untere Teil seines Körpers war ähnlich verunstaltet. Vom Knie aufwärts war die Haut abgezogen und umgestülpt und in der Leistengegend mit einem Draht zusammengebunden, was dem Ganzen die Form einer Pluderhose gab. Auf seinem Rücken hing, mit Stacheldraht um den Hals gebunden, ein Brett mit der Aufschrift »Die beste Muslima«. An den Augen des Unglücklichen war zu ahnen, daß ihm alles bei lebendigem Leib angetan worden war und er auch jetzt alle Qualen litt, die er erlitten hatte, als er ermordet wurde.

Simon hätte gern seine neu erworbene Fähigkeit verflucht, die Gedanken und Gefühle anderer Menschen in sich zu spüren.

»Kennst du ihn?« fragte er Enver.

»So gut wie du«, antwortete Enver.

»Es sah so aus, als würdest du ihn kennen, dein Gesicht hat es verraten.«

»Ich habe tausendmal von ihm geträumt. Eigentlich nicht von ihm, sondern von meinem Onkel Hadžija Tahirović aus dem Dorf Strazice, die Četniks von Pavle Djurišić haben ihn so zugerichtet. Meine Mutter war geflohen, eben auf Anraten ihres Bruders Hadžija, während er geblieben war, um das Haus zu hüten und die Četniks zu erwarten. Ich habe ihn natürlich nie gesehen, ich habe nur von ihm gehört, aber nichts darüber, wie sie ihn gequält und ermordet haben. Und doch habe ich alles geträumt, ich habe genau geträumt, wie er gestorben ist. Zum ersten Mal war es in Isfahan, ich muß etwa achtundzwanzig gewesen sein und hörte bei meinem Lehrer Mullah Sadar. Danach noch oft, viel zu oft, und immer das gleiche. Nur daß in meinen Träumen ›Muslima mit Pluderhosen und Schleier‹ auf dem Brett stand.«

»Aber das hier ist nicht dein Onkel«, folgerte Simon.

»Das weißt du doch selbst, Bruder«, seufzte Enver.

Er hatte recht, Simon wußte, daß der gekreuzigte Mann vor ihnen Ramadan Rusović war, den die Leute von Momčilo Bulatović, die 1924 von Bijelo Polje aus hierhergekommen waren, oben, im Garten hinter Simons Haus, so gequält und geschunden zurückgelassen hatten. Das war wieder die unterirdische Welt. Hier kannte er nicht nur die Gedanken und Gefühle, hier kannte er auch die Leute. Er hatte den Mann gekannt, sobald er auf ihn zugekommen war, er hatte ihn so gekannt, wie man nur im Traum jemanden kennt – er kannte ihn fraglos. Ihn, sein Leben, seine Empfindungen und Wahrnehmungen. Ihm fiel auf, daß hier auch die Gespräche anders als oben waren, er hörte Envers Stimme nicht mit den Ohren, sondern er hörte sie in sich, wie mit dem Bauch, als würden die Worte in ihm ausgesprochen, aber mit Envers Stimme. So erging es ihm mit allem, was Enver gesagt hatte, seit sie sich hier getroffen hatten, aber es fiel ihm erst auf, als er Envers eingesunkene Lippen gesehen hatte, die sich nicht bewegten, er aber dennoch seine Worte hörte.

Simon wandte sich dorthin, wo das Kreuz mit dem gekreuzigten Rusović gestanden hatte, und bemerkte, daß er sich schon am Ende des riesigen quadratischen Saals befand. Sobald du den Blick von etwas abwendest, entfernt es sich, und dann wird es mit der Zeit flach und verschmilzt mit der finsteren Ebene, in der es zu verschwinden scheint, erklärte sich Simon die Logik der Welt, in die er geraten war. Und das, worauf du deinen Blick richtest, beginnt auf dich zuzugehen und sich dir frontal zu nähern, wenn du es lange genau anschaust.

»So ist es«, bestätigte Enver Simons Schlußfolgerungen, »hier sind die Seelen, Wesen ohne Leidenschaft und Willen, sie müssen einen Impuls von außen bekommen, um sich in Bewegung zu setzen, sie müssen angesprochen werden, um zu antworten. Einer meiner Lehrer hat es das passive Prinzip genannt, manchmal das weibliche Prinzip und manchmal wieder das Prinzip des Empfangens und Ruhens. Die Seele erleidet hier, was sie schon im Leben erlitten hat, sie hat Gefühle, gewinnt aber nur dann sichtbare Form und Bewegung, wenn sich ihr jemand von außen zuwendet, mit dem Blick, dem Gedanken oder irgendwie anders. Von sich aus kann sie sich weder bewegen noch sprechen oder eine dreidimensionale Gestalt annehmen, sie braucht das aber auch gar nicht, weil sie ohne diese Formen untereinander kommunizieren und einander perzipieren, in vollkommener Dunkelheit und Stille. Ich kann nicht sagen, daß sie einander hören oder sehen, aber sie kennen sich, sie kennen sich und verstehen sich gut.«

Simon überzeugte sich davon, als er aufs neue nach links schaute, wohin sich Ramadan Rusović mit dem Kreuz entfernt hatte. Dort lag eine finstere Ebene, auf der weder ein menschlicher Körper noch sonst eine Gestalt mehr zu erahnen war. Simon richtete seinen Blick geradeaus, und vor ihm lichtete sich die Finsternis, die dunkle Wand löste sich auf, und in einer Nische im oktogonalen Kranz des Bauwerks sah er ein Mädchen von etwa zwölf Jahren mit einem Strick um den Hals. Er schaute sie an, und sie bewegte sich auf ihn zu. Als sie auf Reichweite herangekommen, eigentlich auf ihn zugeglitten war, wußte er, daß es sich um die kleine Zulejha handelte, die sich 1919 mit ihrer Mutter in dem Wäldchen unter dem Gipfel des Berges Tabija versteckt hatte, als hier zahlreiche in prächtige

Uniformen gekleidete Leute aus Nikšić, die von sich behaupteten, sie seien die Armee des neuen Staates, wüste Feste mit Freudenschüssen gefeiert hatten. Zulejha hatte gesehen, wie sie eines Tages ihren kleinen Bruder Emir mit einer Stacheldrahtkrone um den Kopf in den Hof brachten, die Krone um den Kopf des Kindes dann mit einem Hebel zusammendrückten, bis er unter dem Druck zerbarst. Danach warfen sie den kleinen Körper den Berghang am Ende des Gartens hinab und kehrten zu Trunk und Fröhlichkeit zurück. Bei Einbruch der Dunkelheit versuchte sich die Kleine an den Häusern vorbeizustehlen, um an den Körper ihres kleinen Bruders zu kommen. »Ich mußte ihn retten«, sagte eine zittrige Kinderstimme in Simon, »etwas wäre mir zugestoßen, wenn ich nicht versucht hätte, ihn zu retten.« Ihr war nicht ganz klar, was sie vorhatte, wahrscheinlich wollte sie den kleinen Körper nach oben tragen, wo sie sich mit ihrer Mutter versteckte, und ihn beerdigen. Sie erwischten sie mit ihrem kleinen Bruder in den Armen, ihn warfen sie erneut den Berg hinab, und sie schleiften sie in eins der vier Häuser, so viele waren es zu der Zeit. Zwei Tage lang vergewaltigten sie sie, und dann ließen sie auch sie, mit Schnaps begossen und bewußtlos, den Berg hinunterkullern. Nach ein paar Tagen gelang es ihr, sich zu ihrer Mutter zu schleppen, von der sie kein Wort des Trostes, sondern einen Vorwurf zu hören bekam. »Habe ich dir nicht gesagt, daß wir uns nicht trennen sollen?! Und wenn wir sterben, daß wir dann zusammen sterben wollen!«, war das einzige, was die Mutter sagte. Tagelang, bis zur Rückkehr ins Haus, wiederholte sie diese beiden Sätze, offensichtlich das einzige, was auszusprechen sie imstande war. Gleich nach der Rückkehr ins Haus erhängte sich Zulejha, weil sie die Vorhaltungen der Mutter nicht ertragen konnte.

»Was für Vorhaltungen, du liebe Zeit!« rief Simon unwillkürlich. »Das hat sie aus Verzweiflung getan, um nicht Ihm Vorwürfe zu machen!«

»Jetzt ist es zu spät«, wimmerte Zulejha und flehte ihn mit ihren großen Augen an, den Strick um ihren Hals festzuziehen und sie wieder aufzuhängen.

Simon, unfähig, das Flehen dieser Augen auszuhalten, wandte sich ab und sah, gleich hinter Zulejha, sozusagen daneben, ihre Mutter Hasnija, die ebenso flehentlich Zulejha ansah. Sie hatte sich die Venen aufgeschnitten, nachdem sie sie vom Seil losgemacht hatte, und war neben ihrem Körper verblutet. War sie all diese Jahre so demütig um ihre Tochter herumgeschwirrt und hatte sie um Verzeihung angefleht?

»Nein, nur vor großen Massakern«, sagte Enver, »wenn die Seelen der Selbstmörder und solcher Leute wie ich unruhig werden und aus dem Barzakh an den Ort ihrer Qualen zurückkehren. Dann geht es ihnen entsetzlich, dann erleiden sie aufs neue, was sie damals erlitten haben, nur weiß man jetzt nicht, wie lange – für den Leidenden unendlich lange. Sonst ruhen sie, in guten Zeiten sind sie zusammen mit den anderen Seelen im Barzakh und ruhen.«

»Kann man ihnen denn nicht helfen, lieber Gott?!«

»Doch. Es würde ihnen helfen, wenn ein reiner Mensch hierherkäme und sie alle umbrächte, so wie sie damals ermordet wurden. Dadurch würden ihre Qualen unterbrochen, weil sie in den Barzakh zurückkehren könnten, wo sie bis zum nächsten großen Massaker ruhen würden oder sogar bis zum Jüngsten Tag, wenn die Massaker in dieser Gegend zufällig ausbleiben würden.«

»Aber wo willst du heute einen solchen Menschen finden, Enver!« rief Simon betrübt.

»Um der Wahrheit die Ehre zu geben: Es hat sich einer gefunden«, antwortete Enver, »er ist auch schon hier ...«

»Untersteh dich!« fuhr Simon ihn an und wandte den Blick ab, gerade noch rechtzeitig, um zu sehen, wie Zulejha und ihre Mutter Hasnija, die sich in Richtung der Nische im Kranz des wunderschönen Raumes entfernt hatten, zu undeutlichen Silhouetten verschwammen.

»Ärgere dich nicht über mich, Simon, mein Freund«, sprach ihn Enver versöhnlich an, »weder habe ich irgend etwas über dich gesagt, noch habe ich dir irgend etwas vorgeschlagen, ich habe dir nur gesagt, wie die Dinge stehen. Und auch das habe ich nur gesagt, um auf deine Frage zu antworten.«

»Aber die Dinge stehen deiner Meinung nach so, daß ich all diese Menschen umbringen muß, wenn ich ihnen helfen möchte.«

»Seelen, mein Freund, Seelen, das sind schon lange keine Menschen mehr«, erklärte Enver, aber sein Tonfall verriet nicht, ob er spottete oder es ernst meinte.

»Und worin besteht der Unterschied?«

»Es gibt viele Unterschiede. Ich habe dir bereits gesagt, daß die Seelen keine Leidenschaften und keinen Willen haben. Sie haben auch keine Schwere und Gerüche, keine Trägheit und keine Bedürfnisse. Diese Seelen hier haben ein einziges Bedürfnis, eigentlich nur einen verrückten Wunsch, nämlich ermordet zu werden wie zu Lebzeiten und in den Barzakh zurückzukehren, aber die Seelen dort im Barzakh haben auch dieses nicht mehr, sie kennen schlicht keine Bedürfnisse und Wünsche. Der Barzakh ist nämlich der *mundus imaginalis*, die Welt der Erscheinungen oder reinen Bilder, der *eidola* oder Seelen. Im Barzakh wohnen keine Ideen, sondern Seelen, deshalb ist das nicht die Welt der Ewigkeit, ebensowenig wie die einstweilige Welt der materiellen Körper, sondern eine Welt, in der die Wesen auf einer Zwischenstufe zwischen Körper und Idee, zwischen materieller und intelligibler Existenz wohnen. Paß auf, es ist unsagbar wichtig, sich zu merken, daß die Seelen nicht imaginär sind, also keine Wesen, die nur im Geist dessen existieren, der sie sieht und denkt, und insofern unwirklich sind, sie sind auch nicht wirklich wie lebendige Körper, sie sind imaginal, also Gestalten ohne schweren Körper, geschaffen aus feinstofflicher Materie, sagen wir, aus reinem Licht. Ich denke, das, woraus die Seelen sind, heißt in der Physik schnelle Teilchen, Tachionen oder so ähnlich. Ich kenne mich da nicht aus, ich habe ja nur bei den östlichen Meistern gelernt, ich weiß nicht, ob ich das richtig übersetze. Auf jeden Fall weiß ich, daß auch ein lebender Mensch eine Seele sehen kann, im Zustand der Ekstase und in Visionen, wie sie Menschen haben können, die der Heiligkeit nahe sind, was beweist, daß die Seele durchaus nicht imaginär ist. Sie hat wie die Welt, in der sie sich aufhält, wie der Barzakh, den Reichtum und die Vielfalt der lebendigen materiellen Welt, all ihre Farben und Erinnerungen bewahrt, nur nicht das, was mit der groben Materie verbunden ist.«

»Schön, aber mir ist immer noch nicht klar, wie das alles deine Idee rechtfertigt, daß ich bereit und fähig sein könnte, all diese Menschen, Pardon – Seelen, umzubringen, auch noch auf eine derart widerwärtige Weise«, ließ Simon nicht locker.

»Aber ich habe das weder gesagt noch gedacht«, entgegnete Enver ruhig.

»Du hast das nur als eine akzeptable und absolut mögliche Lösung angedeutet«, hielt ihm Simon entgegen und wandte sich von Enver ab, indem er nach links sah.

Sein Blick fiel auf eine Vertiefung in der Wand des kubischen Grundrisses, die wie ein bogenförmig gewölbtes Fenster aussah, und dann auf eine alte Frau, die sich auf dem Boden, unter diesem Fenster, in Krämpfen wand, sie hatte mit beiden Händen die Beine unterhalb des Knies umfaßt und zog sie an den Körper, ließ sie dann wieder los und streckte sie aus, in dem Bemühen, den ganzen Körper möglichst stark zu dehnen. Festgenagelt durch den Ausdruck unsagbaren Leidens auf ihrem Gesicht, sah Simon sie an, so daß sie sich ihm näherte und auf seine stumme Frage antwortete.

»Bist du eigentlich lebendig, mein Lieber?« fragte die Frau, als sie nahe genug herangekommen war.

»Ja.«

»Und woher kommst du?«

»Aus Berlin.«

»Darf ich dich um etwas bitten?«

»Worum?«

»Wenn du zurückgehst nach Frankreich, dann sag, egal wem, halte irgendwen auf der Straße an und sag ihm, es gibt, sag so, in Foča, unten in Bosnien, sag so, die und die, Fazila, sag so. Sie hat elend gelitten. Soll wenigstens er es wissen. Es gab, so sag ihm, die und die, eine arme Frau. Mehr will ich nicht.«

In dem Haus, das neben dem jetzigen Haus von Simon gestanden hatte, war Fazila mit ihrer Zwillingsschwester Kana unter den Absatz der in den oberen Teil des Hauses führenden Treppe geschlüpft und hatte sich so vor den Männern versteckt, die 1876 aus Richtung Nevesinje hier eingefallen waren. Simon sah die beiden gut, so wie er alle Qualen der Seelen, mit denen er redete, sah. Wie sie gleich Sardinen in einer Konservendose dalagen, eng aneinander gedrängt, in dem erstickenden Versteck voller Staub und

Spinnweben, zwischen der Kellerdecke und der kleinen Plattform, von der aus die Treppen in die andere Richtung führen. Niemand hatte bemerkt, daß sie nicht da waren, als sie die Hausbewohner im Hof zusammengetrieben hatten, auch die Hausbewohner selbst hätten sie weder absichtlich noch unabsichtlich verraten können, weil niemandem zwei alte Jungfern fehlen konnten, die sich immer bemüht hatten, möglichst unauffällig zu sein, so als wären sie gar nicht da. Den ganzen Tag vom späten Vormittag an verbrachten sie zitternd nebeneinander, ohne Essen und Wasser, ohne genügend Luft, mit vom Staub, den sie schluckten, trockenen Kehlen. Spät in der Nacht hörte Fazila, wie ihre Schwester mit ihrer heiseren Stimme immer wieder aufs neue ein und dasselbe Gebet sprach. »Lieber Allah, gib, daß die Maus von meinem Kinn heruntergeht«, wiederholte Kana immer schneller, heiserer, fisteliger. Fazila wußte sofort, was los war. Nach ein paar in ihrem Versteck verbrachten Stunden ist es nicht mehr möglich, durch die Nase zu atmen, weil alle Poren vom Staub verstopft sind, in der Enge, in der sie liegen, ist es nicht möglich, die Hand zu bewegen, um auch nur irgend etwas von irgendeinem Körperteil zu entfernen, und um Kanas offenstehenden Mund hat eine Maus herumzuspazieren begonnen. Sie kann den Mund nicht zumachen, weil sie atmen muß, sie kann sie nicht vertreiben, weil sie nicht weiß, womit, sie kann nicht darauf warten, daß die Maus das Loch über ihrem Kinn entdeckt und hineinschlüpft … Als sie begriff, was mit Kana passierte, tat Fazila das, was sie den Eindringlingen verraten mußte, wenn diese nicht durch Kanas Flüstern angezogen worden wären.

Aber sie brauchten nicht darauf zu warten. Auf der Suche nach geheimen Eingängen in den Keller und einem verborgenen Schatz kam ein Bursche an ihrem Versteck vorbei und hörte Kanas Flüstern, das zeitweise schon in ein heiseres Ächzen überging. Sie zogen die beiden heraus, aber Kana drehte durch und ging unaufhörlich brüllend auf einen von ihnen los.

»So hat sie sich gerettet, die Glückliche, Gott sei Dank«, hörte Simon in sich Fazilas Stimme, »sie haben sie sofort umgebracht.«

Fazila konnte sich nicht retten. Simon sah das, was sie immer wieder aufs neue durchlebte, seit sie aus dem Barzakh hierher zurückgekommen war. Er sah, wie die Männer, die sie herausgezogen hatten, vor Lachen brüllten, als sie begriffen, was passiert war, er sah, wie sie Fazila den Bauch aufschlitzten und zwei Mäuse hineinsteckten, er sah, wie sie sich beim Mäusefangen im Keller und in den Ecken des Hauses wälzten, wie sie schließlich Fazilas Bauch zunähten und sich hinstellten, um die Vorstellung, die sie veranstaltet hatten, zu betrachten. Er sah ihre Krämpfe, sah einen jungen Mann, der ihr mitleidig die Halsschlagader durchschnitt, und einen anderen, der mit seiner Tasse den Strahl auffing, der herausspritzte. Er sah auch jetzt Fazilas schmerzerfüllte Augen, die ihn anflehten, ihr in die Ader zu schneiden und so ihre Leiden zu beenden.

Das war so unerträglich, daß Simon die Hand vor die Augen hielt, um sich vor Fazilas Anblick zu schützen, und als reichte das nicht aus, wandte er sich ganz von ihr ab, zusammengekauert, als hätte er einen schmerzhaften Krampf im Bauch. Als er sich soweit gefangen hatte, daß er sich aufrichten konnte, nahm er die Hand vom Gesicht und öffnete die Augen, er sah wie in weiter Ferne einen großen Menschen in einer ungewöhnlichen Haltung. Er hielt den Blick auf ihn gerichtet, und das Bild näherte sich, und als es nahe genug herangekommen war, konnte man einen hünenhaften Mann mit völlig grauem Bart und Schnäuzer sehen, wie er sich mit längs und quer aufgeschlitztem Bauch über eine Abortgrube beugte, als wollte er die Eingeweide aus seinem Bauch hineinschütten. Es war Mehmed Dursun, der erste Eigentümer von Simons Haus, der das, was Simon jetzt sah, im Jahre 1856, ein paar Wochen nach dem Einfall einer großen Gruppe von Plänklern aus Užice, die die ganze Stadt etwa zehn Tage lang besetzt gehalten hatten, wirklich getan hatte.

»Das ist entsetzlich, mein Freund«, sagte seine Stimme irgendwo in Simon, als rechtfertigte oder entschuldigte er sich. »Es ist schwer, wenn einem das eigene Blut stockt, der Atem in einem erstirbt, den man der Außenwelt abringt und abgewinnt. Aber wenn in einem das abstirbt, was man ausscheidet, wenn in einem das, was man ausscheiden muß, wie zum Beispiel Kot oder Urin, stirbt und zum Stillstand kommt, ist das schlimmer als alle anderen Qualen. Nichts Entsetzliches hat erlebt, wem das Blut in den Adern gefroren ist, Entsetzliches hat erlebt – entschuldige bitte! –, wem der Urin oder der Kot gefroren ist und nicht abgeht. Mir ist das passiert, als ich gesehen habe, was sie meinem Kind angetan haben, in mir ist – entschuldige bitte! – die Scheiße gefroren.«

Ein paar Wochen nachdem die Plänkler vertrieben worden waren, hatte Mehmed seine ganzen Eingeweide ins Klo geschüttet, weil er das, was ins Klo gehört, nicht hatte ausscheiden können. Er hatte es, begriff Simon, für besser gehalten, ganz tot zu sein, als scheinbar lebendig auf der Welt herumzulaufen, aber Eingeweide in sich zu tragen, die sich nicht rühren. Noch jetzt zeigten sein Gesicht und seine Stimme, wieviel Scham und Schmerz, stumme Qual und Verzweiflung in Mehmed gewesen waren, als er sich über der Abortgrube aufgeschlitzt hatte. Noch jetzt waren seine Scham und sein Schmerz für jeden, der ihn anschaute und sich ein wenig einfühlen konnte, unerträglich.

Um vor Mehmed und seinen Qualen zu fliehen, überflog Simon das herrliche Bauwerk der unterirdischen Stadt mit den Augen und war bestürzt über die gewaltige Zahl von Leuten, die sich hier versammelt hatten. Im unteren Teil des Gebäudes, auf dem quadratischen Boden und auf verschiedenen Höhen des Kubus, der den Grundriß des Gebäudes bildete, in den zahlreichen Nischen und auf den kaum sichtbaren kleinen Plattformen des oktogonalen, auf dem kubusförmigen Grundriß errichteten Kranzes, im Zwischenraum zwischen dem Kranz und der Kuppel, in zahlreichen Vorsprüngen und auf zahlreichen Ebenen, an allen Stellen, an denen die Kuppel am Kranz befestigt war, überall, aber wirklich überall, wo es nur möglich war, sah man Leidende, einzeln oder in Gruppen, die darauf warteten, daß man ihnen den Blick zuwandte. Hunderte, vielleicht auch Tausende von Personen, die in den Haltungen und Stellungen, in denen sie einst aus dem Leben geschieden waren, warteten. »Mein Gott, woher kommen die vielen Unglücklichen!?« dachte Simon unwillkürlich.

»Sie sind alle aus deinem Haus«, sagte Enver. »Das heißt, nicht nur aus dem einen, oben standen früher einmal die vier Häuser einer Großfamilie. Sie alle wurden in diesen Häusern bei Anstürmen von militärischen Einheiten, Räuberbanden, Heiduckenscharen, die sich als reguläre Armee ausgaben, gequält und umgebracht … Eigentlich nicht, ich rede Unsinn, gequält und umgebracht wurden zehnmal mehr, dieses hier sind die unglücklichsten unter den Unglücklichen, wie ich dir schon erklärt habe. Sie haben sich hier versammelt, weil sie hier gelitten haben, an anderen Mordplätzen sind die Seelen zusammengekommen, die dort gequält wurden.«

»Und sie kommen so ...«

»Ja, so. Jedesmal wenn sich oben, auf der Erde, eine Katastrophe ankündigt, versammeln sie sich an ihren Mordplätzen und erleiden aufs neue ihre Todesqualen, bis die Massaker vorüber sind und das neue Blut in der Erde getrocknet ist. Oder bis jemand sie umbringt, wie sie damals umgebracht wurden, zu jener Zeit. Danach kehren sie in den Barzakh zurück und ruhen gemeinsam mit den normalen Seelen, bis sich neue Massaker ankündigen.«

»Das ist doch Blödsinn, wer würde sich bereit finden, so viele umzubringen? Oder auch nur einen, und auch noch auf dieselbe Art wie damals?!«

»Jeder normale Mensch, den es hierher verschlagen hat, lieber Simon«, rief Enver mit trauriger Stimme aus. »Du, mein Lieber, mußt wieder nach oben, ins Leben. Wie willst du mit dem Wissen um sie und um das, was sie unter deinen Füßen erleiden, weiterleben? Kannst du leben, nachdem du sie gesehen hast? Ich fürchte, nur dann, wenn du sie vergißt. Aber die einzige Art, sie zu vergessen, ist, daß du sie noch einmal umbringst. Paß auf, das ist keine große Aktion, das sind ein paar Stunden Anstrengung, nicht viel mehr. Weil es Seelen sind, es gibt kein Fleisch und Blut, keine Anstrengung und keinen Schweiß, es gibt keinen Gestank und keinen Dreck, du brauchst dich körperlich überhaupt nicht anzustrengen, du brauchst nicht einmal symbolisch an einem Strick zu ziehen oder mit einem Messer zu schneiden, es reicht, wenn du es im Geiste nachvollziehst. Es sind Seelen, lieber Simon, feinstoffliche Materie. Es ist eine rein virtuelle Aktion. Du löschst sie einfach. Wie mit der Delete-Taste, verstehst du?«

»Erwartest du wirklich, daß ich zu so etwas imstande

wäre? Was bist du bloß für ein Trottel geworden!! Aber wann und wie bloß?« wunderte sich Simon, der nicht wußte, was er über seinen Freund denken sollte.

»Kein Trottel, sondern ein Freund! Ich bin so sehr Trottel, wie ich dein Freund bin, ich sorge mich um dein Wohl«, antwortete Enver empört. »Willst du ins Leben zurückkehren und immer ihre Bilder vor Augen haben? Willst du mit der Erinnerung und mit dem ständigen Gedanken an sie leben? Willst du mit dem Wissen leben, was sie erleiden, und mit dem Wissen, daß du sie hättest befreien können und es nicht getan hast? Aber wenn du sie umbringst, wirst du alles vergessen, alles!!! Sie, deinen Aufenthalt hier und ihre Leiden und daß sie jemals gelebt haben. Du wirst dein Leben in glücklichem Unwissen verbringen, verstehst du? Wie die Seligen, wie die Auserwählten. Nichts belastet dich, alles ist wunderbar, aber nur, wenn du sie noch einmal umbringst. Ach was, nicht umbringst, sondern nur daran denkst, wie wenn du in einem Kinderspiel ›paff‹ rufst.«

»Nur daß in einem Kinderspiel weder ein Bild noch ein Wort zerplatzt«, bemerkte Simon düster.

»Dramatisiere bitte nicht, das sind Haarspaltereien. Du würdest ihnen einen unsagbar großen Gefallen tun, nicht nur dir, sondern auch ihnen«, sagte Enver wütend. »Sie wären dir unendlich dankbar.«

»Würden die Leiden, die sie jetzt erdulden, unterbrochen?«

»Ja! Das ist, was ich dir sage: gut für dich, gut für sie, gut für alle. Sie würden ruhen, bis sich ein neues Unglück ankündigt.«

»Und dann?« fragte Simon.

»Ginge alles von vorn los, wie jetzt gerade«, sagte Enver, als wollte er sich entschuldigen. »Sie werden hierher zurückkehren, vermehrt um die, die sich demnächst, während des bevorstehenden Massakers, umbringen werden, und die, deren Blut die Mörder kosten werden. Und werden dann leiden und warten wie jetzt.«

»Warten, daß sie jemand Neues umbringt?«

»Daß sie der aktuelle Besitzer des Hauses umbringt.«

»Zum Beispiel mein Sohn Sascha, wenn er der Besitzer des Hauses wäre?«

»Zum Beispiel.«

»Obwohl er mit all diesen Massakern nichts zu tun hat!?« empörte sich Simon.

»Gerade deshalb. Was hast du mit alldem zu tun?« fragte Enver und zeigte mit einer ausholenden Handbewegung auf das Bauwerk der unterirdischen Stadt, als wollte er es umfassen.

»Diese Logik verstehe ich eben nicht«, bemerkte Simon skeptisch. Er war müde.

»Natürlich verstehst du sie, du stellst dich nur blöd«, sagte Enver unwirsch. »Jeder anständige Mensch versteht sie, also auch du.«

»Weil ich unschuldig bin, soll ich mich hier einmischen und eine Lösung finden?«

»Gerade darum!« rief Enver, nahe daran, die Nerven zu verlieren. »Was für eine Lösung könnte denn einer, der schuldig ist, herbeiführen? Wen könnte ein Mörder loskaufen? Was könnte er wiedergutmachen? Auch seine eigenen Taten könnte er nicht bereuen, selbst wenn er begreifen würde, was er getan hat, und sich aus Pein und Scham umbringen würde. Aber laß uns jetzt um Gottes willen keine Diskussion über Recht und Gerechtigkeit anfangen, das ist nicht mein Thema.«

»Nein, keine Angst, da gibt es keine Diskussion«, antwortete Simon abwesend.

»Nein, wirklich nicht«, sagte Enver rasch. »Aber, fängst du nun mit der Arbeit an?«

»Mit welcher Arbeit?«

»Fängst du damit an, sie umzubringen. Zu befreien«, verbesserte sich Enver.

»Blödsinn. Das wirst du ohne mich lösen müssen.«

»Das kann ich nicht, ich bin einer von ihnen!«, rief Enver.

»Dann ein anderer. Ohne mich, mein Freund! Ohne mich! Das ist die einzige Antwort, die ihr von mir hören werdet, die einzige, die ihr von mir bekommen könnt. Ohne mich!«

15

In sich ruhen

Der Ausruf »ohne mich!« hallte, nachdem er erwacht war, noch lange in ihm nach. Er lag auf dem Bett, bekleidet, wie er es gewesen war, als der Sauerstoff im Zimmer ausging und die Kerzenflamme sich in einen kleinen roten Kreis verwandelte, der nicht brannte und die Kerze nicht verbrauchte. Simon stand auf und sah aus dem Fenster. Der Sonne und den Schatten nach zu urteilen, war der Tag weit vorgerückt, bestimmt war es weit nach Mittag. Wie lange hatte er geschlafen, daß er so ausgeruht war? Er konnte sich kaum daran erinnern, wann er sich das letzte Mal so wohl gefühlt hatte. Es war weniger die Kraft als jenes wertvolle, aber leider seltene Gefühl, ganz in sich zu ruhen. Jenes Gefühl, wenn alles an dir weiß, daß du wirklich in dir zu Hause bist.

Auf dem Boden einer Keramikschüssel, die auf dem Tisch stand, haftete hartgewordenes Stearin, die Reste der geschmolzenen Kerze, die nach seinem Weggang offensichtlich weitergebrannt hatte. Er streckte sich, seine Ausgeschlafenheit genießend, zufrieden aus, zog Pullover und Hemd aus und ging ins Bad. Im Flur knarrte der Boden unter dem Gewicht seines Körpers, aber er lächelte froh und drückte mit dem Fuß noch einige Male gegen dieselbe Stelle, um zu hören, wie sie knarrte. »Wie gut ist es, in einem Haus zu leben, in dem der Boden nur knarrt, wenn du drauftrittst«, dachte er. Aber es ist wichtig, daß er knarrt, es ist scheußlich, sich in einem stummen Haus aufzuhalten. Wundervoll, wie normal das Haus jetzt war und wie er diese Normalität genoß! »Ja doch, sie haben sich im Holz versteckt und sind aus ihm herausgekommen, weil das Holz früher einmal lebendig war!« konstatierte eine innere Stimme, und ihm schoß die Erinnerung durch den Kopf, daß ihn die Holzsachen im Haus mit unsichtbaren Augen angesehen hatten, daß Enver mit ziemlicher Sicherheit aus dem Holz, aus dem das Tor gemacht ist, herausgekommen war, daß die Fußböden in ständiger Unruhe waren ... Aber immer Holz, dauernd Holz. Leben, das einmal existiert hat, läßt sich weder auslöschen noch vergessen, wie lange Holz auch ein Schrank gewesen ist, es erinnert sich an sein Leben. Oder an den Tod? Das, was es jetzt aufnimmt, sind doch nur Seelen. Aber auch Gedächtnis.

Aus dem Spiegel im Bad schaute ihn ein Mann mit einem mindestens zwei Tage alten Bart an. Soviel Zeit war also vergangen, seit er sich bei Sadik Karalić hatte rasieren lassen. Wieviel hatte er davon im Schlaf verbracht und wieviel unten? Ihm kam es vor, als wäre er höchstens ein, zwei Stunden unten gewesen, aber das konnte er natürlich nicht wissen. Wann hatte ihm dieser Zwerg erklärt, die Zeit drinnen und die Zeit draußen verlaufe unterschiedlich schnell? Aber nein, das war in einem Traum gewesen, in einem Alptraum, das hatte mit dem Leben nichts zu tun. Wie viele unserer Tage entsprechen ihrer Stunde? Oder umgekehrt, wie viele ihrer Tage entsprechen unserer Stunde, falls unsere Zeit langsamer ist. Gibt es eine Formel, um das umzurechnen, und welcher Zwerg könnte diese Formel herleiten?

Ach, wie gut wäre es, sich wie ein Mensch zu rasieren, jetzt, wo der Spiegel wieder nur sein Gesicht zeigte, dachte er, als er sich betrachtete, und dann beschloß er, sich nach weiß Gott wie langer Zeit eine komplette Morgentoilette zu gönnen. Aber weder das Duschen noch das Rasieren brachten die erwartete Freude. Genuß schon, sein Körper oder etwas an ihm ergötzte sich, aber wirkliche Freude blieb aus. Wahrscheinlich konnte er sich nicht freuen, weil sie, die Geister der Ermordeten, dauernd da waren, nicht mehr im Holz und im Spiegel, dafür aber in ihm. Enver hatte recht, das konnte man nicht vergessen und nicht auslöschen, jetzt, wo sie in ihm waren, war es noch schlimmer. Doch vielleicht auch nicht, schwer zu sagen, ob es schlimmer war, als sie ihn von allen Seiten, unsichtbar, aber gegenwärtig, umringt hatten, oder jetzt, wo sie ihn nicht umringten, weil sie Besitz von ihm ergriffen hatten.

Er zog sich an und beschloß, sich mit Ibrahim zu beraten, was er jetzt tun sollte. Ibrahim war ein erfahrener, ruhiger Mann, konnte zuhören und denken und würde nichts überstürzen, im Gespräch mit ihm würde es ihm leichter fallen herauszufinden, was er tun mußte, als in einsamen Monologen. Und etwas mußte er tun, soviel war schon jetzt klar.

Erst im Hof erinnerte er sich an sein letztes Gespräch mit Ibrahim. Er könnte jetzt nicht diskutieren, erklären und beweisen, was zwischen Enver und ihm bereits geklärt war, dazu hatte er weder Kraft noch Lust. Er würde also nicht hinübergehen. Schade, daß im Herzen dieses guten Menschen ein Zweifel bleiben würde, zumindest der Schatten eines Zweifels, aber ihm all das zu erklären wäre eine zu große Anstrengung. Im übrigen war es dumm, überhaupt auf die Idee gekommen zu sein, sich mit Ibrahim zu beraten. Diese Entscheidung ging ihn und Barbara etwas an, niemand sonst auf der Welt hatte etwas darüber zu denken oder zu sagen.

Und Barbara würde ohnehin mit ihm gehen, sie würde an seiner Seite bleiben, wie auch immer die Geschichte endete, sie waren ja zum Glück auf ewig miteinander verbunden. Ob hier oder unten, sie war bei ihm, davon hatte ihn überzeugt, was er an der Tür zur unterirdischen Welt erlebt hatte. Ohne Barbara hätte er das alles mit Sicherheit nicht überlebt. Wenn sie ihn nicht darauf vorbereitet hätte, wäre er zu dieser Erfahrung nicht fähig gewesen.

Er ging ins Haus zurück, in die Küche, und begann im Eisschrank zu kramen, ohne sich seiner Handlungen bewußt zu sein. Erst als er am Tisch saß, vor sich eine Art Frühstück oder Mittagessen, begriff er, was er getan hatte – oder eigentlich nicht, als er am Tisch saß, sondern als er spürte, wie undenkbar es war, jetzt etwas zu essen oder zu trinken, ja, es befiel ihn eine tiefe Verwunderung über die Mahlzeit, die vor ihm stand. Er legte die Lebensmittel in den Kühlschrank zurück und stand dann verwirrt mitten in der Küche, als wüßte er nicht, was er mit sich anfangen sollte. Er erinnerte sich an den sonnendurchfluteten Hof und ging wieder hinaus, mit einem Stuhl. Stellte den Stuhl rechts vom Tor ab, neben den schmalen Streifen Erde, auf dem immer Samtblumen gepflanzt waren, und setzte sich der Sonne aus. Aber ja, der Körper erinnerte sich an diese freudvolle Wärme, nicht er erinnerte sich, sondern sein Körper, der sich hier der Sonne überließ und sie wie eine Katze genoß. Wie konnte sich jemand darüber wundern, daß man die Katze ein königliches Tier nannte? Gab es denn etwas Königlicheres, als sich in die Sonne zu legen und zu ruhen, vor allem heutzutage, wo diese üble Ideologie des Fleißes herrschte?! Du aalst dich, ergötzt dich und ruhst in der Sonne. »Bis sie dich austrocknet wie eine Pflaume«, fügte eine Stimme in ihm hinzu, aber er konnte sich nicht mehr mit diesem Einwand befassen, weil er schon in einen Halbschlaf voller Bilder und Frieden, friedlicher Bilder versunken war.

Ein Vogel, der sich auf seine Hand setzte, brachte Simon wieder zu Bewußtsein, er konnte nicht mehr sehen, was es für einer war, weil er davonflog, als er sich bewegte. Die Sonne war bereits über das Tor gewandert, und er saß im Schatten. Er stand auf und ging mit dem Stuhl ins Haus, erfüllt von einem angenehmen Frieden. Jetzt war alles klar, alles hatte sich entschieden, während er in der Sonne geträumt hatte, im Halbbewußtsein voller Bilder.

Er setzte sich an den Tisch in seinem Zimmer, griff nach dem Block Briefpapier und begann zu schreiben:

Lieber Sascha, ich weiß nicht, ob ein tieferer Sinn darin liegt, daß ich nicht dazugekommen bin, mich, wie es sich gehört und Gott es befiehlt, von meinem Vater und auch, wie ich jetzt sehe, von meinem Sohn zu verabschieden.

Vater dachte, ich ginge für kurze Zeit weg, um mir ein bißchen Geld für mein Studium zu verdienen. Nicht einmal mir habe ich zu sagen gewagt, daß ich für immer gehe. Wir haben uns verabschiedet wie Leute, die sich bald wiedersehen werden. Das tut mir nicht leid, im Gegenteil. Ich weiß nicht, wie der wirkliche Abschied von Vater hätte aussehen sollen. Und wie ich ihn ertragen hätte. Das einzige, was mir leid tut: daß ich ihm nicht mehr sagen konnte, daß er ein viel besserer und erträglicherer Mensch war, als ich es mir vor meinem Weggang von zu Hause vorstellen konnte.

Auch von Dir habe ich mich nicht verabschiedet, denn ich dachte, ich ginge nur für kurze Zeit. Nun hat es sich anders ergeben. Um Dir noch rechtzeitig ein paar Dinge zu sagen, schreibe ich Dir diesen Brief.

Ich will glauben, daß ich Dir ein guter Vater war. Auch wenn es mir manchmal so vorkam, als verstünden wir uns nicht ganz. Ich hatte das Gefühl, du verstehst mich falsch und ich kann dir nicht klarmachen, was ich sagen oder tun möchte. Ein paarmal waren wir nach dem Ende unserer klärenden Gespräche weiter voneinander entfernt als am Anfang. Meistens dann, wenn es um die Welt ging, aus der ich kam. Das ist ein Teil meines Wesens, vielleicht ein sehr wichtiger, von dem Du keine Vorstellung hattest. Wie auch?

Ich brauche Dir nicht zu sagen, wie oft ich mir gewünscht habe, Du mögest einmal herkommen und Dir ein Bild von der Welt machen, in der ich aufgewachsen bin, wie unvollständig auch immer. Aber daß Du kommen und versuchen mögest, ein Verhältnis zu der Welt zu finden, von der ich Dir so viel erzählt habe. Ich war sicher, wir würden uns schon am Tag, nachdem Du mein Zimmer, das Haus, die Sastavci gesehen hättest, besser verstehen. Einer meiner innigsten Wünsche war ja, daß meine Umgehung des Militärdienstes verjähren würde, solange Du noch jung und offen genug bist. Einer meiner leidenschaftlichsten Träume war, einen Sommer mit Dir in Foča zu verbringen. Wie habe ich mich danach gesehnt, Dich in mein Haus zu führen und es Dir zu übergeben. Erwarte nicht, daß ich Dir sage, wie so eine »Übergabe des Hauses« hätte aussehen sollen, ich habe es mir niemals konkret vorgestellt, aber das hinderte mich nicht daran, es mir sehnlich zu wünschen. Natürlich wäre es eine völlig verrückte Idee gewesen, daß Du von Berlin nach Foča ziehst. Daran habe ich nie gedacht. Aber ich mußte dennoch davon träumen, daß dies auch einmal Dein Haus sein würde. Glaub mir, die Augenblicke, in denen ich so geträumt habe, waren nicht die, in denen ich Dich am wenigsten geliebt habe.

Und jetzt drohen sich meine Träume zu erfüllen. Die Umstände, die ich Dir nicht genauer darlege, weil weder Du noch ich Einfluß darauf nehmen können, zwingen mich, um jeden Preis zu verhindern, was ich mir so sehnsüchtig gewünscht habe: daß Du einmal herkommst und unser Haus übernimmst. Gott möge Dich davor bewahren, falls es mir nicht gelingt, das zu verhindern, mein Sohn! Nur soviel kann ich sagen, weil ich weiß, daß dich meine Warnungen und dein Entschluß, nicht zu kommen, nicht würden retten können.

Wehe dem, der die Erfüllung seiner Wünsche erlebt, hat einmal jemand geschrieben. Ich kann bezeugen, daß er recht hat.

Behalte mich in guter Erinnerung, Sascha. Ich hoffe, Du wirst Dich an mich so erinnern, wie ich mich jetzt selbst sehe – als einen Mann, dem das Leben viel Freude geschenkt hat und der diese Freude mit anderen teilen wollte. Ich wünschte, auch dieser Abschied stünde unter diesem Zeichen.

Ich glaube, ich brauche mich nicht zu beklagen, und ich hoffe, es besteht kein Grund, daß sich jemand anderes über mich beklagt.

Unlängst habe ich gesagt, ich sei stolz, einer Generation anzugehören, die keinen Erfolg haben wollte. Ich denke, ich hatte recht, es ist ein ernster Grund, stolz zu sein. Aber was würde ich dafür geben, daß das Unterfangen, das mir jetzt bevorsteht, gelingt! Und wünsche es bitte auch Du mir. Man muß die Kette unterbrechen, man muß die Toten retten oder ihnen wenigstens das Leiden erleichtern. Dir zuliebe.

Dein Dich liebender Vater Simon

Er öffnete das Fach, in das er vor ein paar Tagen den Brief an Barbara gelegt hatte, und tat auch diesen hinein, in der Gewißheit, er werde auf jeden Fall dorthin gelangen, wo er hinsollte. Als er vom Tisch aufstand, bemerkte er, daß es schon fast dunkel war, und wunderte sich, daß er beim Schreiben keine Probleme gehabt hatte. Bei diesem sehr schwachen Licht zu schreiben bedeutete eine große Anstrengung für die Augen, und er hatte mühelos geschrieben wie am hellichten Tag. Waren seine Augen bereits an die Dunkelheit gewöhnt, oder hatte er sich so auf den Brief an Sascha konzentriert, daß er gar nicht merkte, wie schwach das Licht war?

Er ging in den Keller, um sich die Metalltür anzusehen. Er mußte sich gegen seine eigene Schwäche absichern, sich dazu zwingen durchzuhalten, und diese Tür würde ihm dabei entscheidend helfen. Er schrie fast auf vor Freude, als er sah, daß sich neben dem großen, mit einem Hängeschloß gesicherten Riegel auch ein normales Schloß befand, in dem ein Schlüssel steckte. Ohne Widerstände öffnete er den rechten Flügel, vergewisserte sich, ob der Schlüssel auch von der Innenseite paßte und sich das Schloß auch von innen normal abschließen ließ. Interessant, daß es so glatt funktionierte, als wäre es gestern geölt worden, die Scharniere aber krächzten und quietschten, daß es Tote aufwecken würde, dachte Simon und erschrak vor seinem eigenen Gedanken.

In einer Kellerecke stand die Bank mit dem Werkzeug seines Vaters. Er fand eine Metallsäge, schnitt damit den Schlüssel an, sägte ihn zur Hälfte durch und ging zurück zur Tür, um den Schlüssel von der Innenseite ins Schloß zu stecken. Danach fand er in der Bank einen ziemlich großen Hammer, nahm ihn mit zur Tür und legte ihn neben den rechten Flügel, der, geöffnet, in den Keller ragte. Er hielt einen Augenblick inne, vergewisserte sich, daß er alles Notwendige getan hatte, und ging wieder nach oben, ohne die Kellertür zu schließen und das Licht auszumachen.

Er machte einen Rundgang durchs Haus und räumte aus irgendeinem Grund auf, was ihm nicht unbedingt am richtigen Platz zu liegen schien. In der Küche nahm er zum

Beispiel das Tablett vom Tisch und lehnte es an den unteren Teil der Kredenz, im Bad stellte er seine Körperpflegemittel auf der gläsernen Ablage am unteren Spiegelrand ordentlich auf, und im Zimmer seiner Eltern zog er ohne jede Notwendigkeit die Decke auf dem perfekt gemachten Bett glatt. In seinem eigenen Zimmer fand er sich schon im Dunkeln zurecht und verzichtete darauf, das Licht anzumachen. Er setzte sich neben den Schreibtisch, strich über das Bett und ging dann zum Fenster und öffnete es. Draußen herrschte die gute, reife Nacht des Frühherbstes, hell, wenngleich ohne Mondschein. Irgendwo heulte ein Hund, gedämpft und traurig. Es mußte gedämpft und traurig wirken, weil ihm niemand antwortete. Wie war das möglich, Hunde rufen einander durch Heulen, und deshalb meldet sich niemals nur einer allein. Ja, etwas stimmte nicht mit den Hunden in Foča. Seit seiner Ankunft hörte er sie fast jede Nacht, aber außer am ersten Tag hatte er nie einen gesehen.

Er sog die gute Herbstluft tief ein und wartete darauf, daß ihm schwindlig würde. Es wäre das Zeichen zum Aufbruch. Er wußte, daß er dann das Fenster schließen, in den Keller hinuntergehen und die Kellertür hinter sich zumachen, das Licht löschen und im Dunkeln zu der offenen Metalltür gehen würde, daß er den Hammer, den er neben dem rechten Flügel bereitgelegt hatte, nehmen und durch diese Tür gehen würde, die nach allem zu urteilen nur für ihn aus dem Nichts aufgetaucht war. Und daß er sie hinter sich zumachen, abschließen und dann mit dem Hammer den bereits angesägten Schlüssel zerbrechen würde. So wäre er gezwungen durchzuhalten, denn das wichtigste beim Weggehen ist das Durchhalten.

Das war die Lösung, die sich ihm heute, während er in der Sonne träumte, gezeigt hatte. Er konnte sie nicht aufs neue umbringen, doch leben konnte er, nachdem er sie gesehen hatte, auf dieser Welt auch nicht mehr. Mit dieser Gewißheit war er heute aufgewacht. Zum Glück gibt es immer einen dritten Weg, und dieser hatte sich ihm im Halbschlaf eröffnet: Er würde zu ihnen gehen, um mit ihnen zu leiden, lebendig, aber fähig, zu empfinden und zu verstehen.

Die Nachtluft betäubte ihn. Er forschte in sich nach, ob er wirklich glaubte, daß dies eine gute Lösung war. Ja, sie war wirklich gut. Er mußte nur durch die Tür hindurchgehen, in der er Barbara mit seinen brennenden Eingeweiden, seinen Knochen und dem, was noch tiefer liegt, vollkommen und endgültig erfahren würde.

16

Die Welt ist eine Pflaume

Am Sonntag, dem 6. Oktober 1991, erwachte Barbara Mihailović gegen halb elf, viel später als sonst, und blieb entgegen ihrer Gewohnheit noch fast eine halbe Stunde im Bett liegen. Soviel brauchte sie, um sich einigermaßen zu sammeln und ihre Beschwerden in Kopf und Herz, eine Mischung aus Trauer, Hoffnungslosigkeit, Müdigkeit, Unausgeschlafenheit und Kopfweh, auf ein erträgliches Maß zu reduzieren.

Zum ersten Mal ist sie an ihrem Hochzeitstag allein. Damals, im Jahr 1969, hatten sie über die Heiratszeremonie gelacht – die bloße Idee, daß der Staat ihre Liebe segnete, reizte zum Spott. Dennoch waren sie feierlich und geradezu pathetisch gestimmt gewesen, was sie vermutlich durch ihr Lachen und Spotten verbergen wollten, denn die Hochzeit ließ sich im Grunde mit ihren Überzeugungen überhaupt nicht vereinbaren. In all den Jahren hatten sie stets darauf geachtetet, am 6. Oktober zusammensein zu können, auch wenn sie sich nicht eingestanden, daß es wegen der Hochzeit war. Aber das kann jetzt nicht die Ursache ihrer Beschwerden sein, es ist ein Grund, traurig zu sein, aber erst später, wenn sie den Tag allein verbringen wird, doch noch nicht jetzt, wo sie gerade dabei ist, zu sich zu kommen. Aber sie hat wirklich ernste Probleme, sie ist völlig zerschlagen und schwermütig, müde und lustlos, ihr Kopf fühlt sich an wie ein riesiges Faß, das sie wegen seiner Größe und Schwere nicht bewegen kann, sie erinnert sich nicht an die vergangene Nacht, und ihr fällt kein einziger

Grund ein, warum sie so aufgewacht ist. Sie fühlt sich, als hätte sie sich gestern abend schrecklich betrunken, weit über die Grenzen einer Alkoholvergiftung hinaus. Wovon kann ein Mensch, der nicht trinkt, keine Drogen nimmt, dem niemand mit einem stumpfen Gegenstand auf den Hinterkopf geschlagen hat, der nicht gefallen ist und kein Fieber hat und ziemlich gesund ist, wovon kann so ein Mensch die Erinnerung an die vergangene Nacht verlieren, in eine dermaßen düstere Stimmung versinken und an dem Gefühl leiden, sein Kopf sei unverschämt gewachsen?

Nach fast einer halben Stunde Anstrengung begann sie sich allmählich zu erinnern. Sie hatte gestern abend nach dem Abendessen einen Spaziergang gemacht, und als sie zurückkam, sprach sie unten vor der Haustür ein unbekannter Mann höflich an. Er sagte, er komme von Simon, er nannte auch seinen Namen, wahrscheinlich einen jener muslimischen Namen, die man zwar nicht aussprechen, sich dafür aber auch nicht merken kann, und Barbara lud ihn natürlich zu sich ein, damit er ihr alles, was er über Simon wußte, erzählte. Er wollte weder essen noch trinken, bat lediglich, das Licht in der Küche auszumachen und sich beim Lichtschein aus dem Flur zu unterhalten, seine Bitte begründete er mit Augenschmerzen, die sich bei Licht verstärkten.

Er erzählte lange, erzählte alles, was mit Simon seit seiner Ankunft in Foča geschehen war. Barbara gefiel besonders, daß er den inneren Zuständen, Gefühlen, Reflexionen und Erinnerungen ihres Mannes die gebotene Aufmerksamkeit widmete, als wollte er ihr ermöglichen, seine bosnischen Erfahrungen zu teilen. Für Augenblicke sah sie ihn plastisch vor sich und lachte ihm zu, für Momente erkannte und hörte sie in der Stimme des Fremden geradezu die seine, manchmal spürte sie ihren

Entflohenen und konnte ihn buchstäblich berühren. Sie sah ihn wirklich vor sich, wie er den Berg hinabging und jauchzte, daß die Welt wie eine Pflaume sei. Wie nur er sich freuen konnte, der wunderselige Idiot! Auch der Fremde nahm sie während des Erzählens für sich ein, er hatte ein ausgesprochen scharfes Auge für Details und verstand es, ihre Funktion für das Wesentliche an Simons Geschichte zu erkennen, zum Beispiel die Bemerkung über den weiblichen Bauch oder die Schilderung des Berliner Traums. Und dabei erzählte er einfach der Reihe nach, beginnend mit der Ankunft und dem ersten Abstieg in die Stadt, als Simon entdeckt hatte, daß die Welt wie eine Pflaume ist, und weiter mit einzelnen Ereignissen und Tagen, so wie sie sich in der Wirklichkeit aneinandergereiht hatten. Er endete mit dem Bericht über den Abstieg in die Unterwelt.

»Wann war das?« fragte Barbara, als er verstummte.

»Das ist schwer zu sagen, die Zeiten vergehen unterschiedlich, und ich bin im Umrechnen ziemlich schwach«, antwortete Simons Bosnier. »Wenn ich mich nicht irre, geschieht es in diesen Minuten, Frau Mihailović.«

Barbara hatte nicht ganz verstanden, was diese Antwort und die ganze Geschichte mit dem Abstieg in die Unterwelt bedeutete, aber er gab ihr nicht die Gelegenheit, ihn eingehender dazu zu befragen, weil er gleich nach Beendigung seines Berichts schwer seufzte und darum bat, aufbrechen zu dürfen, er sei entsetzlich müde. Barbara weigerte sich, mit ihm auch nur darüber zu diskutieren, daß er anderswo schlafen gehen könnte, und brachte ihn in Saschas Zimmer. Sie fand es zwar seltsam, daß jemand ganz ohne Gepäck aus Bosnien angereist kam, aber sie beschloß, daß es sie nichts anging, was sollte sie schließlich von einem Menschen erwarten, der jahrelang Simons bester Freund gewesen war. Im übrigen waren noch ein paar Sachen von Sascha da, genug für den Notfall.

Es war vier Uhr vorbei gewesen, als sie sich hingelegt hatten. In ihrem Zimmer hatte Barbara ein paarmal erleichtert durchgeatmet und voller Genuß wieder Luft geholt und erst währenddessen begriffen, wie sehr sie der schwere Walnußgeruch, der von Simons Bosnier ausgegangen war, gestört hatte. Aber ihre Erleichterung hielt nicht lange vor, schon bald durchflutete sie eine bodenlose Traurigkeit, sie hatte das Gefühl, ihr Kopf dehne sich nach allen Seiten aus, offenbar von dem giftigen Walnußgeruch. Mit diesem Gefühl schlief sie ein, und nun wachte sie damit auf.

Sie sprang aus dem Bett, die vergangene Nacht fiel ihr wieder ein. Gott weiß, seit wann der Fremde in Saschas Zimmer wartete und sich fragte, was er mit sich anfangen solle! Sie wusch sich und eilte in die Küche, um zu sehen, was sie dem Gast zum Frühstück anbieten könnte, und schaltete die Kaffeemaschine an, denn von Simon wußte sie, daß du in Bosnien nur diejenigen, die dir nicht willkommen sind, fragst, ob sie Kaffee möchten. Absichtlich klapperte sie mit dem Geschirr, während sie ein Frühstück improvisierte, das man einem Muslimen anbieten könnte, ohne Schweinefleisch, Schmalz und allem, was mit dem einen oder anderen in Berührung gekommen war, sie produzierte absichtsvoll andere laute Geräusche, damit der Gast sie in der Küche hantieren hörte und zum Frühstück käme.

Sie wollte auf ihn warten, sicher wäre es ihm angenehmer, wenn sie zusammen frühstückten, sie hatte auch gar keine Lust zu essen, und so goß sie sich eine Tasse Kaffee ein und begann in kleinen Schlucken zu trinken, in der Hoffnung, wieder einen klaren Kopf zu bekommen und von dem quälenden Gefühl der Unausgeschlafenheit befreit zu werden. Sie war nicht schläfrig, sie war unausgeschlafen, ganz träge und matt von der fehlenden Erholung. Als sie bereits die zweite Tasse Kaffee ausgetrunken und allerlei phantasievollen Lärm veranstaltet hatte, ohne daß der Gast aufgetaucht wäre, sah sie das Glas-, Keramik- und Porzellangeschirr durch, fand aber kein Stück, auf das sie hätte verzichten wollen, um es im Flur zu zerbrechen und ihn damit zum Frühstück zu locken. So entschied sie sich, doch in Saschas Zimmer zu gehen und das bosnische Dornröschen zu wecken.

Das Zimmer war leer und das Bett unberührt, das einzige Zeichen, daß sich seit Saschas Weggang jemand hier aufgehalten hatte, war eine Wolke von Walnußgeruch, wenngleich viel schwächer als gestern abend in der Küche. Barbara ging durch die ganze Wohnung, von Zimmer zu Zimmer, wobei sie über sich spottete, weil sie es tat, und dennoch genau wußte, daß sie es nicht lassen konnte. Nirgendwo eine Spur, nirgendwo ein Zeichen, daß hier irgendwann einmal ein Gast gewesen war. Erst da ging ihr auf, daß sie sich die ganze Nacht unterhalten und glänzend verstanden hatten, ohne daß sie wahrnahm, in welcher Sprache sie sich denn verstanden. Wie hatten sie gesprochen? Simons Sprache mit den monotonen Vokalen und harten Konsonanten gut genug zu erlernen, um mit jemandem ein paar Stunden ohne Probleme reden zu können, war ihr nicht gelungen, und Simons Landsleute konnten wiederum gerade wegen ihrer Konsonanten und vor allem wegen ihres schrecklichen rollenden »R«s nicht so gut Deutsch lernen, daß ihre Aussprache nicht aufgefallen wäre. Aber sie hatte seine Aussprache nicht wahrgenommen, keinen einzigen Augenblick lang hatte sie Schwierigkeiten gehabt, ihn zu verstehen, sie hatte die Sprache, in der sie sich unterhielten, überhaupt nicht wahrgenommen.

Als hätte sie mit sich selbst gesprochen, aber auch mit sich selbst hätte sie wahrscheinlich mehr Probleme gehabt. Irgendwann Ende des Sommers war nicht mehr zu übersehen, daß die Welt allmählich in den Wahnsinn abglitt.

Da ihr Kopf weder klarer noch kleiner werden wollte, beschloß sie, das Verschwinden von Simons Freund auszunutzen, um einen Spaziergang zu machen und ihrem armen Kopf zu helfen. Sie zog sich an, schrieb für alle Fälle auf bosnisch »Bin gleich zurück« auf zwei Zettel, klebte den einen an die Wohnungstür, den anderen an die Haustür und ging los.

Der Tag war wunderschön, wie nur ein Tag im Frühherbst sein kann. Alles war erfüllt von Südwind und von Reife, als hauchte der angenehme Wind, der gesegnete Berliner Wind, der die Feuchtigkeit vertreibt und die Welt trocknet, allem Existierenden Reife und Licht ein. Soviel Südwind war in der Luft, daß es ihr für Momente so vorkam, als atmete sie Jod mit ihm ein. Der Wind, der ihr ins Gesicht blies, das schnelle Gehen auf den breiten Straßen, die Lichtflut, die sich vom Himmel auf die Stadt ergoß, taten ihr unsagbar gut. Sie ertappte sich beim Versuch, so zu gehen, wie sie in Simons Traum gegangen war, und lachte laut auf und spürte, wie sie rot wurde. Sie wußte, wie er sie gesehen hatte, und wenn er hier wäre, würde sie jetzt für ihn genauso gehen, wie er es im Traum gesehen hatte. Und es wäre für ihn dasselbe wie im Traum, obwohl sie Jeans anhatte, die zum Abschneiden zu schade waren.

Sie ging immer schneller und fühlte sich immer besser, wurde immer leichter und immer fröhlicher. Die Straßen leerten sich und wurden breiter, das Licht wurde stärker. Plötzlich nahm sie in sich, eher mit ihrem Wesen als mit ihrer Nase, einen bekannten Geruch wahr, zu bekannt, um ihn nicht wiederzuerkennen. Gott, war das möglich!? War

Simons Geruch wirklich das, was sie für Jod gehalten hatte, das irgendwie in den Wind gekommen war!? Ihr ganzer Bauch krampfte sich zusammen, schmerzhaft und lustvoll.

Es war bereits später Nachmittag, als sie bemerkte, daß sie sich verlaufen hatte. Sie hatte in den Grunewald gehen wollen, war aber offensichtlich vom Weg abgekommen und in einen Park gelangt, den sie nicht kannte, mit vielen verästelten Laubbäumen, mit unordentlichen und sogar ungesäuberten Wegen, mit einem richtigen Netz fast zugewachsener Kanäle. Sie setzte sich auf eine Bank, weniger um sich auszuruhen als in dem Wunsch, die gute kristalline Luft ruhig und tief einzuatmen. Wie hatte sein Erlebnis in der Tür zur unterirdischen Welt wohl ausgesehen? Sein Bosnier hatte gesagt, es sei schrecklich stark gewesen, als hätte er sie, Barbara, mit seinen brennenden Eingeweiden, seinen Knochen und dem, was noch tiefer liegt, erfahren. Und dann habe er, als er in die Unterwelt gegangen sei, freudig auf dieses Erlebnis gewartet, habe sich im vorhinein darauf gefreut, daß sich die innersten Teile seines Wesens endgültig mit ihr vereinigen würden. Das glaubte sie sofort. Es sah ihm ganz ähnlich – vielmehr, es sah ihnen ähnlich, ihnen beiden, denn auch sie würde sich ja gern allem überlassen, wenn sie ihn dabei so erleben könnte. Daß sie sich mit dem vereinigten, was noch tiefer liegt als die brennenden Eingeweide, die Knochen.

Sie fühlte, wie ihr ganzer Körper angenehm kribbelte. Wo war er jetzt, ihr seliger Trottel? Was hatte er getan, um sie heute so ganz umfangen und mit sich erfüllen zu können? Gott, wie war sie erfüllt, als hätte ihn der Wind wirklich hergebracht. Und wie heute sein Geruch dem von Jod ähnelte, immer hatte er ein bißchen nach Jod gerochen, aber heute!!!

Sie glitt von der Bank herab und schob sich zu dem großen Baum unmittelbar neben ihr. Mit dem Rücken preßte sie sich fest gegen den Stamm, um die mächtigen Krämpfe leichter zu ertragen, die sie von innen zerrissen, und ihre Hände gruben sich in die dicke Schicht gefallenen Laubs, die sich unter dem Baum gebildet hatte. Oben war es trocken und raschelte, aber unten, in der Tiefe, war es warm und feucht. Sie griff danach, legte es sich auf den Bauch und knetete es mit beiden Händen. Und dann entfuhr ihr aus ihr unbekannten Tiefen, aus dem Grunde ihres Unterleibs, eine Stimme, die so laut schrie, daß der ganze Park hallte:

»Die Welt ist wirklich eine Pflaume, eine schöne reife Pflaume!«

Verzeichnis der Orientalismen

Azrail – Todesengel
bujrum – bitte schön
Burek – eine Pita mit Fleischfüllung
Hedschra – Am 16. 7. 622 zog Mohammed von Mekka nach Medina. Beginn der islamischen Zeitrechnung; da im Islam ein lunarer Kalender gilt, wird die Jahreszahl nach einer speziellen Formel errechnet und nicht durch Abzug der Zahl 622 von der dem Gregorianischen Kalender entsprechenden Jahreszahl.
Hurmašice – dattelförmiges Gebäck aus Butter, Mehl, Sauerrahm und Eiern, das mit Zuckersirup begossen wird
jallah – mit Gottes Hilfe; Willkommensgruß
Mahala – Stadtviertel
mašala – Ausruf, um Bewunderung oder Gefallen auszudrücken
Pita – Speise aus einem sehr dünn auseinandergezogenen Teig, der belegt, zusammengerollt und gebacken wird
selam alejkum – Gruß, »Frieden über Euch«
Sećija – niedrige Bank zum Sitzen oder Liegen, die mit Matratzen und Teppichen bedeckt ist
Slava – Namenstag des Hauspatrons in der serbisch-orthodoxen Kirche
Tekija – muslimisches Kloster

Inhalt

Insel Verlag Anton Kippenberg GmbH & Co. KG
Torstraße 44, 10119 Berlin
info@insel-verlag.de
www.insel-verlag.de